ルーマニアの遺棄された
子どもたちの発達への影響と
回復への取り組み

施設養育児への里親養育による早期介入研究（BEIP）からの警鐘

——【著】——

チャールズ・A・ネルソン，ネイサン・A・フォックス
チャールズ・H・ジーナー

——【監訳】——

上鹿渡和宏・青木 豊・稲葉雄二・本田秀夫
高橋恵里子・御園生直美

——【訳】——

門脇陽子・森田由美

福村出版

ROMANIA'S ABANDONED CHILDREN:
Deprivation, Brain Development, and the Struggle for Recovery
by Charles A. Nelson, Nathan A. Fox, & Charles H. Zeanah
Copyright © 2014 by the President and Fellows of Harvard College
Japanese translation published by arrangement with Harvard University Press
through The English Agency (Japan) Ltd.

グウェンとコーリンへ，ベッツィ，レベッカ，デイビッドへ，
そしてポーラ，エミリー，ケイティ，メラニーへ……すべてへの感謝を込めて。

Preface

序

　本書は，現在および過去に施設で暮らした経験を持つ子ども，ならびに施設に入った経験のない地域社会の子どもに関する，10年以上の研究の集大成である。本書の舞台はルーマニアだが，この研究は世界中の子どもにとって計り知れない意義を持つ。ユニセフ（国際連合児童基金）の推計によると，世界中で7000万人から1億人もの子どもが孤児であり，800万人が施設で暮らすという（ユニセフでは孤児を，1人以上の親を失った子どもと定義）。施設での養育に頼る貧困国の多くは，信頼できる記録を残していないため，施設で暮らす子どもの推計値は間違いなく，実際より低く見積もられている。

　今後は2つの理由から，この数字が増加するだろう。第一に，戦争やエイズなどの病気により親を失う子どもが増える。第二に，少なくとも米国の家庭が海外で養子縁組する子どもの数は，大幅に減少しつつある（2000年代初めの約2万人から，2010年には約1万2000人，2012年には約1万人に減少）。こうした複雑で大規模な公衆衛生上の課題を前に，米国政府は，家庭外で暮らす子どもを対象にエビデンスに基づく戦略を実施する方法を模索してきた。

　深刻な早期剥奪を経験した子どもに何が起きるかを理解することは非常に重要である。この理解が，脳の発達における経験の役割に対する科学的知識を深め，各国政府が孤児に対する最善の養育法を見極める上での指針となるだろう。最後にこうした理解は，親から虐待やネグレクトを受けた子どもに対し責任を負う児童保護制度と，そのような子どもたちを我が家に迎える家庭の両方に対し，切実に必要とされる情報を提供するだろう。

v

序　v

第1章　旅の始まり　1
The Beginning of a Journey

政治と政策　3
指針　5
早期の心理社会的剝奪とヒトの発達　8
施設で人生を歩みだす子どもの深刻な状況　12

第2章　研究デザイン，研究開始　15
Study Design and Launch

第一段階　15
始動　16
施設　19
参加者　20
無作為化　24
研究デザイン　26
施設の環境　26
結論　31

第3章　ルーマニアの施設養育の歴史　33
The History of Child Institutionalization in Romania

社会的介入としての施設　34
ルーマニアの略史　36
チャウシェスク以降の児童保護（1989〜2000年）　45
遺棄された子どもの養子縁組　47
国際養子縁組──葛藤と結論　52

vii

第4章 倫理的配慮 57
Ethical Considerations

マッカーサー・ネットワークでの当初の懸念　58
BEIP コアグループでの倫理的検討　60
BEIP の倫理的評価　65
結論　75

第5章 里親養育による介入 76
Foster Care Intervention

ブカレストの里親養育　77
ブカレストとルーマニアのソーシャルワーク　79
里親養育介入原則の指針　81
里親の募集（リクルート）とトレーニング　85
子どもの委託　87
サポートの提供　90
施設退所後の乳幼児の養育——介入　91
実親との協力　93
ソーシャルワーカーへのコンサルテーション，スーパービジョン，サポート　94
児童保護のアウトカム（成果）　96
ルーマニアの里親養育の現状　98

第6章 施設養育に伴う　発達上の有害性（ハザード）100
Developmental Hazards of Institutionalization

施設における児童養育の背景　103
頭囲，身長，体重　104
認知の発達　105
実行機能　111
言語発達　112
アタッチメント，社会的／情緒的発達　113

精神病理　116
施設養育児の神経画像所見　118

第7章　認知と言語　123
Cognition and Language

知能指数　125
8歳時の神経心理学的機能　131
54カ月時の抑制コントロール──クマとドラゴン　133
8歳時の抑制コントロール──ゴー・ノー・ゴー　134
フランカー課題とゴー・ノー・ゴー　135
CANTAB（ケンブリッジ自動神経心理学的検査バッテリー）　137
言語　140
まとめ　144

第8章　早期の施設養育と脳の発達　145
Early Institutionalization and Brain Development

白質と灰白質　147
EEG（脳波）　148
ERP（事象関連電位）　153
結論　165

第9章　成長，運動，細胞に関する検査結果　167
Growth, Motor, and Cellular Findings

身体的成長　167
常同行動　171
運動の発達　174
テロメア──細胞の健康の指標　175
結論　177

ix

第10章 社会・情緒的発達　180
Socioemotional Development

肯定的感情の表出　182
アタッチメント　185
仲間との関係，ソーシャルスキル，ソーシャルコンピテンス　203
結論　210

第11章 精神病理　212
Psychopathology

乳児と2〜3歳児のベースライン評価　214
就学前児童の介入効果　215
介入の調整変数　217
介入の媒介因子　227
脳の構造，機能，精神病理　230
結論　236

第12章 ピースをつないで　238
Putting the Pieces Together

早期の心理社会的剝奪の長期的影響を理解する　240
介入結果を評価する　241
タイミングは重要だが，すべての年齢に当てはまるわけではない　247
すべての領域が介入に反応するわけではない　248
発達の正常化？　249
政策的意義　251
児童保護の新しい方向性　258
政策的結論　261
剝奪，脳の発達，回復への取り組み　262

謝辞　265
監訳者あとがき　271

原注　275
文献　289

The Beginning of a Journey

第1章

旅の始まり

　まずは大胆にこう仮定してみよう。人間の脳を理解することが，人間の行動すべてを理解する鍵となり，これによりひいては，数千年間さまざまな社会が直面してきた苦難の多くをめぐる神秘を解き明かすことができる，と。とはいえ，最初に脳の**発達**を理解しなければ，成人の脳を理解することはできないだろう――すなわち，卵子と精子が結合した2細胞期の受精卵が一体どのようにして，まずは単純な神経管（受精後わずか数週間で形成される），次いで重さ約1.3キロの複雑な器官へと変容し，受胎から2年もすると，しゃべることのできなかった乳幼児がこの脳の働きにより，風呂に入れようと追い回す母親に「いやだ！」と甲高い声を上げられるようになるかを，理解する必要がある。

　本書は脳の発達を間接的に扱っているが，正確に言えば，経験――いやむしろ，経験の不足――が脳の発達過程，および子どもの発達に与える影響を探るものである。この本は，親に遺棄され国営施設で育てられた子どもたちの物語である。ほんの少し見方を変えれば，本書は実は，一定の基本的な期待が満たされない場合，脳と人間に何が起きるかを扱った物語だともいえる。この期待としてはたとえば，乳幼児は（聴覚・視覚を刺激するため）さまざまな景色と音声にさらされる，なだめる必要があれば大人があやす，大人が（言葉を教え，

第1章　旅の始まり　│　1

子どもの存在を認めるため）乳幼児に話しかける，幼少期は自分の面倒を見られないため大人が基本的な養育を行う，といったことが挙げられる。一般的な発達を遂げる子どもには，この種の欲求と反応が日常的に生じるため，私たちはそれを当然視しがちだ。しかし本書は，必ずしも欲求に応じた反応が得られない環境で育てられた子どもたちの物語である。

　脳の発達に関する私たちの知識は，この20年間で飛躍的に増加した。こうした知識の増加は，神経科学の進歩によるものだ。動物モデルが，脳構築を司る遺伝子から神経回路形成に関わる分子まで，さまざまなことを浮き彫りにした。同様に，生きた人間の脳を画像化する機能も大幅に向上し，現在では眠っている新生児の脳の中を非侵襲的に覗き，脳の解剖学的構造のみならず，電気活動・代謝活動を調べられる。脳の発達の詳細はいまだ不明な点が多いが，今ではかなりの確信を持っていくつかの主張を行える。第一に，脳は受精の数週間後から思春期中〜後期／成人期早期まで続く長い期間をかけて，構築されることがわかっている。したがって，再三再四まことしやかに流布される通説と異なり，脳の発達は3歳で終わるわけではない。

　第二に，家を建てる際に建築家が設計図を描くように，遺伝子は脳の発達に向けた最初の青写真を用意する。この遺伝子が描いた計画に従って，神経細胞の基本的特徴や神経回路内の神経細胞間を接続する基本的ルールが定められる。このような形で，遺伝子の青写真によって，脳の構造のテンプレートが形成される。

　第三に，遺伝子が以後の脳の発達に向けた枠組みを準備した後は，経験が脳の微調整に重要な役割を果たし始める。この影響は胎児期から生じる（胎内でのアルコール曝露や母体のストレスは，胎児期に経験が及ぼす影響を示す一例である）が，出生後は経験による微調整が並はずれて重要になり，思春期を通じてその状態が続く。神経学者のウィリアム・グリーンオウフは，経験が脳の構造に影響を及ぼす2つの仕組みとして，経験予期型発達と経験依存型発達（experience-expectant development and experience-dependent development）を提案している。[1]

経験予期型発達とは，発達早期の短い期間に生じる経験が，その後の発達に重大な影響を与えるプロセスを指す。この種の経験は基本的にすべての人類に共通するもので，たとえばパターン化された光へのアクセス（視覚の発達促進），顔・会話へのアクセス（社会的コミュニケーション，言語の獲得促進），適切な養育へのアクセスが含まれる。対して経験依存型発達とは，生涯を通じて脳に生じる変化を指し，人によって個人差がある。学習と記憶が，この種の発達の例である。

最後に，経験のタイミングが脳の発達の多くの側面──とくに出生後に起こる側面（これのみに限られはしないが）──に重要な役割を果たすことがわかっている[2]。ここで原則的な意味を持つのは，**感受期**──本書全体に通じるテーマ──である。具体的には，脳の多くの機能について遺伝子が基本構造を定めるが，遺伝子の数（現在は約2万個と推計されている）には限りがある。そのため，単純なもの複雑なものを含めた神経回路や，感覚野・連合野といった脳の発達のさまざまな要素を調節するには，人間の適応能力を活用し，経験をもとに遺伝子の発現の仕方を変えたほうが都合がよいのだ。したがって，遺伝子が基本的なコーディングを行い，経験が微調整を担当する。以降で示すように，この原則が破られると，脳の発達が損なわれ，行動発達に深刻な変化を引き起こすおそれがある。

政治と政策

神経科学の世界では数十年前から，脳の構築には長い時間を要すること，発達の一部の領域は経験に左右される部分が大きいこと，それらの領域では経験のタイミングが健全な発達に欠かせないことが知られている。だが，とくに脆弱な子どもを保護する責務を担う政策立案者や権利擁護活動家（たとえば，児童保護制度下に置かれた子どもや，永続的な措置［監訳者注：養子縁組等］を推進していない国で遺棄された子ども，孤児になった子どもの保護に取り組む人々）の間では，この情報が必ずしも十分な注目を集めていない。

第1章　旅の始まり　│　3

1997年4月17日，ビル・クリントン大統領とヒラリー夫人は「小児期早期発達と学習に関するホワイトハウス会議——乳幼児に関する脳研究の新たな知見」を開催した。この会議は，早期の脳の発達の重要性に対する多大な関心を巻き起こした。しかしおそらくは，この会議に参加した神経科学者が1人のみだった，メディアが情報を単純化した，会議と時を同じくして学習に関する複数の最新研究が発表されたなどの理由から，脳の発達に関する中心的なメッセージがおおむね誤解された。たとえば，この時期に発表されたある論文は，大学生の集団にモーツァルトを数分間かせた結果，空間認識能力が短期的に改善したことを証明した。その直後，ジョージア，ミシガン両州の知事は，新生児がいる家庭に「ベイビー・モーツァルト™」のCDを配布し始め，乳児の脳の発達促進を目指すと称する数億ドル規模の一大業界が生まれた（「ベイビー・アインシュタイン™」など）。突如として，いわゆる臨界期や，脳の発達は3歳までに「完了」するとする「事実」を伝える新聞記事が世に氾濫した。それどころか，『ニューヨーク・タイムズ』紙に掲載された皮肉混じりの論説記事では，ある若い母親が，うちの子は3歳だからもう手遅れだと嘆いている。

　ホワイトハウス会議後のメディアによる報道を受けて，脳の発達をめぐる議論が活発化した。会議で取り上げられた研究自体は目新しいものではなく，一部の情報は昔から知られていた事実だと不満を漏らす研究者もいれば，同じ情報を決起宣言，すなわち，すべての子どもが健康的な人生のスタートを切れるよう公共政策の変革を目指す提案と理解する研究者もいた。皮肉なことに，子どもの発達の専門家はまさにこの点を数十年間唱え続けてきたが，脳の画像が大衆紙に掲載されだすと，介入の必要性がいっそう強調されるようになった。

　こうした背景を受けて，1997年にジョン・D＆キャサリン・T・マッカーサー財団が，早期経験と脳の発達に関する主要課題を解明する学際的な研究を支援する意向を表明した。財団は1998年2月，チャールズ・A・ネルソンが理事長を務め，チャールズ・ジーナー，ネイサン・フォックスが中心的なメンバーとして参加する研究ネットワーク「早期経験と脳の発達」を正式に発足させた。本書で詳述する研究は，このネットワークの直接的な成果として生まれた。

指針

この研究グループの当初の姿勢として，次の2つの原則が挙げられる。

1. 経験は，環境と脳の持続的，双方向的な相互作用の産物である
2. 個性は，個人的経験と生物学的遺伝双方の産物である

経験

経験は従来，個人の生活環境の特徴によって規定されてきた。たとえば経験は，特定の指導法への曝露，または刺激的で快適な環境への没入と特徴づけられるかもしれない。だが科学的には，経験は単に環境の関数ではなく，環境と発達途上の脳の間の複雑で双方向的な相互作用の所産でもある。

こうした文脈に基づくと，環境条件は同じでも，特定の経験が与える影響には，個々人の脳の歴史や成熟度，状態に応じて大きなばらつきが生じ得る。たとえば中国語の講義を聞くにしても，中国語がわかる人とわからない人，3歳児と大人，講義の題材に興味がある人とない人ではまったく違った経験になるだろう。これは，複雑な経験に当てはめて考えれば至って自明の原則であり，単純な経験にも同様に適用される。一見単純な身体的経験（たとえば乳児にありがちな，父親に優しく空中に投げ上げられる経験など）でさえ，当事者の状態や置かれた背景により大きな違いが生じる可能性がある（ほとんどの大人は，たとえば飛行機が激しく揺れた時など，体が宙に浮く感覚を好きになれないだろう）。

脳の相対的な成熟度も，経験に大きく影響する。脳は領域によって成熟速度が異なり，感覚処理を司る領域は，複雑な認知を支える領域より早く成熟する。脳が処理能力を獲得する前に特定の情報に曝された幼児は，処理能力が発達した思春期の青少年とまったく同じ経験はできないだろう。脳は経験とともに成熟し変化するため，環境に対する複雑な認知的解釈の影響を受ける。したがって，とくに早期発達段階では個人の脳が変化するにつれて，同じ物理的環境が

まったく異なる経験をもたらす場合がある。言語獲得が，その好例である。語彙を含め，子どもが獲得する言語の複雑性は，子どもがどのような言葉に触れるかに大きく左右される。しかし，6カ月の子どもに複雑な構文や難しい単語を使っても，3歳児と比べ与える影響ははるかに小さいだろう。両者の脳の成熟度に違いがあるからだ。6カ月の子どもの脳は，高度な情報を受け取っても活用することができない。

最後に，脳の一定の特徴には大きな個人差があり，同じ人でも時期によって顕著な違いが生じる。よって，経験は脳と環境の相互作用として定義されるため，経験を科学的に記述する際は，その経験が発生した状況の記述，脳の成熟度を含む乳児あるいは子どもの発達段階，個々人が味わった具体的な体験の記述を記録しなければならない。

ここから貴重な教訓が得られる。すなわち，大人の目には乳児や子どもがいかに幼く受け身に見えようと，彼らは情報の受動的な受け手ではなく，何らかの経験が彼らの身に単に起こるわけではない。むしろ，子ども自身が経験に何をもたらすかが非常に重要になる。これは正確には，どんな種類の事柄を指すのか。一部を列挙すれば，子どもの発達歴・遺伝歴，文化的ニッチ，その経験をした時の脳の状態・統合性，および子ども自身が次第にその経験をどう解釈するようになるかなどだ。一見まったく同じ条件下で成長した2人の子どもが，まったく異なる発達アウトカムを示す可能性もある。

上述のような複雑な相互作用の研究には，縦断的デザインと複数領域の評価が求められる。適切に実施されれば，この研究を通じて似通ったリスク条件で人生を開始した子どものアウトカムの違いが明らかになる。全員が遺棄され，深刻な心理的社会的剥奪を受けた乳児を対象とする事例という意味で，これらがブカレスト早期介入プロジェクト（BEIP：the Bucharest Early Intervention Project）の明確な目標だった。

個人差

脳は，遺伝的にプログラムされた影響因子の複雑な配列に基づき発達する。

この影響因子には，神経回路網を形成する過程で自然に発生する分子シグナルや電気シグナルが含まれる。これらのシグナルを受けて確立される神経回路や神経結合のパターンは，驚くほど正確で，これに基づき動物は出生直後から個々に行動することができる。これらのシグナルは，もっと成長が進んでから表れる可能性がある本能的行動（情緒的反応，狩猟採集，セックス，社会行動に関連することが多い）の基盤にもなっている。

　遺伝子は，さまざまな経路でニューロンや神経結合の特性を指定するが，その程度や処理量にはばらつきがある。どの程度が遺伝子により決定されるかは，個々の神経結合で処理される情報に世代を越えた予測可能性があるか否かに左右される。個人をとりまく世界の多くの側面は予測不可能であるため，脳内の電気回路は経験に基づき，各自の必要性に応じて神経結合を調整する。経験は，こうした神経結合やニューロンの相互作用の形成に時に大きく作用するが，あくまでも遺伝子が定めた制約の枠内に留まる。

　経験が脳に与える影響は，生涯を通じて一定ではない。早期の経験は，未熟な脳の機能的特性を形成する上で，ひときわ強い影響力を持つ。多くの神経結合は発達の過程で，経験によって成人期以上に大きな変化が生じる時期を通過する。言語スキル，情緒的反応，社会的行動や基本的な感覚・運動能力は，こうした感受期に強力に，かつ多くの場合は恒久的に形成される。したがって，個人の能力には，進化的学習と個人的経験の両方の影響が反映される。

　BEIPでは，感受期と密接に関連する領域（言語，アタッチメントなど）と，関連性が低い領域（実行機能，精神病理）を検討している。また，介入の有効性に時間的な制約がない領域，すなわち早期の経験によって発達が制約されることがない領域も調査した。こうして私たちも，経験の量・タイミング・期間・状況の特異性の相関関係という，多くの神経科学者と心理学者が直面しているジレンマに直面した。別の言葉で言うと，定型発達を促すには**どのくらいの**経験が不可欠か，その経験のタイミング，持続期間，およびその経験が知識や行動面のどのような領域に影響を及ぼすかという問題である。これら4因子は，早期の施設養育の影響と，里親養育による介入の有効性の双方に影響を与

える。

　研究の基盤となるいくつかの共通の仮定を確立した後，「早期経験と脳発達」
ネットワークは研究課題の設定に着手した。研究グループのメンバーにとって
自明に思える中心的な課題は，異なる経験が，発達途上の脳，ひいては個人の
行動にどのような影響を与えるかであった。動物はヒトと比べて，経験の操作
が簡単で，脳とその発達への影響を調査しやすいという単純な理由から，当初
は動物による研究が主流を占めた。私たちは，げっ歯類，鳴き鳥，メンフクロ
ウ，それに重要な種としてアカゲザルを対象に研究を実施した。実際，本章後
半で示すように，ジュディ・キャメロン博士が率いたサルの研究は，ルーマニ
アの施設養育児を対象とする研究の基盤となった。

早期の心理社会的剥奪とヒトの発達

　何世紀も前から，孤児や遺棄された子どもは施設で育てられてきた。20世紀
半ばには，一連の重要な研究の結果，施設環境で育てられた子どもは，発育不
全から，知的障害，情緒障害，ルネ・スピッツの言及した「ホスピタリズム」
（悪影響，無気力，低覚醒，社会的反応の欠如，情動表現の欠如を特徴とする）まで
含め，発達面でさまざまな後遺症に苦しんでいることが示された[7]。これらの影
響については，第6章で詳しく扱う。施設で育てられた子どもには，明らかに
他の子どもに典型的な多くの経験が欠如しているが，多くの研究者は，その筆
頭に挙げられる要素として一貫性ある敏感な養育の欠如——いわゆる心理社会
的剥奪——を挙げている。出生時から始まる大人との養育関係は，その後のあ
らゆる人間関係を構築する重要な基盤となることが，昔から知られている。乳
児と養育者の間に形成される，愛情あふれる安定的で確実な絆は，強固な自己
意識，積極的な社会スキル，成長後の親密な人間関係の構築，高度な感情理解
といった幅広い能力を子どもに授ける[8]。

　近年の神経科学的研究（多くはげっ歯類対象だが，ヒト以外の類人猿を対象とし

た研究もある）により，こうした早期の肯定的な人間関係は脳構造の構築と強化に寄与することが示された。たとえばマクギル大学のマイケル・ミーニーの研究によれば，母マウスが子マウスを頻繁になめたり毛づくろいをした（げっ歯類における十分な母性的養育の兆候）場合，その子マウスは，なめられたり毛づくろいされることが少なかった子マウスと比べ，不安が少なくストレスへの対処に優れ，認知能力が高い成体に成長したという[9]。分子レベルでいうと，十分な母性的養育を受けた子マウスと，養育が不十分であった子マウスの間には，脳内の記憶を司る部位（海馬）における神経受容体（グルココルチコイド受容体）の密度に違いが見られた（これが，ストレス対処能力の相違を生んでいるらしい）[10]。興味深いことに，頻繁に子どもをなめたり毛づくろいする母マウスに育てられた雌マウスは，自分も出産後に同じように盛んに子どもをなめ，毛づくろいする傾向がある[11]。この世代間伝達は，従来的な意味で遺伝的なものではなく――子マウスは，なめたり毛づくろいをする行動を遺伝で受け継ぐわけではない――**エピジェネティック**なものだ。すなわち母マウスの経験が，子マウスの脳内でのDNAの発現の仕方に影響を及ぼし，その結果として脳の構造や機能に変化が生じる[12]。

　科学的発見は，しばしば偶然になされる――思わぬ形でチャンスが現れるのだ。いわゆる自然のいたずらは，こうしたチャンスの代表例であり，私たちが立案した研究計画も思わぬ好機に恵まれた。アカゲザルを対象とした私たちの代表的プロジェクトの1つにある程度沿った形で，ルーマニアの乳幼児に対する調査を実施する機会を手にしたのだ。

　最初に，ルーマニアでの研究の背景を簡単に振り返っておく（詳しくは第3章，第6章を参照）。1989年，ルーマニアの独裁者ニコラエ・チャウシェスクがクーデターにより失脚し，処刑された。44年にわたり共産主義体制が続き，欧米人がほぼ何の知識も持っていなかったルーマニアという国が，突然世界に門戸を開いた。ABCニュースで，膨大な数の子ども――17万人に達することが後に判明した――が国営施設で育てられ，その多くは十分な世話を受けていないことが報じられた[13]。欧米のマスコミが子どもたちの窮状を広く伝えたため，多

第1章　旅の始まり　│　9

くはすぐに西欧・北米の家庭に養子として引き取られた。だが残念ながら，多くの家庭はこの子どもたちの障害を受け入れる用意ができていなかった。「米国医師会雑誌」に掲載されたある論文は，ルーマニアの施設で暮らす子どもの状態を報告し，明確にこう結論づけている。「ルーマニアの孤児院の昨今の危機に対し，早急な国際的対応が切実に必要とされている。無数の幼い命が脅かされ，失われる可能性がある。彼らは救済不能ではなく，そうした勝手な決めつけのせいできわめて不当な扱いを受けている」[14]

　チャールズ・ネルソンの研究仲間で，ミネソタ大学の小児科医であるダナ・ジョンソンは，1986年に米国初の国際養子縁組クリニックを設立し，施設で育てられた子どもに関する豊富な経験を蓄積した。ネルソンとジョンソンは，ルーマニアを含め，施設から引き取られた子どものさまざまな問題について議論した。ジョンソンはマッカーサー・ネットワークの会議に招待され，こうした子どもたちを蝕む深刻な発達の遅れと，異常な社会的－情緒的行動を説明した。ネットワークに参加する数人のメンバーは，こうした子どもたちと，ハリー・ハーロウが1950年代，60年代に実施した有名な実験における母親を剥奪されたサルとの間に，不穏な類似点を見いだした。[15]ハーロウは，サルを社会的に剥奪された環境下，すなわち仲間と一緒の場合もあれば単独の場合もあるが，常に母親と隔離した状態で育てた。これらのサルには，ジョンソンが施設で暮らした経験のある子どもに認めたのと奇妙なほど酷似した特徴——情動圧縮を伴う異常なアタッチメント行動，異常な常同行動（体を揺する，ぐるぐる回るなど，目的のない反復的動作），知的機能の深刻な障害——が見出された。

　こうした知見は，ネットワークに参加する神経科学者ジュディ・キャメロンの観察とも一致した。キャメロンは以前から，ネットワークの助成金を得てアカゲザルの母性剥奪の影響に関するプロジェクトを開始していた。このプロジェクトでは，サルを檻に入れて大規模な群れの中で育てた。サルを対象とした大半の実験室研究では，生後6カ月で子ザルを母親から引き離す。キャメロンの実験では，生後1週間，1カ月，3カ月または6カ月の時点で子ザルを母親から引き離した。ハーロウのように母親から子ザルを奪う代わりに，キャメロ

ンは子ザルを群れにとどめ，母親の方を群れから引き離した。子ザルはその後，他のサルに育てられた。

　キャメロンらは，2つの驚くべき観察結果を得た。第一に，生後1週間または1カ月で母親を奪われたサルは，知的障害が非常に重いように見えた。第二に，母性剝奪の経験が及ぼす影響という点で，これら2群に劇的な違いが認められた。生後1週間で母親を奪われたサルは，他のサルに完全に無関心で興味を示さず，1匹で過ごすのを好み，体を揺するなどの常同行動を頻繁に示した。対して1カ月後に母親を奪われたサルは，他のサルと一緒にいたがり，そばにいる他のサルに無差別にしがみつくなど不安の高まりを見せた。生後1週間で離別したサルが，他のサルがそばにいると深刻な不安を示した一方，1カ月で離別したサルは，他のサルがいなくなると不安になった。一般に他のサルにしがみついて過ごすとされる時期をかなり過ぎてからも，このしがみつき行動が続いた。

　この結果を検討した上で，私たちは離別時期の違いが，社会的な絆の断絶という帰結に影響を及ぼしていると結論づけた。生後1カ月で引き離した場合，子ザルと母親の関係が阻害された。生後1週間で引き離したサルの場合，母子の絆は初めから確立されないまま終わった。

　子ザルの行動を人間の子どもと直接比較するわけではないが，ジョンソンは，施設で観察した子どもや，過去に施設で暮らし現在は米国の家庭に養子として引き取られた子どもについて，奇妙なほど似通った特徴を記述している。こうした子どもの多くは，愛情ある家庭に引き取られたにもかかわらず，その年齢の子どもにはきわめて異例の幅広いアタッチメント行動を示した。このアタッチメント行動は，より極端ではあるが，児童精神科医チャールズ・ジーナーが，米国の深刻なネグレクトを受けた子どもに確認した行動にも似ていた。たとえば深刻なネグレクトを受けた子どもは，苦痛を感じるが慰めを求めたり慰めに反応したりしない，極度の情動圧縮，見知らぬ人に近づき関わる傾向，社会的境界の侵害などを示した。これを踏まえ，ネットワークとして，主な養育者から離れて大規模施設で人生早期を過ごした子どもを対象とする研究を立ちあげ

第1章　旅の始まり　│　11

られないかと考えた。

施設で人生を歩みだす子どもの深刻な状況

　私たちがBEIPの準備を進めていた1990年代後半に，過去に例のない数の子どもがルーマニアの施設から，米国，カナダ，イギリスの家庭に引き取られた。この子どもたちを対象とする調査が発足した。この調査は，20世紀半ばに実施された研究結果を補うもので，施設で育つ期間が長いほど発達に変化が生じ，行動面の障害が大きくなると報告された[16]。しかし過去の研究と異なり，一連の新たな研究では，特定の経験のタイミングが発達に及ぼす影響を確認するために最新の評価指標と，従来以上に高度な研究デザインが採用された（第6章を参照）。

　私たちは，この重要な研究結果を綿密にたどり，施設での養育が乳幼児に与える影響の規模や，全員ではないにせよ，一部の子どもに見られる回復の程度に感銘を受けた。とはいえ私たちは，養子縁組された子どもたちは多くの場合，養父母が選び出した子ども（または，養子縁組機関や孤児院長が養父母のために選んだ子ども）であるため，施設で最も健康であるか最も魅力がある，あるいは最も人を引きつける子どもであると理解していた。この潜在的バイアスが，報告された知見にどの程度影響しているか把握するのは困難だったが，この問題は研究の制約として残った。

　ダナ・ジョンソンがネットワークの会合で講演を行った後，早期の施設養育が脳および行動の発達に与える影響を，科学的に厳正に調査できるのではないかという発想が芽生え始めた。実際，ジョンソンは，ブカレストのクリスチャン・タバカル児童保護大臣（当時）に連絡を取るよう提案した。大臣はその頃，国内の施設を閉鎖する法律の制定に向けて閣僚を説得する手段を探しており，倫理・道徳的見地に立つ議論よりも，科学的根拠（エビデンス）のほうが説得力があるのではないかと考えた。ブカレストでこうした研究を実施する可能性

を評価するため，チャールズ・ジーナーは1998年12月に初めてブカレストを訪問した。彼の帰国を受け，ネットワークは1年半を費やして，さまざまな学術的デザインや，最終的に立ち上げる可能性があるプロジェクトの基盤となる倫理的問題を検討した。こうした議論を経て，ブカレスト早期介入プロジェクトが生まれた。当初，このプロジェクトには，①施設養育が脳・行動の発達に及ぼす影響を検討する，②子どもを家庭に委託することで早期の施設養育による影響を覆せるか検討する，という2つの主な目標があった。この研究は，3つの具体的な仮説の検証を可能にする厳正な実験デザイン――ランダム化比較試験――を採用した点で，独自の位置づけにあるものだった。第一の仮説は，家庭で育てられた子どもは，施設で育った子どもと比べ発達が促進されるだろうというもの，第二の仮説は，施設で過ごす期間が長いほど，発達が大きく損なわれる可能性が高いというもの，第三の仮説は，里親家庭に**引き取られた時の年齢**が，里親家庭で過ごした**期間の長さ**以上に長期的アウトカムに重要な意味を持つのではないかというものだ（表1.1に，想定されるアウトカムとその解釈の例を示す）。この仮説が確認されれば，研究結果はルーマニアはもちろん，それ以外の国でも政策的に大きな意義を持つだろう。たとえば各国政府は，施設での養育に代わる介入法を検討するだろう。アフリカではAIDS，中東・アフリカでは紛争を主な原因として数百万人の子どもが孤児になり，遺棄や虐待にさらされる中，孤児を養育する最善の方法は何かというのは今も差し迫った懸案事項である。

　だが計画策定の全工程を通じて，私たちは，最も優れた学術的仮説でさえ必ず立証されるわけではないと十分承知していた。BEIPの場合，たとえ施設に入所した子どもに本当に，遺棄されなかった子どもと比べ違いが認められても，人生の開始時点ですでにあまりに不利な立場に置かれ深刻な障害を受けたがために，里親家庭に引き取られても効果を立証できないのではないか，という可能性を検討する必要があった。ここで，最初にこのプロジェクトを開始した際，ルーマニアではこんな研究は不要だとする声が現地で聞かれた点に留意しなければならない。政府は家庭以上に立派に子どもを育てており，遺棄されて施設

第1章　旅の始まり　｜　13

表1.1 養育の違いによる長期的アウトカム

	仮説的な長期的知見	解釈
ベースライン	IG＝NIG	早期の有害な経験は何ら影響を与えず，個人差は内因的である可能性が高い。そのため養育環境に関係なく，全群がBEIPバッテリーで同様の成績を示すと思われる。
	IG＜NIG	施設に入所した子どもは，施設養育に関連する出生前の経験，または発達システムを妨げる出生後早期の剝奪経験により発達が妨げられる。
追跡調査	CAUG＝FCG＝NIG	早期に欠陥があってもその後の発達により解消し，「ベースライン」時の予測通り，養育環境はアウトカムに影響しない。
	CAUG＝FCG＜NIG	早期の経験がアウトカムを決定する。環境改善を通じて矯正することはできない。
	CAUG＜FCG＝NIG	早期の剝奪経験は，環境改善を通じて完全に矯正できる。
	CAUG＜FCG＜NIG	早期の有害な経験による影響は，環境改善を通じてわずかながら矯正できるが，介入のタイミングに左右される可能性がある。

注：CAUG＝施設養育継続（長期的な施設養育）グループ，FCG＝里親養育介入グループ，IG＝施設養育経験のあるグループ（無作為化前に施設で過ごした経験を持つグループ），NIG＝施設養育経験のない（地域社会）グループ。BEIP実験デザインについて，詳しくは第2章を参照。

に入った子どもは，最初から「欠陥がある」子どもだというのだ（この説の起源とその影響については，第3章で詳しく扱う）。政府職員がこの前提を一様に信じれば，彼らは間違いなく，施設養育に何ら問題はなく，集団で子どもを育てるのは，孤児や遺棄された子どもの問題に対する非常に賢明な解決策だと結論づけるだろう。したがって，プロジェクトを実施した時点ではリスクが大きかった。

Study Design and Launch

第2章

研究デザイン, 研究開始

　脆弱性のある集団（施設養育児［institutionalized children］）を対象に米国外で大規模な介入プロジェクトを実施するのは, 骨の折れる作業である。ブカレスト市中心部で子どもたちの幅広い能力を評価し, 脳の活動も計測したいという私たちの条件を満たすには, 特別な仕様の研究室, 特殊な機器, それに対象集団を扱う十分な訓練を積んだスタッフが必要だった。加えて, この介入には, 私たちが募集（リクルート）した里親家庭に協力する専門のソーシャルワーカーも必要だった。熟練ソーシャルワーカーに, 要件を満たす里親を探してもらうだけでなく, 調査の進行に合わせて里親家庭をモニターし支援してもらうことになる。最後に, 私たちと政府関係者の橋渡し役を務めてくれる, ルーマニア人研究者のネットワークを育成する必要があった。誰もルーマニア語は一言も話せなかったため, 協力体制を築く上では, スタッフに大きく頼ることになると考えられた。

第一段階

　当初から, 現地リーダーを探す必要があることはわかっていた。スタッフの

採用と管理を行い，プロジェクトの代表として，ルーマニア政府のトップや，私たちの最終的な提携先となる各種NGO（非政府機関）と接触する人物が必要だった。セバスチャン・コガが，期待をはるかに上回る働きぶりでこの役目を果たしてくれた。セバスチャンは1999年末時点で22歳，イングランド，ケンブリッジのインターナショナル・メディカルスクールの3年生だった。その頃休学を考えていたセバスチャンは，ブカレストでプロジェクトを進めている米国の研究者グループが，現地責任者を探していると聞いて興味を示した。

　ルーマニア人のセバスチャンは，1989年の革命後に母親，姉と共に12歳で米国に移住した。共産主義政権に目をつけられていた父親は，チャウシェスク失脚前に祖国を脱しており，1989年以降に米国で家族は再び1つになった。

　セバスチャンは採用されると，2000年9月にブカレストに渡りBEIPに着手した。結果的には，2つの文化で育ったバイリンガルのプロジェクトマネージャーを確保することが，研究事業を成功させる鍵だったと判明した。セバスチャンは，研究室建設工事の監督，ルーマニア当局との交渉，スタッフ採用，EEG（脳波）測定装置の修理，里親募集など，プロジェクトのすべての側面に関わった。彼は，細部に気を配りつつ全体像も把握できる能力がある上，高い知性の持ち主だった。セバスチャンは2004年6月までプロジェクトに協力した後，米国で医学課程を修了し現在は神経外科医を務めている。

始動

　この試みの壮大さを踏まえて，まず実行可能性を調査することにした。私たちは，セバスチャンが任務につくと，初期スタッフを採用し，2000年秋にこの調査を開始した。研究のこの段階での目標は，方法・手順の決定だけでなく，その手順をスタッフに教育し，本研究の対象そのものとはならない施設養育経験のない地域社会の子どもたち（最終的には約50人が参加した）に対して，実際と同じ方法で予備調査を実施することだった。

私たちが2000年秋に採用した最初の研究助手は，アンカ・ラドゥレスクだった。採用当時，彼女はルーマニア最大の児童施設セントキャサリン養護センターで，心理学者として2年間働いていた。もともとは看護師だったが，がん患者と接する中で治療の心理的側面に興味を抱くようになった。大学に戻った彼女は，ルーマニアでは学士号資格が必要な心理学者になった。1年間仕事を探した末，アンカは，大型法案の成立により児童保護制度が改革された（第3章を参照）直後となる1998年にセントキャサリン養護センターに採用された。採用された時，同養護センターは新たに建築されるBEIP研究室と同じ敷地内にあった。彼女が加わったことで，研究当初から計り知れないほどの貢献が得られた。アンカは，セントキャサリン養護センターの内情に詳しく，方針・手続きに精通し，センター幹部と顔見知りで児童保護当局とも良好な関係を築いていた。

　その後まもなく，2人目の研究助手としてカルメン・カランチェアを採用した。さらに予備調査が順調に進むと，2001年初めに初のソーシャルワーカーとしてアリーナ・ロス，ベロニカ・イバスカヌの2人を採用した。

　この研究に独自の特徴の1つは，乳幼児が施設で暮らした期間（調査開始前）とその後の追跡調査期間に，脳の活動と刺激に対する反応を測定した点にある。この測定のため，電気生理学的な評価を行うための研究室を建設しなければならなかった。病院では脳波計の使用が一般化しているが，私たちの知る限り，脳波測定と刺激に対する事象関連電位の計測を完全に実施する研究はまだなく，ましてや乳幼児を対象にこれらを測定した例は皆無だった。ネイサン・フォックスは，乳児を対象にこれらを計測する実験機器の設計に関して長年の経験を持ち，彼は当時ポスドク研究員だったピーター・マーシャルと共に，セントキャサリン養護センターへの研究室設置に乗り出した。2人は，設置に必要な機器（増幅器，モニター，コンピュータ）を持参してルーマニアに渡り，脳波を測定できるよう配線した。税関の審査を受けて機器を持ち込み，児童保護当局に指定されたスペースに設置する作業は，それ自体が冒険だったが，ベースライン評価の準備が整う頃には，脳波計は完璧な状態で機能していた。加えて私

第2章　研究デザイン，研究開始　　17

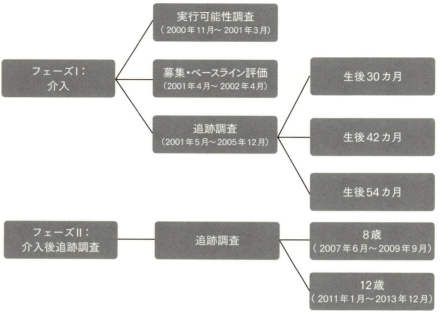

図 2.1 BEIPのスケジュール

たちは2人の研究助手アンカ・ラドゥレスクとナディア・ラドゥをメリーランド大学に派遣し，脳波計測法を習得させた。こうした準備を行ったおかげで，調査期間を通じて脳の活動を記録することができた。

　全体的なスケジュールを，図2.1に示す。私たちは2001年3月までに研究室を設置し，最初のスタッフを採用し，プロジェクトの実行可能性を確認するため十分な予備調査を完了した。2001年4月1日に正式な介入を開始した。まもなく，アデラ・アペトロヤとニコレッタ・コーランを研究助手として新たに採用し，さらにユリアナ・ドブレと，3人目のソーシャルワーカーとしてアメリア・グラサヌを追加した。

施設

　パリと同じように，ブカレストは複数の地区（セクター）に分かれそれぞれ
に番号が振られている。各セクターに施設が設置されており，6つのセクター
中5つから子どもたちを募集した。一部の施設は他より規模が大きいなど，施
設間に多少の違いが見られた（プロジェクトの拠点であるセントキャサリンは最
も大きく，1989年には3歳未満の乳幼児850人を収容していた）。加えて，施設の見
た目の印象にも若干差があり，セントキャサリンでは，一部の棟に色とりどり
のペンキやモビールで装飾が施されているが，一面真っ白に塗られて一切装飾
のない施設もあった。施設内の各ユニット（医師がトップを務める）には，効
率重視の特徴が見られ，気配りや個々に応じた養育に対する意識は希薄だった。
食事中は会話がなく，1人の養育者が共用の大皿から，スプーンで複数の子ど
もに順番に「食事」を与えることも多かった。入浴の時間もしばしば苦労を伴
い，効率的な組立ライン方式で進められたが，繊細な配慮はほとんどなされず，
自分が体を洗われる最中や前後に子どもが大声で泣き叫ぶ様子も多々見られた。
　被験者を募集したほぼすべての施設で，子どもと養育者の比率は同水準（総
じて12：1〜15：1）であり，養育者は全員，子どもの発達についてほとんど
教育も訓練も受けていない公務員だった。以上の状況から，養育者が子どもた
ちを熱心に世話するとはとうてい期待できなかった。

第2章　研究デザイン，研究開始　　19

参加者

施設養育経験のあるグループ

　プロジェクトを立ち上げた当時，ルーマニアでは10万人以上の子どもが施設で暮らしており，うち約4200人がブカレストにいた。ユニセフの報告によれば，ルーマニアで施設に入所した子どもの圧倒的多数は，貧困状態にあるか母親が若く未婚であった，出生時に他の子どもと「違っていた」（早産や先天性障害）などの理由で施設に入れられたという。しかし，同じような状況は世界各地に存在し，そうした子ども全員が母親に遺棄されるわけではない。

　現在では，チャウシェスクの社会工学的な政策が，ルーマニアの高い児童遺棄率に寄与したと広く認識されている。独裁政権は市民に対し，親に代わって国家が子育てを担うと保証した。当時のルーマニアの法律によれば，両親が少なくとも半年に1回施設を訪れ子どもと面会する限り，親はその子どもに対し一定の法的権利を保持できた。この点で，ルーマニアの遺棄児童の問題は，いくつかの意味で他の国と異なっている。だが，母親が子どもを遺棄した**理由**に関するデータはないため，我が子を遺棄した家庭と，民族的出自や社会経済状況は同様でも遺棄しなかった家庭にどんな違いがあるかという，興味深い問題に対処することはできない。この研究では，里親養育または施設養育への無作為割り付けにより，施設に**起因する**サンプルバイアスは解決しているが，誰が施設に**入所**するかという潜在的なサンプルバイアス（倫理的な解決策がないバイアス）には対処していない。

　市内の6つのセクターのうち4つには，「leagan」（ルーマニア語で“揺り籠”の意）と呼ばれる乳幼児施設が1つずつあり，セクター1にはこの種の施設が2カ所存在する。施設養育児について適切な代表性を確保するため（すなわち，施設間で子どもに何らかの違いがある可能性を避けるため），6施設すべてから被験

者を募集した。選択基準は，生後30カ月未満かつ出生後半分以上の期間を施設で過ごしていることとした。研究に登録する前に，小児科医のダナ・ジョンソンと専門看護師のメアリー・ジョー・スペンサーがスクリーニングとして，神経学的検査，身体測定，身体的異常の評価などを含む小児科検診を実施した。ダウン症候群などの既知の遺伝疾患，胎児性アルコール症候群の明確な徴候，および小頭症（前後径周囲が平均値を2.5SD［標準偏差］以上下回る）がある子どもは除外した。相対的なサンプル数の少なさを考慮して，回復能力にきわめて重大な制約がある子どもを募集対象に含めることで，結果に歪みが生じ解釈が困難になる可能性に留意したのだ。そのため，極力多くの子どもを含めるよう努めたが，重大な制約がある子どもは除外せざるをえなかった。

　当初は6施設の子ども計187人にスクリーニングを実施したが，上記の基準に従い51人が除外された。残る136人は健康状態が比較的良好で，選択基準・除外基準を満たした。もちろん，いくつかの問題は乳児期に容易に発見できない。たとえば，研究に参加した時点で脳性麻痺の子どもはいないと考えられていたが，数年後に1人の子どもに脳性麻痺が見つかった。軽度の脳性麻痺は早期発見が難しい場合があり，この子どもの評価も乳児期の早期に実施されていた。

　遺伝子／染色体異常や神経学的異常の明白な徴候がないか，慎重にスクリーニングを実施する一方，私たちは，発達に影響を与える可能性があるより把握しにくい要因（とくに早産児）にも懸念を抱いた。早産児・低体重児は独自のリスク因子を伴う。残念ながら，子どもたちの在胎期間に関するデータは必ずしも信頼できず，診療記録がある子どもは112人に限られた。この記録によると，子どもたちは妊娠30 〜 42週の間に生まれたと示唆された（40週が満期産）。出生時体重のほうが信頼性の高い指標だが，データがある子どもは122人のみだった。出生時体重は900g 〜 4500gの範囲（平均値=2790g，標準偏差=609g）であり，地域社会の対照群（平均値=3333g，標準偏差=459g）とは相違が見られた。

　最終サンプル136人のうち，52%がルーマニア民族，35%がロマ，残る13%

は混血または特定不能だった。ベースライン評価の時点で，全員が人生の51
～100％を施設で過ごし，52％の子どもは出生後ずっと施設で暮らしていた。

　ブカレストの施設に暮らす乳児を調査した結果，最年少は初期スクリーニ
ングの時点で生後6カ月前後だった。当時，遺棄された多くの新生児は生後6カ
月頃まで産院で過ごした後，「leagane（leaganの複数形）」に移された。した
がってベースライン評価時のサンプルの平均年齢は22カ月で，6カ月～31カ
月の範囲に分布していた。このサンプルの特徴が，調査に重大な影響を及ぼす
可能性がある。前述のように，私たちの主な疑問の1つは，人間の発達過程に，
施設で育つ乳幼児に見られる問題を矯正する上で，介入がより高い効果を示す
感受期があるかどうかだった。調査開始時に，参加した子ども全員が生後6カ
月～31カ月だったため，感受期が6カ月未満である場合には発見しようがな
かった。他方で生後6カ月～31カ月は，脳が急速に発達する時期であるため，
私たちの評価尺度を通じて，この年齢層の中で感受期の存在を示す証拠を見つ
けられるのではないかと期待していた。

　ベースライン評価後，乳幼児を2群（介入または施設養育の継続）のいずれか
に無作為に割り付けた。子どもたちが施設に入所した年齢にばらつきがあった
ため（出生後すぐ入所した子もいれば，6カ月後の子もいた），剝奪を経験した期間
や介入を開始した年齢にもサンプル内でばらつきが見られた。そのため，それ
ぞれ特定の月齢（生後30, 42, 54カ月など）で実施された追跡調査の段階では，
介入を受けた期間にもばらつきが生じた。

ＢＥＩＰ に お け る ４ つ の グ ル ー プ

【CAUG】　施設養育継続グループ
【FCG】　　里親養育グループ
【IG】　　　施設養育経験のあるグループ
【NIG】　　施設養育経験のないグループ（地域社会のサンプル）

地域社会の比較群

　私たちは，里親養育に委託されることになった子どもたち（FCG：里親養育グループ）と従来通り施設養育を受け続けた子どもたち（CAUG：施設養育継続グループ）を比較する予定だったが，同時に比較対象として，一般的な発達をしたルーマニア人サンプルを募集する必要もあった。私たちが使用した尺度の大半はルーマニアで一度も使われたことがなく，ルーマニアの定型発達児と，ほとんどの尺度が標準化されている米国の定型発達児の検査成績に違いがあるか確認しなければならなかった。幸い，ルーマニアの地域社会の子どもと米国の定型発達児では，ほぼすべての尺度で類似した結果が見られた。そのため，私たちはルーマニアの定型発達児という国内サンプルを私たちの考えたように活用し，里親養育を受けた子ども，従来通りの施設養育を受け続けた子どもの双方と比較することができた。

　この点を念頭に置いて，里親養育グループや施設養育継続グループと同じ産院で生まれたが，施設で暮らした経験のない子ども72人を募集した。私たちが提携関係を結んだ母子保健研究所（IOMC：Institute of Maternal and Child Health）のスタッフが，こうした子どもたちの親に接触した。親子が定期的な小児科検診に訪れた際に，IOMCのスタッフが調査への参加を呼び掛けた。この子どもたちの月齢は，施設養育児とほぼ同じくらいで，男女比もおおむね一致していた。彼らにも同様のスクリーニングを実施した。地域社会の子ども（NIG：施設養育経験のないグループ）は全員，身体的成長（体重，身長，前後径周囲[頭囲]）に関して平均値の2SD以内に分布した。NIGのうち男児は42人，女児は31人，92％がルーマニア人，6％がロマ，1人はスペイン人，1人はトルコ人だった。

無作為化

　包括的なベースライン評価の後，施設で暮らしていた子どもたちを里親養育（第5章で詳しく論じる），または従来通り施設養育（施設での養育を継続）のいずれかに無作為（ランダム）に割り付けた。識別番号を書いた紙（子ども1人につき1枚）を帽子の中に入れ，1枚ずつ引いて，どちらに割り付けるかを決定した。唯一の例外は双子で，倫理的な理由から，双子に関しては1枚の紙に2つの番号を記入して帽子に入れ，引き離されないよう配慮した。

　68人が里親養育（FCG），68人が施設養育継続（CAUG）に割り付けられた。割り付け前に両グループの子どもを比較したが，性別，人種，月齢，出生時体重，施設で過ごした期間の割合に相違は認められなかった。

　ランダム化比較試験開始時に，政府当局と協力していくつかの指針を確立した。その1つとして，両グループ（里親養育グループまたは施設養育継続グループ）の子どもに生じうる変化や推移に私たちは介入しないことを合意した。たとえば，当局が，ある子どもを施設から退所させ家族と再統合する，または代替的な生活環境に措置するなどの決定を行うかもしれない。BEIPに基づき里親養育を受けた子どもに関しても，同じことがいえる。他に別段の記載がない限り，本書を通じて，すべてのデータはいわゆるintent-to-treat（**治療意図**）の原則を用いて分析（監訳者注：ITT解析）されている。すなわち，子どもが現時点でどこに住んでいようと，その子どもが当初割り付けられたグループに属すると想定して当該被験者のデータを分析した。図2.2に，当初のグループの割り付けと，8歳までに生じた割り付けグループの変化を示す。

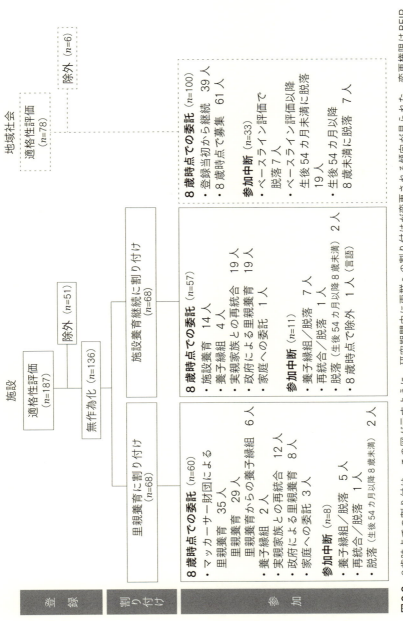

図2.2 8歳時点での割り付け。この図が示すように、研究期間中に両群への割り付けが変更される傾向が見られた。変更権限はBEIPの治験責任医師ではなく、ルーマニアの児童保護当局にあったため、ほぼすべての事例で私たちはデータ分析時に「intent-to-treat」デザインを採用し、サンプルバイアスの可能性を回避した。

第2章 研究デザイン，研究開始 25

研究デザイン

　無作為化前のベースライン評価から，介入群と対照群を数々の重要な尺度を用いて比較できることが確認できた。その結果，アウトカムに生じた何らかの相違は，真の介入効果の反映であるという自信が高まった。その上，介入前の無作為化により，確実な判断ができない胎児期を含むリスク因子（鉄欠乏症，鉛曝露，薬剤曝露など）が，両群間に均等に分布している可能性が大きくなった。

　今回の研究デザインのもう１つの側面を，再度述べておくことが必要であろう。ベースライン評価時の子どもたちの月齢は６カ月〜31カ月であり，その後も特定の月齢（生後30, 42, 54, 96カ月）で追跡調査を実施したため，各評価の時点で，委託のタイミングがアウトカムに与える影響を評価することができた。里親養育に出されるタイミングは，その委託が実施される年齢と里親養育のもとで過ごす期間の２つの要素が混じったものである。たとえば，生後26カ月で無作為化されたある子どもは，30カ月の時点で4カ月間の里親養育による介入を受けた。対して，生後16カ月で里親養育に措置された子どもは，30カ月の時点で14カ月間里親による養育を受けていた（図2.3を参照）。後者のほうが生後30カ月でのアウトカムがよい場合に，後者はより早期に介入を受けたため（タイミング効果）なのか，あるいは里親養育の期間が長かったため（用量効果または養育期間による効果）なのか，２人の間に生じた違いがどちらによるものなのか言うことはできない。

施設の環境

　国によって施設には大きな違いがあり，ブカレストで被験者を募集した6施

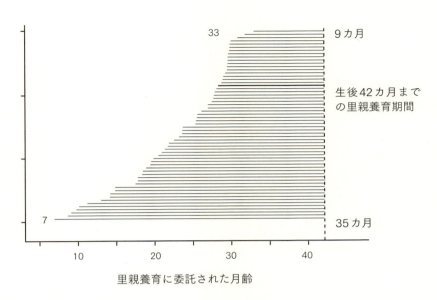

図2.3 介入期間は，里親養育に委託された月齢に応じて異なる

設についても同じことがいえる。とはいえ，スタッフの経歴やトレーニング，規定の日課，養育者に対する子どもの比率の高さ，医療従事者を頂点とする管理体系など，6施設には多くの共通点も見られた。

　私たちの研究室は，セクター1のセントキャサリン養護センター（共産主義時代はブカレスト1と呼ばれた）に設置された。チャウシェスクが裁判を受け処刑された1989年時点で，セントキャサリン（ブカレスト1）には約850人の子どもが暮らしていた。本研究が開始される頃には，それが約450人になっていた。2000年秋の時点で，子どもたちの年齢は6カ月〜6歳までばらつきがあり，重度の障害（二分脊椎，神経梅毒，水頭症）がある子もいれば，明確な異常はない子もいた。

　乳幼児の場合は多少日課に違いがあったが，子どもたちは全員午前6時30分に起床し，午後1時から3時までは昼寝し，午後8時に就寝させられた。基

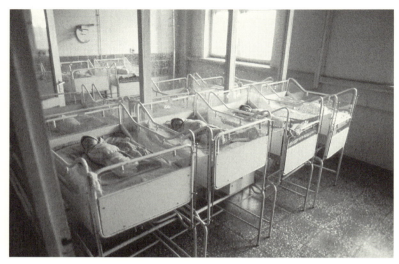

図2.4 ブカレストの施設でベビーベッドにいる乳児（マイケル・キャロル撮影）

本的には，子ども用の高い椅子に座るか，小さなテーブルを囲む形で少人数のグループで食事を与えられた。入浴と着替えは通常，食事の前後に予定されていた。最年少の子どもたちは毎朝90分の「刺激」を与えられ，3歳以上の子どもは教育的活動または幼稚園に相当するプログラムに参加した。天気がよい日は，昼食前，夕食前に屋外での遊び時間が設けられた。図2.4～2.6に，子どもたちが過ごす部屋と遊び場の様子を示している。

　1990年代初めから，人道援助により大半の施設におもちゃや遊び場が提供されたが，私たちが観察した結果，養育者はおおむね子どもと遊ぶというより，彼らを監視していた。

　きわめて厳密なスケジュールにもかかわらず，子どもたちが養育者と対人的な交流をする機会は限られていた。自由に遊べる時間は長かったが，養育者はその間もっぱら大人同士でおしゃべりをしていて，多くの子どもは目的もなくうろうろしていた。1日の間に子どもが複数の大人と接触することもあったが，一貫性も持続的な交流の機会もあまりなかった。1週間のうちに，子どもは養

図2.5 初代BEIP研究室からのぞむセントキャサリンの園庭。中央のプールは，遊びと入浴両方に使用された（チャールズ・A・ネルソン撮影）

図2.6 セントキャサリンの一般的な幼児室（チャールズ・A・ネルソン撮影）

第2章 研究デザイン，研究開始　｜　29

育者17人，ハウスキーパー 3 人，看護師 4 人，教師 2 人，医師 1 人，心理学者 1 人，理学療法士 1 人と接触できる可能性があった。施設および家庭の自然な相互作用を録画して評価した結果，地域社会の子どもの親と比べ，施設内の養育者が与える養育の質は大幅に低いことが示唆された[1]。

いくつかの評価では，子どもの主たる養育者を特定する必要があった。施設養育継続グループの場合，面接と観察を通じて主たる養育者を決定した。スタッフが，子どものお気に入りの養育者を特定できなかった場合，子どもと過ごす時間が一番長く，その子どもを最もよく知っている人物を主な養育者とみなした。

ベースラインから生後42カ月目まで，毎回の評価内容に（子どもの月齢に応じて）14種類の検査と測定を含め，3回の研究室への訪問と1回の家庭内（または施設内）での観察を通じてこれらを実施した。加えて生後42カ月目まで，施設養育および里親養育グループのすべての子どもの身体的成長の記録を毎月入手し，8歳時点で再び身体計測データを集めた。施設養育経験のないグループについては，各評価の時点（30カ月，42カ月）で成長の記録を入手した。54カ月時点で，知能指数と精神的健康状態を中心に，別の評価を実施した。最後に8歳，12歳の時点で，約25の尺度からなる包括的な検査バッテリーを（3回のセッションに分けて）実施した。本書の刊行を控えた現在，12歳時点での追跡調査を終えたばかりであるため（16歳時点での追跡調査を計画中），ここでは8歳までに収集したデータに焦点を当てる。

BEIP は，神経科学を基盤とする点で他の施設養育児の研究と異なることに留意する必要がある。実際，私たちは発達の感受期を調査しただけでなく，脳波（EEG）や磁器共鳴画像検査（MRI），さらには遺伝子やエピジェネティクスの研究を含む分子的アプローチを含め，脳の構造と機能を測定する幅広い最新の測定手法も使用した。

結論

BEIP は，早期の施設養育に対する介入としての里親養育に関する，史上初のランダム化比較試験である。この研究の強みとしては，無作為化，脳画像検査・分子生物学的手法の重視，最新の心理測定尺度からなる包括的バッテリーの使用，国内比較群の採用が挙げられる。他方でこの研究にはいくつかの限界もある。第一に，母親が子どもを遺棄した理由についてわずかな情報しかなく，妊娠中の状況に関する情報もない。これらのデータがあれば，被験者の施設養育前の履歴に関し情報が得られただろう。第二に，産院で生まれた子どもたちは通常，生後6カ月になるまで施設に入所しなかった。基本的には産科病棟が，施設に委託される前の待機場所の役割を果たしていたが，あらゆる点でこうした病棟は，施設とまったく同じ形で運営されていた。とはいえ，出生後6カ月までの乳児はサンプルに含まれていない。そのため，感受期に関する私たちの主張はすべて，この事実および無作為化時点での年齢分布による制限を受けることになる。第三に，私たちは里親養育への子どもの無作為割り付けには成功したが，当然ながら施設への無作為割り付けは実施しなかった。出生時に遺棄され施設に委託された子どもと，（たとえば貧困水準に関し）これと同等の家庭に生まれ，遺棄も施設への入所もしなかった子どもの間には違いがあった可能性がある。最も貧しい家庭が，子どもを遺棄するわけではない点を忘れてはならない。第四に，倫理的な理由から（第4章を参照）子どもたちは研究期間中に，ある環境から別の環境に移ったため（施設で暮らす子どもが実親家族と再統合されたなど），異なるグループ間の比較の一部が複雑になっている。たとえば，3人の子どもはベースライン評価直後にルーマニア国内で養子縁組された（施設養育継続グループ1人，里親養育グループ2人）。長期的には，多くの子どもが施設環境から家庭（実親家族，または私たちが試験を開始した2001年以降に設置された政府による里親養育）に移った。こうした子どもたちのデータは，現在の

第2章　研究デザイン，研究開始　　31

委託先でなく当初の割り付けに基づき分析された。したがって，里親養育への委託が子どもの発達に及ぼす影響が，過小評価される結果になっている可能性がある。最後に早期の経験の効果と，それ以降の時期の経験がもたらす効果の比較を試みるに際し，いくつかの分析と結論に関してはサンプルサイズが小さいことによる制限を受けている。

The History of
Child Institutionalization
in Romania

第3章

ルーマニアの
施設養育の歴史

> 孤児は公的な後見人の養育下に置かれなくてはならない。人は，
> 孤児の孤独と世を去った両親の魂への畏怖を持たねばならない。
> 後見人は，不運な孤児を我が子のように愛さなくてはならない。
> 後見人は孤児の所有物を自分のものと同様かそれ以上の注意を払
> い，入念に管理しなければならない。
>
> **プラトン『法律』(927年)**

　1989年12月，ルーマニア共産主義政権の独裁者ニコラエ・チャウシェスク
が失脚し，処刑された。この歴史的激変を受けて，ルーマニア革命を取材する
ため同地を訪れた欧米メディアは，何万人もの乳幼児・児童・青少年を収容し
た全国に散らばる無数の施設の存在を発見した。施設の多くは，悲惨な状態に
あった。ABCのニュース番組『20/20』が施設の特集を放送した1990年10月
5日，米国の視聴者は初めてこうした状況を知った。[1]ネグレクトされ，剥奪を
受け，おびえ切った子どもたち——中には金属製のベッドにつながれた子ども
もいた——の姿は，世界を震撼させた。ルーマニア人自身も施設の驚くべき状
況に衝撃を受け，新政府は直ちに事態改善に乗り出した。同時に，多くの国の
非政府機関（NGO）が施設環境を改善するために駆けつけ，数多くの欧米人
が養子縁組を通じて子どもたちを救いたいとルーマニアを訪れた。
　こうした背景の中で，ブカレスト早期介入プロジェクトは立案され開始され
た。プロジェクトは1999年末，ちょうどルーマニア国内で大規模な児童保護

第3章　ルーマニアの施設養育の歴史　　33

制度改革が最終的に法制化された頃に始動した。ルーマニアの児童保護大臣にして養子縁組局局長のクリスチャン・タバカルが一連の改革の立役者の1人となり，BEIP推進にも尽力した。ルーマニアの孤児の状況とプロジェクト開始に至る経緯を理解するには，まず，乳児や幼い子どもを施設に入所させるという国家制度，家族が遺棄した子どもを国が育てるという社会的状況，およびこれらの政策が共産体制の終結後も数十年に及びルーマニアに残した遺産について知らなければならない。[2]

社会的介入としての施設

　現在ルーマニアとして知られる地域には，紀元1世紀から孤児院が存在した。中世には，この地域の司教が孤児を修道院に預けるよう推奨した。一部の孤児院では，子どもがある程度大きくなったら一般家庭に住み込みで働かせる，いわゆる「年季奉公」を実施していた。多くの場合，孤児院は身寄りのない子どもの安全な避難場所とみなされ，その運営は上流階級の寄付や各地の宗教団体に支えられていた。孤児院は安全なだけでなく，幼い子どもの適切な成長と市民としての身分の獲得を促す施設とみなされた。[3]

　中世ヨーロッパには捨てられた子どもや孤児のための施設の存在を示す記述があり，ルネッサンス期も同種の施設が広く知られていた。たとえばフィレンツェのOspedale degli Innocentiは，遺棄された子どもの養育を目的に設立され，1445年2月に最初の乳児を受け入れた。[4]だが先進国世界の多くの地域では，18世紀までこうした施設は一般的でなかった。親戚や隣人の養育を受けられなかった孤児はほとんどが，ストリート・チルドレンとして生活するか，大人と一緒に救貧院に入れられるのが一般的だった。北米では，1729年にミシシッピ州ナチェズで入植者がインディアンに虐殺された事件を受けて，同年ウルスラ派の尼僧が，ルイジアナ州ニューオーリンズに米国初の孤児院を設立した。[5]ルーマニアには，古くは1798年にブカレストの孤児院への言及が残されてお

り，国内の他地域でも19世紀中にその存在が記録されている[6]。

　欧米では，戦争と疾病が原因で親を失う子どもが増え，さらに米国では都市化が進み移民が増加したことも加わって，19世紀に孤児院がより普及した。こうした変化により，貧困世帯の数が増加した[7]。加えて，農村部から都市への人口流入により，近親者の協力を得られなくなった結果，共働き世帯で子どもの養育に対するニーズが生じた[8]。ある報告書によると，18世紀には欧州諸都市で子どもの10〜40％が遺棄された[9]。その中には，思想家ジャン・ジャック・ルソー（1781〜1953）を父とする4人の子どもも含まれた。ルソーが子どもを捨てた理由をめぐり，歴史家の間で議論が交わされているが（精神的な不安定性，よい父親になれないという思いこみなど），子どもの本質と教育をめぐる影響力ある書籍（『エミール』）を残した哲学者が，このような形で自らの子を遺棄したのは皮肉な話である。実際，『エミール』の中でルソーはこう記している。「人間よ，人間的であれ。それがあなたがたの第一の義務だ。子どもを愛するがいい。子どもの遊びを，楽しみを，その好ましい本能を，好意をもって見守るのだ」[10]。

　19世紀末に産業が繁栄し始めると，孤児院は，恵まれない者に手を差し伸べ，若者に健全な価値観を植え付け，おそらくは社会から「望ましくない人物」を取り除きたいという複雑な欲望に訴えかける存在になった[11]。

　世紀の変わり目には，小児科医ヘンリー・ドワイト・チャピンが高い死亡率を理由に施設閉鎖を要求したものの，ルネ・スピッツやウィリアム・ゴールドファーブなどの米国の研究者が，子どもの発達に対する施設養育の有害性を示す研究を発表したのは，20世紀半ばになってからだった[12]。英国の児童精神科医・精神分析家ジョン・ボウルビィは，新たに設置された世界保健機関（WHO）のために執筆した研究論文において，母親的人物による養育は子どもの精神衛生のため望ましいだけでなく，不可欠でもあると論じた[13]。20世紀後半には，施設養育に代わる選択肢として里親養育が英米で急速に発達した[14]。英米両国とも，ほとんどの孤児院が1970年代には閉鎖されたが，米国では完全に姿を消してはいない。とはいえ現在，そこで暮らすのは州が監護権を持つ子ど

第3章　ルーマニアの施設養育の歴史　｜　35

ものうち約0.5%に過ぎず，短期的な委託先と想定されている。[15] 西欧では里親養育が一般的だが，施設の有害な影響を論じた研究による知見にもかかわらず，3歳未満の多数の子どもが今も施設で育てられていることは驚きである。[16]

　ルーマニアは20世紀後半にソ連圏に仲間入りし，施設養育の有害性に関する知識を含めた欧米の心理学的研究や児童保護の実践から，実質的に隔絶された。ルーマニアは，生産性の重視と国家の大義のための自己犠牲を強調する集団での児童養育（communal rearing）を掲げるソビエト・ドクトリンの影響を受けた。集団養育により，国家は国民に対しいっそう大きな支配権を維持すると同時に，共同体の生産的な構成員と非生産的な構成員を区別することもできた。欧米の研究から孤立したことで，ルーマニアの研究者は子どもの発達に関する最新の研究，とくに早期の親による養育の重要性に関する知見を知る機会を奪われた。これが後に，史上例のない悲惨なイデオロギー的政策を生む土壌をもたらし，政府の後援を受けた大規模施設での集団養育の推進につながった。[17]

ルーマニアの略史

　東洋と西洋の狭間に位置するルーマニアは昔から，ローマ帝国，北アジアのフン族，オスマン帝国，オーストリア・ハンガリー帝国に征服され支配されてきた。19世紀後半にようやく統一されて独立国家となり，現在のルーマニアが成立したのは，20世紀に入ってからのことだ。

　ルーマニア北東部，ハンガリーと国境を接するトランシルバニア地方は中世以降，カトリックを信奉するオーストリア・ハンガリー帝国の統治下に置かれ，1921年にルーマニア王国に併合された。モルドバ地方，ワラキア地方は，ロシアがバルカン半島へと領土を拡大した1779年以降断続的に，ロシア正教を信奉するロシアの保護領とされた。両帝国は，子どもの遺棄の問題に対する教会や国家の対応に影響を与えた。[18] とくに政治的・軍事的な争乱期には，子どもは保護されるべき存在だった。

36

第二次大戦中，ルーマニアはドイツと共同してソ連と戦った。戦況が進展しドイツの敗北が明白になると，ルーマニアのミハイ1世はクーデターを起こして，ブカレストのファシスト政権を転覆させ，連合国軍とともに平和を追求する政府を樹立した。大戦終結後，ルーマニアは（他の連合国との合意により）ソ連軍に占領された。1947年には国王は退位を迫られ，その後40年以上にわたり権力を握る共産主義政権が誕生した。ルーマニアは，鉄のカーテンで隔てられたソ連圏に入り，社会制度や医療制度の多くもソビエトに倣ったものとなった。ソ連はルーマニアに対し，無償で大量の天然資源や食料品を供給するよう強要し，これによりルーマニアの貧困が深刻化するとともにソ連への依存が強まった。[19]

チャウシェスク政権

　党書記長のゲオルデ・デジが1965年に死去すると，靴屋の見習いから共産党に入党し，頭角を現したチャウシェスクが指導者の座についた。彼は，工業化を進め国家の富と国力を高めるには，労働者を増やす必要があると考えた。チャウシェスクは，共産圏全域に物資を供給する近代工業国家の建設を決意した。

　権力の座についた直後から，ソ連の影響力から距離を置くチャウシェスクは，西側諸国の間でソ連圏の異端児として知られた。彼は，（加盟国の地位は維持したものの）ワルシャワ条約機構への積極的な参加を中止し，1968年のソ連によるチェコスロバキア侵攻を非難した。欧州とソ連の亀裂を少しでも広げようと，米国のリチャード・ニクソン大統領は1969年にブカレストを訪問し，1975年にルーマニアは米国から最恵国待遇を付与された。[20]

　ルーマニアを共産主義圏随一の工業国家にするという構想を実現するため，チャウシェスクは大規模な都市化計画を実施し，農村部の住民を工場で働かせるため都市に移住させ，無機質なアパート群の一画に住まわせた。新たな農業複合施設を建設するため，村落は破壊された。家族ではなく労働者が社会の基本単位になり，家庭生活のほぼあらゆる側面に国家が入り込んだ。[21]異なる地域

第3章　ルーマニアの施設養育の歴史　　37

に転居させられて，親族縁者は離ればなれになった。夫婦でさえ，遠く離れた勤務地を割り当てられる可能性があった[22]。

　チャウシェスクが政権を掌握した当時，ルーマニアは東欧で最も中絶率と離婚率が高い国の1つで，出生率が低下していた[23]。この動向に歯止めをかけ人的資本を生みだすため，チャウシェスクは一連の人口増加政策を実施した。この政策は，1960年半ばの中絶禁止法（1966年法令第770号）の可決をもって開始された[24]。1966年に制定された法律（法令第779号）では，離婚が例外的なケースのみに制限された。その後24年間，チャウシェスクは女性に4〜5人の子どもを産ませ，「社会主義労働の英雄」になるよう強制しようとした[25]。中絶禁止と離婚制限に加え，政府はいわゆる「出産奨励」策を立案した。国家から働く母親に対し奨励給付が与えられ，養育費を支援するため家庭に手当てが支給された。家族の人数が増えるにつれて現金手当は増えた。都市に暮らす世帯のほうが，農村部に暮らす世帯より給付額は多かった[26]。政府は，子どもをたくさん産んだ女性に報酬を与え，彼女らを「母なる偉人」と呼んだ。5〜6人を産んだ女性には「母親勲章」，7〜9人産んだ女性には「母親栄誉勲章」が授与された[27]。

　出生率を上げるため，チャウシェスクは数々の取り組みを試みた。その一環として出産しない女性には罰則が課せられ，若い夫婦には「子なし税」が課された。加えて，法定結婚年齢が15歳に引き下げられた[28]。中絶可能な最低年齢を45歳に引き上げる，中絶は5人以上出産した女性に限るなど，女性の生殖権や生殖体験に政府が関与した様子は，きわめて興味深いものである[29]。

　チャウシェスクは産婦人科医を集めて国家保安部に配置し，「生理警察」として知られる組織を設置した。生理警察は尋問と婦人科検診を実施し，職場や学校から女性を連行して検査を行った。これは，妊婦に予定日まで妊娠を維持させ，妊娠していない女性には子どもを作るよう強制するための措置だった。女性の生殖生活に対する政府の干渉の1つとして，チャウシェスクは流産の報告があった場合に調査を行わせた[30]。妊娠歴がない女性や出産人数が不十分に思われる女性は，尋問を受け脅迫された。ルーマニア革命から10年以上を経た

のち，私たちのプロジェクトを支援していた32歳の女性が，高校生時代に生理警察の検査や尋問を受けた屈辱的な体験をつらそうに語ってくれた。

　こうした政策は，結束力ある単位としての家族の弱体化を意図したものだった。親達は，国のほうが親よりきちんと子どもを育てられると説明された。政[31]府は，医療・精神保健専門家の力を借りて，子どもの監護権を放棄し政府が運営する大規模施設に預けるよう親を説得する取り組みを正当化した。

　1980年代の経済情勢は深刻で，チャウシェスクが厳しい制限を課したため国民は重度の欠乏状態に陥っていた。多くの子どもが遺棄されるか，親の手で自発的に施設に預けられた。[32]子どもの施設養育は，多くの場合，再び家で育てられるようになるまでの一時的な手段として想定されたが，親はしばしば，国が育て教育し，社会の生産的な構成要員にしてくれると考えて子どもを手放した。拡大家族が崩壊していたため，家庭で子どもを育てるのは困難だった。女性には仕事があり，保育施設はほとんどなかった。1980年代には，ほとんどの若い夫婦が両親を田舎に残したまま都会に移住していたため，育児で拡大家族を当てにすることは不可能だった。とくに低所得世帯の人々は，保育サービスを利用できなかった。[33]

■ チャウシェスク時代の児童施設（1965 ～ 1989年）

　政府は，定型発達児と障害児双方のため異なる種類の施設を設立する法律（法令1970年3号）を可決した。[34]

　leagane は，0 ～ 3歳までのすべての遺棄された子どもと孤児のため設置された。出生時に産院で遺棄された子どもは，生後数カ月以内に leagan に移された。期間に差はあれいったん親と暮らした後で遺棄された子どもも，3歳未満である限り leagan に収容された。leagan で暮らす子どもは3歳になると，発達状況に応じて国営の他の施設に移された。3歳になると，子どもたちは小児科医や精神科医／心理学者の診察を受け，検査結果に応じて「移行センター（switching center）」で2種類のグループに分けられた。この検査に関し多くの医師にインタビューを実施したが，意思決定についての体系的アプローチは確

第3章　ルーマニアの施設養育の歴史　｜　39

認できなかった。身体面，発達面で「正常」とみなされた子どもは，*casi de copii*（子どもの家）と呼ばれる施設に入れられた。子どもの家は，就学前児童（3〜6歳）を対象とする国営の入所型施設だった。このグループホームに入った子どもは公立学校に通い，スタッフが交代制で養育を行った。その後，何も問題がなければ彼らは学童用（7歳以上）の子どもの家に移され，18歳までこの施設で過ごした。この施設でも，交代制で勤務するスタッフが子どもたちの世話をし，子どもは引き続き公立学校へ通学した。施設養育制度のもとに置かれた子どもの約60%が，こうした施設で暮らした。[35]

　3歳の時点で，労働力にならない，または心身面で特別なニーズがあると判断された子どもは，*gradiniţa*（「治療可能な」障害を持つとみなされた子ども向けの入所型特殊教育施設）または*institutul neuropshiciatric*（「治療不可能な」障害を持つ就学前児童向けの入所施設）に移された。7歳になると，彼らの一部は*camin spital*（「治療可能な」障害を持つとみなされた学童向けの入所施設）に入所した。障害児向けの両施設——institutul neuropshiciatric と camin spital——では，最も深刻な剥奪が起きた。こうした施設の子どもたちは重度の栄養不足に陥っており，死亡率も高かった。[36]

　また政府は，各種施設をそれぞれ異なる省庁の管轄下に置いた。グリーンウェルは，こう説明する。「*casi de copii* は教育省，*camine spital* は障害者省，特殊教育・職業訓練施設は労働省の傘下に置かれた」[37]。

●欠陥学（defectology）という根拠

　子どもたちを，国家から見て有用で生産的な集団とそれ以外の集団に分類するという政策は，他の東欧諸国で障害者に対しとられた類似の政策と同様に，ソ連の「欠陥学」に根差すものだった。[38]1920年代に発達した欠陥学では，障害は本人に欠陥や異常をもたらす症状と定義された。内因性の異常である点が強調され，環境は無関係とみなされた。したがって，子どもが欠陥をもって生まれた場合，生産性を取り戻すことはないため介入など実施しても無意味だとされた。3〜4歳までに欠陥を発見することで，国は障害がある子どもたちを，

より投資に値する生産的な子どもたちから隔離することができた。倫理に反し科学的に間違っていたが，この欠陥学はチャウシェスク政権が実施した制度の基盤を形成した。

　西側諸国とソ連双方の心理学界で，決定論的な発達モデルが流行を極めた時期に，欠陥学という学問が発展した。その中核をなすのは，人が生まれ持つ一定の特徴や特質は，おおむね変更不可能であるという信念だった。当時，この考え方に異議を唱える研究は数少なかった。例外的にハロルド・スキールズは1930年代に，米国の孤児院に暮らす知的障害児とされる子どもたちが実際は，適切な介入（子どもたちを孤児院から出し，成人女性が暮らす施設に入れた）により回復し得ることを示す介入研究を行った[39]。スキールズの研究は，子どもの発達に関する一般的通念に反するとして米国では30年間顧みられなかったが，最終的にはこの種の研究が米国の心理学者の姿勢を変え，介入や早期経験の効果を重視する方向に向かわせた。こうした子どもの発達への考え方の変化が，その後30〜40年間生じなかったことは，東欧の子どもたちにとって悲劇といえる。この悲劇は，第二次大戦後のルーマニアの心理学界を見舞った学術的な孤立の深刻な影響を浮き彫りにするものだ。

●定型発達児向け施設

　leaganeの養育環境は，施設の規模によってまちまちだった。ルーマニア最大のleaganであるブカレスト1（後にセントキャサリンに改称）には，1998年時点で500人以上，その10年前には850人の乳幼児が収容されていた。約12人の乳児が小さな部屋に入れられ，1日の大半を，刺激を受けず他人から関心を向けられることもなくベッドで横になって過ごした。食事は厳密な予定に従い規則的に与えられたが，大人にかまってもらえたり，抱いてもらえたりする子どもは，養育者の「お気に入り」に限られた。

　1998年12月にブカレスト1を訪問した際，私たちは1つの部屋に12台のベッドが並び，生後6〜8カ月の乳児が目を覚ました状態で仰向けにおとなしく横になっているのを目にした。彼らとアイコンタクトはとれたが，こちらに

第3章　ルーマニアの施設養育の歴史　　41

笑顔を向けさせるのは一苦労だった。一度も笑わせることができなかった子どもも何人かいた。彼らは年齢的には，ダニエル・スターンがいう「発達過程で最も純粋に他人と関わる時期」の最中にあったが，社会性に深刻な障害が見られた。[40]彼らは明らかに，養育者と直接関わり合う機会をほとんど，あるいはまったく与えられていなかった。

　チャウシェスク時代の養育者と子どもの比率には，施設により大きなばらつきがあったが，総じて驚くほどひどいものだった。養育者1人につき乳児12〜15人という施設もあったが，1人の養育者がそれ以上の乳児を受け持つ場合もあった。養育者は正式な訓練をまったく受けておらず，子どもの年齢に応じて一般に1部屋またはそれ以上の部屋を割り当てられた。子どもたちは歩けるようになると幼児室に移され，大体は同年齢の子どもたちと一緒にされた。

　おそらくは受け持つ子どもの数の多さから，チャウシェスク政権崩壊後10年以上経った後でさえ，養育者の子どもたちへの接し方には超然とした部分があった。たとえばセントキャサリンでは，外遊びの時間に，2つの「ユニット」の幼児48人全員が同じ時間に同じ場所を使うことがあった。子どもたちが遊び場をうろうろしたり，毛布の上に横になって体を揺すったり，他の子どもとやりとりしている間，その場を監督する3〜4人の養育者はもっぱらおしゃべりに興じていた。寒い日や悪天候の日の室内遊びの時間は，さらにひどかった。殺風景な大部屋に集められた12〜15人，時には20人もの幼児を養育者1人が監督し，その養育者は自分の「お気に入り」にかかりきりか，さもなければほとんど介入せずただ様子を見守るばかりだった。子どもたちは互いを無視するか，数少ないおもちゃをめぐり短時間ながら激しいけんかを繰り広げた。

　それ以外の活動でも，個別の関与が不足していた。たとえばセントキャサリンでは食事の時間に，一群の幼児を小さなテーブルを囲む形で高い子ども用の椅子に座らせ，養育者が大きなボウルから順番に1人1口ずつスプーンで与えていた。食事の手順はおおむね無言で進められた。対して，入浴の時間は騒々しかった。入浴は，工場の組立ライン並みの効率性と無関心さをもって実施された。一列に並ばせた子どもたちを，1人の養育者が脱がせ，別の養育者が水

を浴びせて石鹸でごしごし洗い，3人目の養育者がタオルで拭いた。入浴が終わるまで，ほとんどの子どもたちは泣き続けた。数年後，この研究の一環として何人かの子どもたちを里親家庭に預けた際，里親の間では入浴にひときわ苦労しているとの声が聞かれた。子どもたちが嫌がらず入浴できるようになるのに，数週間またはそれ以上かかる場合もあった。

●障害児向け施設

　gradiniţe, institutul neuropshichiatric, camine spital（監訳者注：障害児向け施設）は，leagane や casi de copii（監訳者注：定型発達児向け施設）と比べてあらゆる面で殺伐としていた。ダナ・ジョンソンは，これらの施設の子どもは劣悪な養育状態にあると報告した[41]。彼らには食事として，パン，脂っこいソーセージ，牛胃袋の粥，虫食いリンゴが与えられた。施設には得てして暖房がなく，医療・教育サービスやリハビリプログラムも存在せず，施設の衛生や子どもたち1人ひとりの身体の清潔性は考慮されなかった。ヴィデレの施設では，子どもたちはプラスチック製のおまるに排便し，用をたし終えた後は，拭きも洗いもせずパジャマのズボンを引っ張り上げていた。彼らが養育者に助けを求めることも，養育者が手を差し伸べることもなかった。

　ある施設では，検査した子どもの52%がHIV-1陽性，60%がB型肝炎陽性だった[42]。私たちが1998年に訪れたバカウの施設では，所長によると100%の子どもがHIV陽性だった。加えて，革命直後にこうした施設で支援活動を行った西側の医師らの報告書では，栄養不足，発育不全，怪我の未治療，あからさまな身体的・性的虐待が報告された[43]。

　1989年には，ルーマニアでの院内HIV感染（すなわち，医学的治療中に罹患した感染症）の大部分は施設養育児であることが発覚した。未検査の血液輸血や消毒が不十分な機器を用いた注射により，子どもたちが感染した可能性が高かった。施設養育児に対しては，「体力強化」を含め多様な病気を理由として，血漿輸血や全血輸血が広く使用された。その結果，子どもたちの間にHIVと急性B型肝炎が蔓延した[44]。共産主義政府は，こうした病気の蔓延を認めること

第3章　ルーマニアの施設養育の歴史　　43

を拒み，チャウシェスク政権崩壊直前の時期には，「呼吸器疾患」や「内分泌・代謝性疾患」などが原因とされる乳児死亡率が急激に上昇していた。2000年には，欧州の小児HIV／AIDS症例の60％がルーマニアで見られ，その大半が施設に暮らす乳幼児だった。この統計によると，1万人近い子どもが感染していた。チャウシェスクが失脚し問題の重大さが認識されると，ルーマニアは，罹患児の治療と新規感染の防止のため多大な努力を払った。ルーマニアの医療コミュニティは，米国国立衛生研究所（NIH），疾病予防管理センター（CDC），米国国際開発庁（USAID）などの米国の政府系医療機関と協力し，罹患児に適切な治療を提供した。このプログラムは成果を収めた。2003年8月には，452人の子どもが，外来診療所の監視下で抗レトロウイルス療法（ARV）を受けていた。1日当たりの入院数はほぼゼロまで減少し，小児期の死亡率は急激に低下した。

　この時期に大量の子どもが施設で暮らしていた事実は，難しい問題を提起する。すなわち，子どもたちの生育環境について国民はどの程度知っていたのか？　すべての施設が，国民の目の届かない遠隔地にあったわけではない。セントキャサリンなど一部施設は，ブカレスト中心部に位置した。2000～2004年まで国家児童保護局長を務めたガブリエラ・コーマンは，こう表現している。

　　私は児童保護制度についてほとんど知らないまま，1992年にこの制度に関わることになりました。当時は，この危機（の意味）を誰も正確に理解していませんでした。私たち誰もが，外国から来た人々と一緒に初めて，チャウシェスク時代の孤児たちの衝撃的な光景を目にしたのです……孤児院に入れられた子どもたちのことなど（何も）知らず。もちろん，それが言い訳にはなりませんが，いずれにせよ児童保護制度に携わった職員にとって，その頃はそれが仕事の動機でした。

　　　　　　　　　　　　　　　　（G・コーマン，2011年1月のインタビュー）

　チャウシェスク時代の児童保護制度では子どもの保護など一切考慮されず，

ルーマニア経済の生産性を維持することが重視された。生産的な社会主義市民を生みだすという目標を見据えて，遺棄された子どもの養育資金が配分された。[47]つまるところ，生産的な市民に成長する子どもとそうでない子どもを切り分けることが，欠陥学の真の目的だった。

ローゼンバーグは1992年に，重度の障害がある子どもを対象にcamin spitalで調査を実施し，悲惨な状況と医療的ケアの欠如を報告した。スタッフの人数は少なく，訓練も受けていなかった。[48]この研究が発表された6年後でさえ，私たちがビデル，シレット，バカウの施設で行った観察調査では，さまざまな取り組みにもかかわらず，依然としてまだ改善すべき点が多くあることが明らかになった。

チャウシェスク以降の児童保護（1989〜2000年）

直後の対応

チャウシェスクが処刑され，彼が作りだした悲惨な児童保護制度が露見した後，ルーマニアは，①数万人の施設養育児，②引き続き高い子どもの遺棄率，③遺棄された子どもへの新たなアプローチ策定に関わる長期的課題，という3つの問題に同時に対処しようとした。続く10年（1990〜2000年）の間に，施設で暮らす子どもたちの状況と彼らの養育に大幅な改善が施され，子どもの遺棄や国際養子縁組の件数も大きく変化した。共産主義政権の崩壊により貧困と失業が悪化したため，数年間は遺棄と施設養育が実質的に増加した。国際養子縁組は，児童保護の1つの手段に含められた時期もあれば，除外された時期もあった。[49]

1989年12月の時点で，施設に暮らす子どもの総数は5万〜17万人と推定された。[50]報告書には，深刻な剝奪状況が記されている。乳児は終日ベビーベッドで過ごし，年長の子どもたちは10〜50人ひとまとめにして大部屋に閉じ込め

第3章　ルーマニアの施設養育の歴史　│　45

られていた。[51]あるNGOの当時の報告書には，「子どもたちは，不十分な食料，住居，衣服，医療，刺激や教育の欠如，ネグレクトに苦しめられている。障害児はさらに悲惨な境遇に置かれ，多くは病気にかかり栄養不良に陥っている」[52]と記されている。

この頃に児童保護制度に関与していた人々にインタビューしてみると，ほとんどが施設の存在は知っていたが，子どもたちの数の多さや劣悪な状況は知らなかったと答えた。たとえばガブリエラ・コーマンは，少数の医師や施設で働くスタッフの家族は，子どもたちの生活状況を知っていたに違いないが，大半のルーマニア国民は単に「現状」を知らなかったのだと指摘した。[53]

残念ながら，チャウシェスクが失脚し民主主義政府が樹立されても，子どもの遺棄は終わらなかった。乳幼児が引き続き leagane に収容され続け，困窮家庭の解決策として施設養育を推進する法的枠組みに変化はなかった。チャウシェスク失脚後の10年を通じて，ルーマニアでは高い施設養育率が維持された。[54]

とはいえ，ルーマニア政府が施設養育児への虐待・ネグレクトの露見に，対応しなかったわけではない。最初の対応策として，子どもたちの基本的な必需品，食糧，医療・社会サービスが提供された。政府は，諸外国や援助機関からの支援も歓迎した。

多くの欧米諸国のNGOがルーマニアに事務所を設置し，資金を投入し始めた。取り組みは連携不足で事後評価もほとんど実施されなかったが，劣悪な環境で暮らす子どもたちの存在が発覚したことに伴う切迫感が，幅広い支援につながった。ほぼ必然的に，ルーマニアは施設養育児の多くを養子縁組させようと努めた。

国内養子縁組，里親養育，国際養子縁組の間の葛藤

チャウシェスク失脚後10年間の遺棄された子どもをめぐる議論を理解するには，この複雑な力学に影響を及ぼす多数の要因を考慮に入れる必要がある。他の欧州諸国と同様，ルーマニアでは親族による養子縁組と里親養育が普及し

ていたが，親族以外による養子縁組はまれだった。祖父母や叔父叔母，その他血縁関係にある者が，孤児の養父母または里親になるのが一般的であり，家族が血縁関係のない子どもを養子にするのは珍しかった。こうした習慣は，ルーマニアに限られない。中世の社会では，血縁と生物学的関係が何より優先された。実際，イギリスの慣習法でもフランスのナポレオン法典でも，非血縁者による養子縁組は認められないか，極度に難しかった。非血縁者による遺棄された乳児の養子縁組が制限されたため，教会が孤児養育院や施設を設置した。欧州全土で，施設養育は承認されていた。[55]したがってルーマニアで，家族が血縁関係のない施設養育児を養子にするのは一般的ではなかったと思われる。これに加え，施設で暮らす乳幼児は単に不幸なだけでなく，何らかの欠陥がある（そもそも，それが理由で施設に入れられた）とみなされがちだった事実を考慮すると，状況が明白になる。

　ルーマニアには，里親養育制度が確立されていなかった。里親養育は違法ではなく，チャウシェスク時代には場合によって推奨されたが，家族が施設養育児を引き取るのはまれだった。行政手続きも複雑で，里親養育の慣行を推進するものではなかった。チャウシェスク政権が崩壊し，施設の実情が広く世界に報道されると，多くの機関や民間人が国際養子縁組を推進するためルーマニアに入国した。しかしここでも，養子縁組制度には多くの問題があった。

遺棄された子どもの養子縁組

　遺棄された子どもへの処遇を規定する法律（1970年法令第3号）により，両親が養育できない乳幼児のための養育施設が設置された。施設の惨状が発覚して，ルーマニアは受け入れた多数の子どもたちの新たな行き先を見つける必要に迫られた。

　革命から7カ月後の1990年7月31日，ルーマニア政府は，国際養子縁組を合法化し地方主導で施行するための大統領令を可決した。養子縁組承認に関す

第3章　ルーマニアの施設養育の歴史　｜　47

る法律（1990年法令第11号）により国際養子縁組が認められ，養子縁組の権限が大統領から地方裁判所に移された。しかし裁判所には，当時黎明期にあった児童保護制度との連携を可能にする，具体的な法的手続きが整備されていなかった。その結果，子どもたちはさまざまな方法で養子に出された。海外の養子縁組機関がルーマニアを訪れ，施設の所長と直接交渉した。児童福祉NGOは，国際養子縁組に一定の基本的手順を定めようと，裁判所に協力した。多くの家族は，ルーマニアを訪れて個人的に各家庭と直接面会し，闇市場のような方法で生物学的な両親のもとから養子を引き取った。[56]

　国際養子縁組件数は，この法律制定後に1989年の年間30件から5000件近くへと劇的に増加した。「赤ん坊市場」をめぐる報道が流れ始めた。[57]マスコミは，米国からルーマニアに渡り，「赤ん坊ブローカー」に接触して施設を訪れる養父母を取材した。施設では，担当の医師が養子縁組に出せる乳児を見せてくれるのだ。取引には外貨が使われ，緩やかなビザ法のおかげで，養父母は新たに養子縁組した子どもを米国に連れ帰ることができた。彼らは往々にして，子どもたちがそれまでどんな経験をしてきたか，ほとんど知らなかった。国民が非常に貧しく，数千人の施設養育児への何らかの対策が必要とされた当時，英米への国際養子縁組はきわめて望ましいものとみなされた。

　国際養子縁組の比率の高さがマスコミでネガティブに報道され，政治的な注目が集まったため，ルーマニア政府は養子縁組政策の修正を迫られた。これを受けて，政府は1990年法令第11号を改正した。新たな1991年法令第48号は，国際養子縁組の「一時停止措置」と称されることが多い。新法により民間養子縁組は違法とされ，家族を保護する手続きが導入されたことで，外国人による養子縁組が大幅に制限された。[58]一時停止措置は，9カ月間続いた。

　この期間にルーマニア政府は，国際養子縁組の制限と推進の間で揺れ動いた。当局は，国際養子縁組を促進する法律（1993年第47号）を制定した。この法律は，遺棄の要件を法的に定義することで，養子縁組を促進したのだ。裁判所による遺棄宣告により，ネグレクトを受けていたさらに多くの子どもが法的に遺棄児童の地位を取得し，養子縁組の資格要件を満たした。[59]続いてルーマニア議

48

会は，国際養子縁組手続き中に子ども，実の両親および養父母を保護し，子どもの人身売買や他の虐待を防ぐため，1994年法令第84号を制定した。この法律により，ハーグ条約締約国間の養子縁組も正式に認められた。

　国際養子縁組の分野での進展にもかかわらず，こうした施策後もルーマニアの乳児の施設養育率は減少しなかった。これは1つには，1970年法令第3号がまだ有効であったためだ。同法は政府に対し，遺棄された子どもを施設に入れるよう義務づけており，1994年の時点でも依然として，それが困窮する家庭の子どもにとって主な解決策だった。たとえ子どもが養子に出されても，その子どもはたいてい施設で暮らした経験があった。したがってこの時期も，国際養子縁組は増加したものの，多くの子どもが施設に入所していた。この時期（1990年代半ば）は貧困がいまだ広がり，経済情勢は劣悪なままだった。

　海外NGOは，施設養育児を支援するためルーマニア政府に協力した。NGOは援助を提供し，こうした団体の職員は施設で時間を過ごすことが多かった。

　1993年に全国児童保護委員会（NCCP）が設置された。NCCP設置後も，それぞれの施設が異なる所轄省庁に報告を行う状態は変わらず，遺棄された子どもは相変わらず施設に入れられ続けた。

　海外NGOや政府による児童保護分野の深刻な危機に対応するための努力を受けて，1990年代末に，クリスチャン・タバカルとフランソワ・デコンブレが，後のBEIPの主な事務管理パートナーとなるSERAルーマニア（Solidarite Enfants Roumains Abandonnes Romania）を設立した。SERAのタバカル事務局長は，施設に代わる選択肢としてルーマニアへの里親養育の導入を決意した。タバカルは，里親が国の代わりに子どもを養育し，年金その他の手当てとともに政府が定めた給与を受け取る，フランスと同じような里親制度を実施したいと考えた。しかし，里親養育制度の確立に向けた彼の当初の取り組みは，官僚主義的な先送りや，施設にいる子どもを養育する家族などいるものかという懐疑主義に阻まれた。

　タバカルは，里親養育を仮想的な選択肢でなく，現実に変えるための仕組みを創設する必要があると実感していた。彼は，次のように説明している。

第3章　ルーマニアの施設養育の歴史　　49

里親養育や施設養育を通じて子どもの——いわゆる——保護を可能にする
法律を制定するだけでは，不十分です。里親養育の条件が整備されなけれ
ば，全員施設に入れられるからです。ことは至って単純でした。

（C・タバカル，2011年4月のインタビュー）

1996年11月の選挙が，抜本的な改革の機会をもたらした。旧共産党党員を
中心とするルーマニア社会民主党が，中道右派のキリスト教民主党に敗れたの
だ。

政府が可決した法律（1998年第34号）に基づき，全国児童保護委員会に代わ
る組織として児童保護局（DPC）が設置された。1997年3月，タバカルがルー
マニア初の児童保護大臣に就任した。

タバカルは，ルーマニアの児童保護に対し2つのビジョンを掲げた。第一に
彼は，子どもは施設でなく家庭に属すると信じ，第二に児童保護に関する決定
権を地方自治体に与えることが重要と考えた。児童施設の中央集権的な管理を
支える巨大な官僚機構が発達していたため，こうした考え方は急進的とみなさ
れた。中央政府の多くの省庁が，児童施設業界への支援と見返りに金銭を受領
していた。

にもかかわらずタバカルは，中央集権的な対応を続けるより，児童保護が必
要な事例の管理を地方に委任したほうがコストを抑えられるとして，中央政府
の官僚を説得した。地方に権限を移せば，児童保護スタッフが家庭のニーズに
関する詳しい情報を集めつつ，資金を統合して最大限有効に活用できる可能性
があった。またタバカルは，当時の給与水準に基づき，施設より里親家庭で養
育したほうが費用対効果がよいことを示すデータを収集した[62]。実際，世界銀行
によると1995年にルーマニアでは，施設で暮らす子ども1人当たりの支出が
労働者の平均賃金に相当した[63]。

最初のステップとして，タバカルはそれまでの児童保護制度を廃止した。タ
バカルのビジョンを体現した新法では，施設養育より里親養育が優先されると
され，乳幼児を施設に入れるのは最後の手段とみなされた。遺棄された子ども

を支援するため，公共サービスが再構築された。この取り組みを通じて地方分散型の制度が生まれ，中央政府でなく地方当局が児童保護を担当することになった。

　個々の事例を詳細に把握している地方当局が，ソーシャルワーカーと協議の上で特定の子どもを里親家庭に委託するか，実親のもとに戻すかに関して勧告を実施した。その上で，地方当局が最も適切な進め方を決定した[64]。

　1998年法令第108号のもう1つの特徴として，従来より幼い年齢での養子縁組が可能になった。実親は出生時に子どもを養子に出すことを決められるが，30日以内であればその意思を翻すことができる。同法では，養子縁組が完了する前にするべき手続きが規定された。最初に，地方当局が子どもをルーマニア養子縁組委員会に付託する。この委員会が，各郡の委員会に対し国内で養親家庭を探すよう要請する。国内で養父母が見つからない場合にはじめて，その子どもは国際養子縁組が可能となる。この手続きを通じて，3カ月で国際養子縁組を成立させることができるようになった。この法律（1998年法令第108号）により施設も変革され，leaganeはさまざまな範囲の心身能力を備えたあらゆる年齢の子どものための「委託センター（placement centers）」に代わった[65]。

　また同法は，遺棄された子どもや現在施設で暮らす子どもを，ルーマニア人家族が受け入れられるような里親養育制度の構築にも力を注いだ。ガブリエラ・コーマンは，里親養育の伝統がない国での里親養育人材の募集・養成に伴う大量の課題を，こう表現している。

　　［政府は］里親家庭を，施設に入れられる子どもの選択肢として活用し，子
　　どもたちを施設から里親ネットワークに移そうとしていました。とくに12
　　～13歳以上の子どもにとって，これはいっそう困難でした。彼らは施設で
　　過ごした期間が長かった上，新たな里親家庭も，10年以上の施設暮らしの
　　影響を受けた子どもたちの面倒をみる能力が不足していたからです。簡単
　　ではありませんでした。　　　　　　　（G・コーマン，2011年1月のインタビュー）

第3章　ルーマニアの施設養育の歴史　　51

むろん，この法律の制定をもって抵抗が終わることはなかった。むしろ，これを機に抵抗が本格化したといえる。タバカルに対する懐疑主義，里親養育への懸念，変化への反発などが，里親養育の推進に対する戦いを支えるものとして表面化した。しかし最大の課題は，解体の対象となる固定化された制度にあった。この場合，保健，教育，労働各省の予算のうち，かなりの部分が施設養育にあてられていた。1999年，ルーマニアの児童養育施設では7万人を雇用し，農村部ではしばしば施設が村落経済の中心を形成した。たとえばタバカル[66]は，ビストレトのある施設が驚くべき頻度で薪を注文していることに気づいた。たしかにルーマニアの冬は厳しいが，タバカルの計算によると，この施設内のすべての暖炉で365日24時間火をおこし続けても，消費しきれない量だという。さらに調査を進めると，多くの村人が施設から供給される薪を，家庭で使用していることが判明した。[67]

　1999年10月にタバカルは大臣の職を辞した。それまでに彼は制度改革を終え，1つには予算上の理由，もう1つには，児童保護制度の分権化を通じ国家の権限を奪い，同制度を地方当局の手に委ねたという理由から，一部の政府官僚と対立していた。さらに欧州連合（EU）が，国際養子縁組を推進するタバカルの姿勢に反対した。そのためルーマニア初の児童保護大臣は再びSERAルーマニア事務局長の座に復帰し，こうした立場からBEIPの立ち上げに協力した。

国際養子縁組——葛藤と結論

　1990年代末のルーマニアの児童保護制度で最も広く報じられ，議論を呼んだ側面の1つは，国際養子縁組に関するものだった。児童保護省は，国際養子縁組に蔓延する腐敗を知りつつも，児童施設の管理権限の分散化に向けた取り組みを阻む深刻な財政難に直面して，国際養子縁組を許可するという決定を下した。NGOや養子縁組機関が，ルーマニアの児童保護インフラへの財政支援

に意欲を示したからだ。

1997年の養子縁組に関する緊急命令第25号は，里親養育手当・扶養家族手当を支給するため，養子縁組機関からの財源確保を試みるものだった。この戦略は，①国際養子縁組が，国内の選択肢の開発を阻んでいるとの批判，②地方分権化と里親養育にあてる財源不足，③1990年以降の国際養子縁組をむしばむ腐敗，という3つの大きな問題に対処する手段とみなされた。この法律により，国際養子縁組に関わる機関は，養子縁組の条件を満たす子どもに接触する見返りに，家族・児童サービスにあてる費用としてルーマニア政府への支払いを義務づけられた。現金・物品・サービスなどの形によるこの寄付に応じて，地方レベルでポイントが付与され，寄付額が養子縁組を管轄する中央当局（ルーマニア養子縁組委員会）に報告された。この委員会が，各地の養子縁組機関に対し，寄付により獲得したポイントに応じて，合法的に養子縁組が可能な子どもを（養親に）紹介する権利を配分した。

タバカルが起草した2番目の法律，1998年法令第87号は，養子縁組の条件を定めたものだ。同法は，ルーマニア国内で子どもを養子に迎える家族に必要な要件を規定し，国内・国際養子縁組の手続きを効率化した。この法律により，「ルーマニア人と外国人双方がある子どもを養子に望んだ場合，前者を優先する」ことが義務づけられた。国内で養子縁組先を探す努力がなされない限り，国際養子縁組を行うことはできない。国際養子を規制する法律の制定にもかかわらず，2000年まで闇市場では「赤ん坊の取引」が続いた。ルーマニア養子縁組委員会は，2000年12月14日に国際養子縁組を一時的に停止した。

2001年までに，ポイント制度も腐敗を免れないことが明白になった。一部の養子縁組機関が，この制度を用いて国際養子に出す子どもをさらに多く獲得した一方，資金は不正に流用された。その結果，BEIPを開始した2001年には，再び国際養子縁組の一時的停止が施行された。

新たな一時的停止は，国際養子縁組に関わる子どもたちに政府が新たな保護措置を策定するためのものだった。海外の専門家の助言を得て，新たな養子縁組・児童保護法が起草され，承認を受けるため欧州連合に提出された。しかし，

第3章　ルーマニアの施設養育の歴史　｜　53

国際養子縁組制度の改革に向けたルーマニアの取り組みはEUの基準を満たさず，一時停止が延長された。2003年には禁止されていたにもかかわらず，1,000人以上の子どもが外国人家庭の養子となった。[68]政府は，こうした子どもたちは例外的な事例だと主張した。特定の養子縁組事例には例外的な地位が付与されたため，一時的停止はまだ有効であったものの，これらの養子縁組は合法の範囲に留まった。この報道がEUの激しい批判を生み，ルーマニアとのEU加盟交渉を中断するとの脅しも飛び出した。EU加盟を拒否される可能性を前に，ルーマニア政府は最終的に2005年に国際養子縁組を違法化した。[69]

1990〜2005年の15年間，国際養子縁組と児童保護の問題はルーマニア国内で議論されたが，それは常に米国・EU間の溝の深まりという脅威にさらされていた。EUは15年間に何度か，国際養子縁組の厳しい制限または中止を求めルーマニアに圧力をかけた。他方で米国は，国際養子縁組への支持を表明し，国際養子縁組の実践を奨励するとともに，長期間の一時停止や，実質的に国際養子縁組に終止符を打った2005年の制限的な法律を激しく批判していた。過去にルーマニアから養子を受け入れた実績がある，イタリア，フランス，スペイン，イスラエルなど他の西側諸国政府は米国側に与したが，EUは姿勢を変えなかった。

ルーマニア政府は，①多様な国際アクター（行動主体）の財政的支援を確保し，②NATO・EUに加盟するという自国の念願を実現し，③福祉国家から市場経済への困難な移行期に，児童保護制度改革に必要な多額の支出を避けることを目指したが，相反する圧力を前にその政策は揺らいだ。そのため，子どもの施設養育と国際養子縁組に関する政府の政策は，一貫性を欠く矛盾したものとなった。政府は，子どもの脱施設化を促すため新たな児童養育の方法を策定したが，1989〜2004年の国際養子縁組に関する政策には，米国とEUの相対立する圧力を前にばらつきが生じた。

EUは，国際養子縁組制度は腐敗しており，国内養子縁組を阻止し，児童保護制度の再構築に向けたあらゆる取り組みを妨げるものであるとの立場をとった。国際養子縁組反対派の急先鋒である，欧州議会ルーマニア担当委員エン

マ・ニコルソン女性男爵は，ルーマニアの慣行は子どもの権利を侵害していると主張した。

> 欧州議会ルーマニア担当報告者を務めた5年間に，国際養子縁組の実態の多くが，より根深い問題の隠れ蓑に過ぎないと判明しました。それは子どもを対象とする利益第一の自由市場経済の蔓延です。国際養子縁組を利用して，犯罪集団は，身よりのない貧しい母親を騙し子どもを手放させ，その子を「養子」として欧米人夫婦に売り渡して収益をあげていました。この取引が発展するに従い，その中核にある犯罪集団の勢力も拡大しました。[70]

　対して米国は，ルーマニアでの国際養子縁組に伴う腐敗問題を認めつつ，養子縁組の中止ではなく制度改善を提案した。米国政府は，家族再統合や国内養子縁組を妨げることなく，国際養子縁組を促すことは可能だと強く主張し，ルーマニアに対し腐敗根絶に取り組むよう求めた。[71]

　結局は，ルーマニアの政策を決定づける上で，国際養子と子どもの売買を同一視するEUの姿勢が優勢になった。この論争がもたらした最終的な帰結には，ほとんど疑いの余地がない。他の東欧6カ国とともにルーマニアは2004年3月にNATOに加盟したが，その時点でEU加盟はまだ認められていなかった（2007年に加盟）。そのためEUは甚大な影響力を発揮することになり，ニコルソン欧州議会担当報告者は，ルーマニアの国際養子縁組の阻止を自らの使命に掲げた。

> 欧米の活動家が，あくまで善意でルーマニアに子どもの取引再開を求めた点に疑いはない。しかし私は，子どもの権利は，これと競合するすべての大人の権利に優先すると強く信じている。たとえば，子どもが幸せに安全に暮らす権利は，子どもがいない夫婦が養子を得る権利よりも重要だ。この悪しき慣行を断ち切ることで，実の家族が我が子の未来を一番に考えるようになるのなら，国際養子の阻止に向けた活動は決して間違っていない

第3章　ルーマニアの施設養育の歴史　│　55

と思う。ルーマニア議会がICA（国際養子縁組）を禁止する法律を制定した際，私は素直にそれを喜んだ。[72]

　腐敗の蔓延を考えると，国際養子縁組の禁止を求めるEUの姿勢は理解できるが，子どもの最善の利益という立場に立てば米国の主張にも説得力があった。いずれにせよ，国際養子縁組が禁止された結果，ルーマニアでは児童保護の選択肢が1つ減った。

　この論争は，ルーマニア人家庭での子どもの養育を主眼とする私たちのプロジェクトとは無関係だが，私たちが米国人であったため，BEIPは国際養子縁組問題と関係があるという誤解も一部に生まれた。ニコルソン自身も一度，BEIPの研究を国際養子縁組の腐敗と関連づけた主張を行っている。ガブリエラ・コーマンによると，公式調査実施前も実施後も，ルーマニアの政府職員には，私たちの研究が国際養子縁組と何の関係もないことが明白だったにもかかわらず，ニコルソンは，国際養子に出すため子どもを評価する研究だと思い込んでいた。次章では，BEIPの基盤となる里親養育制度に目を向ける。

Ethical Considerations

第4章

倫理的配慮

> 特定の介入法を積極的に受け入れるために，政策立案者が説得力ある証拠を求めることもある。とくに，その介入法が彼らなりのそれまでの考え（バイアス）とぶつかる場合はなおさらだ。たとえ一部の専門家が，観察的証拠や経験に基づき，ある介入法が特定の予後を生むのに効果的である，または他の介入法より優れていると主張しても，政策立案者を説得して標準的な基準となる実践を変えさせるには，適切なデザインのランダム化比較試験による肯定的な結果が必要になる場合もある。
>
> フランクリン・ミラー
> 『実証プロジェクトとしてのランダム化比較試験』(2009)

　施設で暮らす遺棄された乳幼児以上に，脆弱な集団を想像するのは難しい。こうした被験者——自己主張できず，心から自分のことを考えてくれる擁護者がいない子どもたち——が搾取されるリスクは，BEIPの立ち上げ当初から大きな懸念とされた。BEIPの倫理的側面について，私たちは大量の著作を執筆しており，生命倫理学者も何件か論評記事を寄せている。[1]

　研究デザイン策定に関し，マッカーサー・ネットワークで当初実施した議論は，倫理的懸念に大きく影響された。私たちは研究計画の策定を続ける中で，ルーマニアの状況を深く学ぶに従い，倫理的懸念についてさらに詳細な議論を交わした。

マッカーサー・ネットワークでの当初の懸念

　ヒト以外の霊長類やげっ歯類を対象とした研究では，ヒト，とくに子どもを対象とする実験的研究が直面する課題と比べて，独立変数や経験の操作・制御が比較的簡単である。これを念頭に置いて，私たちは最高水準の倫理的基準を維持しつつ，可能な限り科学的に厳正な研究デザインの策定を試みた。研究デザインの大部分は，研究対象である子どもたちの特性——すなわち年齢や環境，追跡調査が可能な期間，子どもの法的な後見人を通じて得られるアクセス——に基づき規定される必要があった。

　私たちは，早期の施設養育が脳と行動面の発達に及ぼす影響を調査するためのさまざまな手法を把握していた。しかし，早期体験が脳の発達と行動に与える影響の調査という文脈において，介入研究を計画すべき切実な理由が存在した。第一に，もし研究を通じ，施設養育は定型発達からの逸脱をもたらすという仮説が証明された場合，介入法の作成に貴重な時間を費やすことになるだろう。それなら最初から介入を実施してはどうか，と考えたのだ。そうすれば，おそらくは有害な環境が及ぼす効果を単に観察するだけでなく，子どもに肯定的なアウトカムが生じる可能性を高められる。また，逆境を経験した子どもの回復と適応を支援するという難題に直面することの多い臨床医にとってより有意義な研究結果が得られる。

　第二に，脆弱な子どもの搾取に関したびたび提起される懸念を踏まえて，私たちは，少なくとも一部の参加者には，この研究への参加を通じて恩恵を受ける機会を与えたほうがよいと考えた。この方法をとれば，研究者と被験者両方がメリットを得られる。

　第三に，介入研究は，ルーマニアや海外で児童保護政策の策定に関心を持つ人々にとって有益だろう。クリスチャン・タバカルは，遺棄された子どもに対し，施設養育と里親養育のどちらが望ましいかをめぐりルーマニア国内で議論

が生じているため，里親養育に関する研究は非常に魅力的だと明言した。

　第四に，介入研究には**非介入**の影響——それ自体が大きな倫理的問題とされる——を研究者が観察するという対照条件が必須のものとして含まれる。本章では，この点を詳細に論じる。それまでの施設養育から里親養育に委託された子どもとそれまでの施設養育を継続した子どもの比較を通じて，介入がもたらす改善効果の測定が可能になる。

　最後に，科学的な観点に立つと，介入研究は根底にあるメカニズムを解き明かせる可能性を秘めている——今回の場合，里親養育という介入を通じて，施設養育が子どもに有害な**理由**について推論を引き出せる。上記の理由から，施設養育が遺棄された子どもに及ぼす影響を単に記録する研究よりも，介入研究の方が科学的・倫理的に好ましいと思われた。

介入の選択

　私たちが選んだランダム化比較試験（RCT：randomized controlled trial）というデザインは，施設養育児という被験者の性格を踏まえると自ずと議論を呼ぶものである。それは科学的には，ある介入の影響を調査する上で最も望ましい手法であり，介入とアウトカムの因果関係を主張することを可能にする唯一の方法である。しかし，子どもを持続的な施設養育か，里親家庭への委託いずれかに無作為に割り付けるとなると，ためらいが生じる。米国では100年近く，孤児や遺棄された子ども，被虐待児を養育する方法として里親養育が好まれてきた。また1960年代頃以降は，里親養育が実質的に唯一の方法でもあった。文献も間違いなく，早期の施設養育の悪影響を示唆するように見えた。

　私たちは全員，米国の精神科医ルネ・スピッツが1940年代に製作した施設の子どもに関する映画を見た経験があり（http://www.youtube.com/watch?v=VvdOe10vrs4），里親養育のほうが望ましいアプローチだという強いバイアスを持っていた。他方で，両者の比較にランダム化比較試験を使用した研究を，誰も知らなかった。実際，1999年の論文を調べてみても，里親養育の子どもと施設で暮らす子どもを比べた英語で発表された研究は，7件しか見つか

らなかった。そのすべてで，里親養育を受けた子どもは，施設の子どもより良好な発達状態を示していた。[2]多くの研究に重大な方法論的な制約があったものの，少なくとも20世紀末の基準に照らせば，それらの知見の一貫性は特筆に値した。しかし，無作為割り付けを行った研究は1件もなかった。したがって，先行研究では，障害が重い子どもが施設に残り，機能が比較的良好な子どもが里親家庭に引き取られた可能性を排除する方法は存在しなかった。これによって，先行研究では里親家庭に引き取られた子どものほうが，施設で暮らす子どもよりはるかに発達状況が良好である理由をもっともらしく説明できたのかもしれない。倫理的懸念という点からは，このテーマをめぐるランダム化比較試験が皆無という事実により，今こそ実施すべきだという根拠が強まった。

BEIPコアグループでの倫理的検討

ルーマニア国内の状況

　研究デザイン策定の項で論じたように，ルーマニア国内では，施設養育を続けるか代わりに里親養育を実施するかに関し，意見の一致が見られないことは私たちも承知していた（第3章参照）。1990年代末から2000年代初頭にかけて，ルーマニアは，米国からの圧力は比較的小さい一方，大規模施設での養育に代わる選択肢を要求するEUからの高まる圧力にさらされていた。にもかかわらず，国内の児童保護コミュニティでは，里親養育に対し強い疑念が存在し，現状維持のほうが支持されていた。

　私たちが介入を開始した2001年4月，チャールズ・ジーナーは，BEIPプロジェクトマネージャーのセバスチャン・コガ，およびブカレスト市内の6つの児童施設所長との会食に出かけた。この会食は，まもなく始まる研究への協力に対し所長らに感謝するため開かれたものだった。セントアンドリュース養護センター所長のエレナ・タルタ博士は，自施設の運営手法と養育の質を誇りに

思っていた。彼女は，1989年のチャウシェスク政権崩壊直前に所長に就任し，ブカレスト市セクター1のモデル施設と自身が考える運営体制を考案していた。会食の席で彼女は，里親養育は子どもに危険であり，適切に管理されれば施設養育のほうが望ましいと主張した。児童保護関係者からこの種の主張を聞かされるのは，それが初めてではなかった。実際，元在ルーマニア米国大使ジェームズ・ロザペペは，米国政府に宛てた最終報告書で，ルーマニアでは児童保護に関わる多くの管理職や一般職員が，施設養育に代わる手法の考案に向けた政府戦略を理解も支持もしていない，と記している。[3] 彼らはタルタ博士と同様，子どもへの厳しい仕打ち，小児性愛者，臓器売買といった里親養育にまつわる噂を信じていた。施設の正当性を示す1つの根拠として，多くの子どもが抱える複雑な発達上の問題への対処には，専門家の知識が必要だが，「トレーニングを受けていない」里親はそうした知識がないとされた。

　さらに，施設の子どもはもともと障害があるという考え方も一部に見られた。第3章で述べたように，チャウシェスク政権時代の子どもたちは3歳の時点で評価を受け，正常か「回復不能」のどちらかに分類された。正常とされた子どもは一般施設にとどまった一方，回復不能とされた子どもは，劣悪な環境の医療施設に送られた。この道筋に沿って考えると，子どもたちには施設養育前から欠陥があり，発達の遅れや逸脱行動は施設養育が生んだ結果ではなく，むしろ発達の遅れがあるから施設に入れられている。実際，少数とはいえ無視できない数の子どもたちが，障害の原因となる深刻な遺伝性疾患や代謝性疾患を抱えており，その事実がこうした見方を促した。しかし私たちに言わせれば，重度の発達障害になる運命なのだから介入など無意味という考え方は，子どもの発達は経験の影響をほとんど受けず進行するという時代遅れのモデルを反映したものだ。私たちは，応答性が高い環境に置かれればすべての子どもが恩恵を享受し，より正常な環境で育てば彼らの多くは問題が皆無か，または最小限にとどまっただろうと考えていた。

　ルーマニア国内，中でも革命から10年後も児童保護面の改革で他の地域に後れをとっていたブカレストでは，孤児や遺棄された子ども，被虐待児に最適

第4章　倫理的配慮　│　61

な養育方法は何かが，まったく不明確な状態が続いていた。少なくとも予備的にランダム化比較試験にすると決めた後，私たちはプロジェクトに伴う他の倫理的問題を詳しく検討し始めた。

▌ 害を与えない（Do No Harm）

　最初に検討した原則の1つは，私たちの介入やそれを評価するための研究が，「害を与えない」ことを保証する——少なくとも害（harm）の可能性をコントロールできる範囲において——ための方法だった。私たちはすぐ，施設養育に代わる合理的な選択肢として，何らかの方法で施設養育の改善を図るのでなく，里親養育を介入法に選んだ。里親養育にリスクがないわけではないが，里親家庭での生活は，施設での生活より害が少ないと信ずべき十分な根拠があった。すべての先行研究で，里親養育を受けた子どもは，施設の子どもよりはるかにアウトカムが良好であると証明されていたからだ。加えて政策的・学術的いずれの観点からも，里親養育は施設養育と劇的な対比をなしていた。[4]

●非干渉の原則

　害の可能性を減らすもう1つの方法として，私たちは研究への参加を**口実に**，子どもたちの委託に何らかの形で干渉しないよう注意した。もちろん，子どもたちを施設から出し里親家庭に預ける計画は立てたが，それ以外の形で彼らの委託に干渉したくはなかった。すなわち，もし子どもが養子になったり実の両親の下に戻されても，私たちは一切干渉しない。この点，ルーマニアの法律は非常に明快だったが，私たちは法律のことを知る以前から，この倫理的原則を採用していた。

　この原則には1つだけ例外があり，施設から出た子どもが再び施設に戻ることはないよう努めた。研究への財政的援助に限りがあったため，私たちが介入開始やデータ収集，プロジェクト完了を意識するあまり，最終的に，プロジェクトでいったん里親家庭に預けられた子どもが研究後に施設に戻されるおそれがあった。こうした問題に対し自分たちにどの程度の管理権限があるか，私た

62

ちもわからなかったが，この配慮が私たちには「害を与えない」という原則に不可欠な要素に思われた。私たちは，ブカレスト市内各地区の児童保護委員会とこの取り決めに向けて交渉を試みた。乳幼児向け施設がある6つのセクターのうち，1つを除く全セクターがこの条件に合意した。

●不公平な利益

むろん，子どもたちの半数は明らかに問題がある施設に暮らし続けているのに，残る半数に望ましいとされる経験，つまり里親家庭への委託を提供するのは，不公平だという意見もあるだろう。しかし私たちは，この研究への参加を**理由として**，ずっと施設に留め置かれる子どもはいないだろうと判断した。それどころか，もし研究が実施されなければ，子どもたちは全員施設で暮らし続けていただろう。

●最小限のリスク

とくに脆弱な集団を対象とする場合，「害を与えない」という原則にはもう1つの信条がある。それは，リスクを最小限に抑える尺度や手続きを使用することだ。当然ながら，脆弱な集団に対して危険な介入や侵襲的な測定手法の実験をするのは，受け入れがたい。米国政府は最小限のリスクを「研究で想定される害または不快感の確率と程度が，日常生活や定例的な身体的・心理的な検査または試験で一般に遭遇する害または不快感を上回らない場合」と定義している。[5]また，私たちになじみがあり使いやすい測定手法を使用したいとも考えた。

当然ながら，タルタ博士やルーマニア国内の関係者は，里親養育自体をリスクとみなした。しかし，里親養育はルーマニアでは，遺棄された子どもに対する合法的な児童保護手段であり，プロジェクト開始の数年前から実施されていた。米国では里親家庭での子どもの虐待がしばしば報道されるが，実際の発生率は低く，里子のうち虐待やネグレクトを受けている者は0.5％未満と，一般集団における虐待やネグレクトの発生率約1％を下回っている。[6]里親養育が，

第4章　倫理的配慮　｜　63

施設養育以上にリスクが**高いこと**を示す証拠は発見されなかった。したがって，里親養育のリスクが今回の研究を実施する上での障害にはならないと結論づけた。

●停止ルール

　新薬の研究では，予備試験の結果から，特定の薬剤がプラセボより明らかに有効であると示唆された場合，たとえランダム化比較試験が終了していなくても，その試験を中止し問題の薬剤を全員に使わせることができる。残念ながら今回の研究の場合，開始以前の時点で私たちはすでに，里親養育の費用が高額なため停止ルールは採用できないと悟った。単純に私たちには，従来通りの施設養育に割り付けられた68人の子どもを，施設から出して里親養育に移すだけの資金がなかった。BEIPの予算は全額，「早期体験と脳の発達」に関するマッカーサー財団研究ネットワークから提供されていたが，その約50％が里親養育──56人の里親への報酬，里子の生活費，里親養育ネットワークを統括した3人のソーシャルワーカーの給与──にあてられた。後述するように，初期データから里親養育を受けた子どもの利点が証明され始めた時点で，私たちは2つの介入群の不平等に対処する新たなアプローチを考案した。

●研究者バイアス

　研究デザイン以外に，今回の研究を私たち自身のバイアスから可能な限り守る必要もあった。脳機能，脳波（EEG），事象関連電位（ERP），MRIの測定や，神経生理学的評価（ケンブリッジ自動神経心理学的検査バッテリーCANTABなど，第6章参照），生物学的評価（遺伝的特徴など）にバイアスが入り込む余地はなかった。これらのデータは，養育者の報告や観察者バイアスを含まないからだ。一方，成長評価や，ベイリー乳幼児発達検査，WISC-IV児童用ウェクスラー知能検査などの心理学的検査は，実施法や結果の解釈法ともにかなり標準化されてはいるが，バイアスの可能性が常に存在する。研究室での調査手続きで観察された行動の評価や，養育者の報告はさらにバイアスを受けやすい。たとえば

観察者が，観察対象が施設で暮らす子どもか，それとも実親と暮らし施設養育経験がない子どもなのかを知っている場合，その知識が子どもの行動に対する認識や評価に影響を与える可能性がある。とくに，アタッチメントや感情表現，相互作用的な行動の評価では，バイアスが重大な問題を生むおそれがある。バイアスの影響を最小限に抑えるため，観察内容をビデオに録画し，子どもがどちらの群に属するか知らず，時には研究デザインも知らない評価者が，採点を行った。検査手続き中，施設スタッフは全員私服を着用するというルールが，この取り組みに役立った。動画を採点する評価者には，家庭環境と集団養育環境での子どもの様子を評価することだけを伝えた。彼らは，行動評価を用いた他のすべての研究の採点者と同程度に「盲検化」された。[7]

　評価項目の多くについて施設職員からの報告を入手し，追跡調査期間中に，その報告を里親または実親（子どもが再統合された場合）の報告と比較した。子どもの評価や特徴に関する，養育者のバイアスまたは親のバイアスを否定する絶対確実な証拠は存在しない。その一方で私たちは，可能な場合には，行動の特定の側面，無差別的な行動などについて観察結果と養育者による報告を比較し，2つのデータ源が高い確率で一致することを発見した。これにより，養育者による報告は有効だという確信が強まった。さらにすべての評価項目の知見パターンを検討し，EEGなどバイアスの可能性がない項目の評価結果が，第6章で扱う「ストレンジ・シチュエーション法」におけるアタッチメント行動といった，バイアスの可能性が高い項目の評価結果と似通っていると判断した。[8]私たちは，BEIPでこれまで得られた結果に，すべての評価項目を通じた一貫性があることに満足しており，バイアスは報告結果に大きな影響を与えていないと確信している。

BEIPの倫理的評価

　一般に倫理学者は，特定の指標を使って研究プロジェクトの健全性を評価す

第4章　倫理的配慮　｜　65

る。私たちは倫理的課題を，社会的価値，リスク／ベネフィット比，インフォームドコンセント，第三者審査，事後的な貢献の5つに分類した。5要素の多くの間にかなり重複はあるものの，どの要素も独自の検討事項をもたらす。

社会的価値

研究に対しまず行うべき倫理的評価は，社会的価値の有無である点で多くの意見が一致している[9]。ある研究に価値がないなら，たとえリスクが最小限でも人々を参加させるのは非倫理的だ。これは一見するとむろん単純明快に思えるが，少し考えると複雑な問題が見えてくる。つまり，研究試験は**終了後**に初めて非倫理的と判明するのに，前もって倫理性を確認しなければならないのだ[10]。介入を実施する前の時点で，BEIPの社会的価値をどう判断するのか，この研究に価値があると誰が決めるのか。

当然ながら，自分たちが提起した重要な疑問に対する答えを，私たち自身がすでに知っていたかどうかが問題になる。結局のところ，私たち全員が里親養育が望ましいというバイアスを抱いており，2種類の介入を比較した文献では，10件中10件すべてで，里親養育を受けた子どものほうが施設の子どもより発達状態が良好であることが示された。この研究でランダム化比較試験は一度も実施されていなかったが，ランダム化比較試験は，介入の評価に必要なく，むしろ好ましくない可能性もある[11]。たとえば食糧不足を評価する場合，子どもたちを，食糧を十分与えられる群と与えられない群に無作為化するのは，非倫理的だろう[12]。

一部の研究者は，**臨床的均衡**（Clinical equipoise）を最低限の倫理的基準とみなしている。これは研究開始前の時点で，ある介入が他の介入より優れているか否か，専門家がまったく確信を持てない状態を指す。米国の児童保護専門家や子どもの発達研究者の間では，施設養育と里親養育のどちらが優れているか即答できない人を探すのは一苦労だろう。とはいえ，里親養育に優ると推定されるため，子どもたちを施設に戻すよう精力的に主張する研究者も少数ながら存在する[13]。米国でさえ，最適な委託環境をめぐる意見の一致は見られない。

ルーマニアでは，施設養育に関する論争は米国以上に未解決である。

　ではBEIPに社会的価値はあったのか？　あったと考えるべき根拠がいくつか存在する。第一に，施設養育と里親養育の問題では証拠が限られており，明らかに偏った結果を招きやすかった。倫理的観点に立てば，もし世界各地の多くのランダム化比較試験で，施設養育より里親養育が優れていることが裏づけられていたとしたら，今回の研究を正当化するのは難しかっただろう。研究結果の政策上・公衆衛生上の意義は大きく，施設で暮らす世界の無数の子どもに甚大な影響を及ぼす。そのため，確実な証拠基盤が求められる。第二に，私たちは，子どもたちから里親養育の機会を奪う臨床研究の実施を提案しているわけではなかった。むしろ，施設養育が標準とされる環境に，新しい有望な介入法を導入していた。第三に，ルーマニアの児童保護大臣クリスチャン・タバカルは，この研究は容認可能であるのみならず，政府関係者に施設養育に代わる選択肢の存在を確信させるため，必要だと考えていた。

　では臨床的均衡に関しては，どうなのか。フランクリン・ミラーとハワード・ブロディは，倫理的なランダム化比較試験を実施する上で「臨床的均衡は必要でも十分でもない」という――私たちから見て――説得力ある主張を展開した。臨床的均衡は，臨床研究の実施に伴う医師と患者の標準的な関係性を混乱させるというのが，彼らの言い分だ。患者を治療する医師は，個々の患者に最善の処置を行う義務を負う。研究者は，この研究の結果から利益を受ける立場にある社会全体に対し責任を負う。[14]BEIPでは子どもたちの無作為化を通じて，必然的に彼らの半数に，施設養育という最適ではないと思われる介入を受けさせることになった。だが研究を実施しなければ，その介入が最適でないことを証明できない。そして無作為化を行わねば，実際に研究に参加した子どもたち以外に誰も利益を享受できないだろう。

●リスク／ベネフィット比
　社会的価値に関連して，研究への参加に伴うリスクとベネフィット（便益）のバランスの問題がある。どんな研究も参加者にとってはリスクとベネフィッ

トを伴い，研究者は，ベネフィットや想定されるベネフィットが，リスクや想定されるリスクを上回ることを保証する義務を負う。私たちは，BEIP の想定されるリスクとベネフィットをどのように評価したか。

　なぜ米国でなく，ルーマニアで研究を実施したのかという疑問もあるだろう。むろん私たちは，ルーマニア国内の政策的議論を受けて現地に招聘されたのだが，自分たちが，民主化して日が浅い国できわめて脆弱な集団を調査している米国の研究者だという事実にも，非常に敏感になっていた。先進国の研究者は，単に緩やかな規制を利用できる，保護が手薄な集団に接近できるという理由から，途上国で研究を実施するわけではない。

　私たちがルーマニアに行ったのは第一に，施設で暮らす無数の遺棄された子どもがいたからだ。米国では施設で育てられる乳幼児はきわめて少ないため，国内でこの研究を実施することは不可能だった。米国にも「集団養育」施設で暮らす乳幼児はわずかながら存在するが，一般に入所期間が短く人数も微々たるものだ。米国児童福祉連盟によると，米国で家庭外養育を受ける3歳未満の子どものうち施設で暮らすのは1%未満であり，これには集中的な医療的支援が必要な子どもも含まれる[15]。2004年のデータでは，50の州とコロンビア特別区，プエルトリコを合わせて，施設（親が終日付き添うわけではないグループケア）で暮らす3歳未満の子どもは1500人足らずでその多くに重度の障害がある。さらに，2001年時点でルーマニアには，100人以上の子どもを預かる施設が205カ所あったが，米国には1施設も存在しなかった[16]。

　第二に，それ以上に重要な点として，BEIP は施設で暮らす遺棄された子どもの健康増進を目指しており，研究結果は，同様に脆弱な他の子どもにも恩恵をもたらす可能性が高かった。被験者と似通った集団に恩恵を与えるという点では，国際医学団体協議会（CIOMS）が発行する指針に合致している[17]。加えて以前より，政府関係者やクリスチャン・タバカルをはじめとする児童保護関係者から，方法論的に健全な科学的研究に基づき政策を策定できないかという打診を受けていた。子どもを施設から出して里親に預ければ，発達に望ましい影響が得られると証明できれば，**ルーマニア国内の政策転換が必要か否かを示せ**

る。加えて政府は，さまざまなアプローチの経済的，心理的，医学的，社会的なリスクとベネフィットを検討できるだろう。中でも私たちには，「孤児院の子ども」には永続的な障害があり「回復不能」だという通念を裏づけるあるいは否定する証拠を提示できるチャンスがあった。

　また私たちは，研究への参加を**理由**に子どもたちに長期的な施設養育を求めてもいなかった。ルーマニアの国内法と非干渉の原則に基づき，養子となった子どもや実の親元に戻された子どもに関しては，研究の中で追跡調査を行うにとどめ，研究への参加によって彼らの委託先が影響を受けることはなかった。実際，子どもたちが生後54カ月に達した介入群の実施完了時点で，施設で暮らし続けていたのは20人に過ぎず，45人は本プロジェクトの支援を受けた里親家庭に，20人は研究開始時点には存在しなかった，政府の支援を受けた里親家庭に暮らし，18人が実の両親のもと，2人が親戚のもとに戻され，16人が養子縁組されていた。[18]

　BEIPの初期の報告から里親養育を受ける子どもに明確なメリットのあることが判明した時点で，私たちは「停止ルール」の見直しを迫られた。私たちには，子どもたち全員に里親養育を提供する財源がなかったため，データを活用できそうな関係者に対し結果を公表することにした。記者会見を開いて調査結果を発表し，ルーマニア政府の関係省庁を招いた。当時の在ルーマニア米国大使マイケル・ゲストが，2002年6月13日の記者会見で私たちのプロジェクトと3人の研究者を紹介した。一部の政府関係者も会見に出席したが，私たちは彼らの反応を知らなかった。2000～2004年に児童保護大臣を務めたガブリエラ・コーマンは後に，当時から私たちの研究とその結果を十分認識していたと教えてくれた。[19]

　私たちは2002年と2004年に，マッカーサー財団，米国国立科学財団，ハリス財団の支援を得てブカレスト市内で子どもの発達に関する全国的な会議を2回開催し，予備的な結果を発表した。これらの会議に保健・メンタルヘルス専門家，政府とNGOの児童保護専門家，神経科学者，政府関係者を招き，彼らの多くに講演を依頼した。2回の会議は，ルーマニアの子どもの発達・児童保

第4章　倫理的配慮　｜　69

護インフラへの貢献に加えて，BEIPの研究結果を極力早く，そのデータを最適な形で活用できる人々に届ける1つの手段となった。

　私たちが開催した会議は，ベネフィットのより大きな問題——すなわち社会にとってのベネフィット——に影響するものだった。BEIPのように参加するリスクが低い場合（この研究がなければ，子どもたちは全員長期の施設養育を受けただろう），研究の知見から得られるメリットが重要な検討事項になる。チャウシェスク失脚後の10年間に，遺棄された子どもの新たな養育法の策定に関し，かなりの進展が見られたものの，何千人もの子どもが施設にとどまっていた（EUのデータによると，2012年時点で約8000人がいまだ施設に暮らし，その多くに障害があった）。BEIPの結果は，ルーマニアの施設養育児という集団全体，ひいてはおそらく他国の施設養育児にも，数々のベネフィットをもたらす可能性を秘めている[20]。世界には遺棄された子どもが数百万人存在し，その多くが施設で暮らしている[21]。遺棄された子どもの長期的なアウトカムを改善する，最善の方法に関心を抱く政策立案者は，異なる養育法の比較研究に綿密な注意を払う必要がある。文化の違いや背景状況に十分配慮して考慮すれば，BEIPの結果は，世界各地の施設で暮らす子どもに影響を及ぼす。

◉インフォームドコンセント

　インフォームドコンセントで最大の問題は，国の保護下にある子どもたちの法的な責任を持つ者は誰なのか，また，子どもたちに代わって擁護するのは誰なのかということだった。自分では同意できない被験者を保護する手段として，一般にはリスクが最小限の研究のみに参加させ，かつ研究結果が被験者本人または被験者が属する集団に恩恵を与えるようにする。「適正な被験者選択」という倫理に基づき，BEIPはこの基準を満たすと考えられた[22]。

　しかし，施設養育児に代わって同意を与えられる人間は誰か，という問題が依然として残った。2000年時点で，BEIPのような子どもの発達に関する長期的なランダム化比較試験がブカレストで実施された歴史はなく，ルーマニアでこの研究の倫理審査を行うための規定の手続きも不明だった。他方で，ルーマ

ニアの法律には従うべき手順が定められていた。法律上，施設で暮らす子どもは国の監護下にあった。国が監護する子どもの法的な後見人は通常，子どもが居住するセクター／郡の児童保護委員会，場合によっては市長だった。委員会のメンバーは，その地域の専門家から市長によって任命され，一般に医師や市役所職員，労働省関係者，児童保護局長，警察関係者から構成された。当然ながらこの委員会は，研究者とも研究とも関係ない，合法的に設置された機関である。したがって第一段階として，個々の子どもの参加許可を得るためこれら委員会の合意を得る必要があった。児童保護委員会は国内法に基づき，国の監護下にある子ども各々への委託を3カ月ごとに評価した。施設に入所したグループまたは里親養育グループに割り付けられた子どもは，委員会の勧告を受けて実親家族のもとに戻されたり，国内で養子になる可能性があった。施設に入所したグループの子どもを施設から出し，実親家族のもとに戻す，国内で養子縁組をさせる，または本プロジェクトの途中で開始された政府による里親養育事業に参加させる上で，BEIPへの参加が何らかの形でこれらの委託を制限したり，影響を与えることはなかった。

　児童委員会は当初から，できる限り実親からも別途同意を取得するよう要求した。興味深いことに，委員会は子どもを研究に参加させるためではなく，彼らが里親養育を受けられるようにするために，この同意を義務づけた。前述のように，ルーマニアの施設で暮らす子どもの大部分は，少なくとも1人の親が生存していた。この場合，子どもは法律的には国の監護下に置かれたが，親も一定の権利を留保した。中には施設での養育を要求する親もおり，こうした親は，政府が子どもを里親家庭に預けるのを阻止することができた。SERAルーマニア事務局長のボグダン・シミオンによると，時には，よその家庭に預けられると我が子が自分以外の母親を「好き」になるのではという，実親の懸念が原因で，こうした決定がなされることもあった。私たちから見れば，これは究開始時点での里親養育に対する世間の疑念の大きさを浮き彫りにするものだった。

　子どもを守るもう1つの手段として，研究に含まれる個々の活動や手順に関

第4章　倫理的配慮　｜　71

し，施設スタッフまたは里親の「同意」も求めることにした。保育スタッフや里親は子どもを一番よく知っているため，実際の法的な後見人である政府職員以上に子どもへの心理的投資が大きいだろうと考えたのだ。したがって施設スタッフと里親は，子どもにとって不快または苦痛が大きいと思われる活動や手順を，いつでも拒否または中断することができた。たとえば中には，脳波や事象関連電位の記録用の電極キャップをかぶるのを嫌がる子どももいた。研究助手が測定を続けるかどうか判断したが，子どもが嫌がる時に手順を中止するかに関し最終的な決定権を持つのは，どんな場合も子どもに付き添う養育者だった。

　実親と暮らす子どもの場合，事ははるかに簡単で，実親が研究への参加を許可し，具体的な手順に合意した。しかし，私たちが3つの大学の審査委員会（IRBs）と協力して作成した最初の同意書は，法律用語が並びあまりに長大で，最終的にはルーマニアでの使用にそぐわないと判断された。十分な情報に基づき確実に同意を得られるよう，児童保護委員会は，より簡潔で明快な同意書を要求した。私たちは，この要望に沿った同意書を作成し，各大学IRBsの承認を得た。

●第三者審査

　いくつかのレベルでBEIPの審査を実施した。テュレーン大学（ジーナー），ミネソタ大学，ボストン子ども病院，ハーバード大学（ネルソン），メリーランド大学（フォックス）のIRBsが，プロトコル全体を審査し承認した。SERAルーマニアの関係者は，プロジェクト開始時点でブカレストに同様の審査制度があるか否か知らなかったため，市内各地区の児童保護委員会，およびルーマニア保健省が運営する臨床機関IOMCが，BEIPを承認した。私たちの協力者であるSERAとIOMCにとっては，この研究が国連子どもの権利条約の諸原則に沿って実施されることが重要だった[23]。

　EU議員が提起したBEIPに関する質問に回答するため，ルーマニア政府は2002年6月，子どもの発達・児童保護政策に詳しい研究者と政府職員からなる

特別倫理委員会を任命した。同委員会は，BEIP研究室を訪問してプロジェクトの全側面を詳細に検討し，倫理的に問題なしと結論した。また近年私たちは，ブカレスト大学事務局と協力して，米国の大学を手本として正式な研究倫理審査委員会を設立した。

●研究後の義務

　研究者には，プロジェクト終了後もさまざまな義務があると考えられている。CIOMS（1993）によると，研究者は，研究の結果として生まれた介入法を社会が「相応に利用できる」よう保証すべきである。このアプローチに代わる「公平なベネフィット」（2002）と呼ばれる考え方では，社会が受けるベネフィットには，追加的ケア，医療従事者のトレーニング，雇用，経済的刺激，研究後に利用可能となる介入法など，多種多様なメリットが含まれるとする。私たちは，いくつかの方法で研究後の義務を果たそうと試みた。その成功の程度はさまざまである。

　当初の計画の中心をなしたのは，無作為に里親養育とされた子どもが施設養育に戻されてはならないという発想だった。この考え方には子どもたちへの配慮という側面と，ブカレストの児童保護制度への持続的な貢献を目指す側面があった。2001年4月の介入開始から2005年の正式な介入終了（最年少の子どもが生後54カ月に達した時点）までに，施設に戻された子どもは1人だけだった。この子どもは，面倒をみていた里親のシングルマザーが突然死亡したため，2週間緊急的に施設に預けられた。BEIPのソーシャルワーカーが2週間後にこの一件を知ると，彼女は直ちに新たな家庭を見つけた。プロジェクトが終了する頃には，ブカレスト市内各地区の自治体が，マッカーサー財団が支援するすべての里親家庭の管理と支援を引き受け，ルーマニア最大の都市において，政府が支援する里親家庭の数も大幅に増加していた。

　残念ながら，研究終了以降に当初の取り決め通りに進まない例も出た。重度の発達の遅れがある何人かの子どもは，障害者用施設に入れられ，里親が重篤な病気にかかったため，子どもが何らかの形で集団養育に戻されるケースも生

第4章　倫理的配慮　　73

じた。年長児用施設の多くで，子どもたちは「施設外」の公立学校に通っている。一般人向けの集合住宅施設内に設置された「社会福祉アパート（social apartment）」で暮らす子どももいる。このアパートには，保育スタッフがパートで勤務し，4〜6人の子どもを預かっている。思春期以降に行動面の問題が深刻化したため，米国でいうグループホームや入所型治療施設に近い施設に入れられた子どももいる。

　私たちはSERAのパートナーと共に，精力的に子どもたちの権利を擁護したが，影響力の限界を痛切に意識させられた。一時はルーマニア最大の児童養護施設であったセントキャサリン養護センター元所長のアディナ・コドレスによると，2000年代半ば以降の世界金融危機がルーマニアに深刻な打撃を与え，児童保護予算も大幅に削減されたという。予算縮小と権限の弱体化を反映して，全国児童保護局は2010年に労働省に統合されたのだと，コドレスは指摘する。[24]SERAルーマニアのボグダン・シミオンも，予算削減によりブカレストの里親家庭数が減少したことを認める。[25]たとえば2010年には，里親家庭の報酬が25%削減された。

　この研究以外にも，私たちはルーマニアのインフラにさまざまな貢献をした。たとえばセバスチアン・コガ率いるルーマニア人スタッフは，国内で子どもの発達に関するトレーニングを実施するため米国国際開発庁USAIDから助成金を受けた。彼らは2004〜2005年に，ルーマニア全土の児童保護関係や他の専門職向けに，アタッチメント形成，言語発達の支援，行動問題のマネージなどのテーマに関するトレーニングを行った。

　最後に，本プロジェクトが残した重要な遺産は，2011年10月31日に正式に運営を開始した，ブカレストに拠点を置く子ども発達研究所（Institute for Child Development: IDC）を設置したことだ。BEIPはマッカーサー財団の助成金を得て，SERAルーマニアや必要に応じてさまざまな政府機関と協力してIDCを設置した。IDCは，トレーニング・研究・リスクがある子どもへのサービス提供を続け，国全体の情報源として機能することを目指したものである。

　私たちの希望はIDCを通じて，ルーマニアの脆弱な子ども集団の変化する

ニーズに自己完結的に効果的かつ持続可能な形で対応する上で必要なインフラや，現地レベルでの最低限の知識を確立することである。私たちの狙いは，国内の子どもの発達に関する知識インフラを拡充し，ルーマニアの子どもの権利擁護者，政策立案者，臨床家に，今後のニーズに対処するための最新のモデルやアプローチを提供することにある。IDCのもう１つの目標は，ルーマニアの小児保健・福祉コミュニティに，優れた政策判断に必要な妥当な科学的情報を提供することだ。これには，地域社会の医師や親，主な政府職員，メディア，一般市民への関連するトレーニング資料や新たな研究知見の広範な普及が含まれる。IDCの最終的な目標は，施設養育経験がある特別なニーズを持つ子どもたちに，科学的裏づけのある根拠に基づく養育を提供し，リスクがある子どもの特定を容易にし，全国的に実施可能な効果的な早期介入戦略を策定することにある。

結論

　BEIPは当初から，上記の検討事項をバランスよく達成することを目指す，科学的・人道的な取り組みとして考案された。私たちは最初から，このプロジェクトの倫理的側面を満たすためには，複雑で数多くの計画策定が求められると理解していた。BEIPの一定の側面に，倫理的観点から異議を唱える人が出る可能性も意識していた。生命倫理学者によるBEIPの審査は，すべてではないにせよ大部分が好意的なものだった。[26] 私たちが研究を実施しなかったほうが，研究に参加した子どもたちが恵まれた環境に置かれたとはとうてい思えないため，この研究は倫理的に健全で実施する価値のあるものだったと納得している。とはいえ私たちは，とくに逆境を経験した乳幼児に必要な里親養育の質に関して，BEIPの政策的意義が，ルーマニア国内外でいっそう十分に評価されるよう願っている。BEIPの広範な影響については，第12章で詳しく検討する。

第4章　倫理的配慮　　75

Foster Care Intervention

第5章

里親養育による介入

> 政府に子育てはできないが，子育てする親を支援することはできる。また，何らかの理由で親から十分な養育を受けていない，貧しく脆弱性のある子どもたちのセーフティーネットになることもできる。
>
> **ヒラリー・ローダム・クリントン（1996年3月3日）**

　BEIPは，数多くの重要な疑問に応えるため考案された。入念に考慮された里親養育プログラムは，人生早期に遺棄され施設に委託された子どもの発達を促すことができるか，介入のタイミングや施設を退所した年齢，介入期間がアウトカムに影響を与えるか，といった疑問である。BEIPでは里親養育を，評価の対象となる介入方法としたため，私たちは，里親養育が一般的でなく，時に疑いの目で見られ，各地方の児童保護制度であまり活用されていない状況の中で，高い質を確保する最適な方法を探るという問題に直面した。そのために，米国ニューオーリンズで被虐待児向け介入プログラムを実施した際の経験を参考にした[1]。私たちはブカレストに，この国の事情に即した，安価で再現可能な発達科学に基づく里親養育プログラムを設置したかった。成功すれば，遺棄された子どもに対し，施設養育に代わるモデルを提供できるのではないかと考えた[2]。

　第2章で述べたように，BEIPはルーマニア児童保護組織の変遷期に実施され

た。1990年代半ばに改革法が制定されたが，国内の多くの場所でその効果は実感されておらず，私たちには，抜本的な変革を求める改革推進派と，緩やかな制度改変を望む人々との論争に役立つデータを提供する機会が与えられた。本章ではまずブカレストを中心に，チャウシェスク時代以降のルーマニアの里親養育の概要を扱う。ブカレストでの慣行を，国内の他の地方での取り組みと対比させながら話を進めたい。

　児童保護の問題によりルーマニアは多くのメディアの注目を集めてきたが，大半の東欧諸国やロシア，また同様に世界の他の地域の多くの国々もルーマニアと同じ課題を抱えている[3]。改革を支援するため，とくにEUや米国から多額の資金が提供され，疑いなく進展は見られるが，問題自体は解決にほど遠く，多くの場合なかなか変化が生じない。現代のルーマニアの児童保護をめぐる議論では，論争が絶えず，遺棄された子どもに対し家族中心型のアプローチへと確実に移行しているものの，終わりはまだ見えていない。

ブカレストの里親養育

　チャウシェスク時代，里親養育は合法的だったが，遺棄された子どもへの介入法としてルーマニアで使用される例はまれだった。親族による非公式な里親養育は存在したが，ブカレストでは1990年代を通じて政府が支援する里親養育はほとんど見られなかった。実際，いくつかの理由からロシアや東欧でも，同じことがいえた[4]。第一に，人口の大多数が経済・住居面で困窮している国では，他人の子どもを育てようと考えること自体が難しかった。政府による支援の欠如も，この問題を悪化させるばかりだった。第二に，施設で暮らす子どもへの文化的偏見や，とくにルーマニア国内に根強いロマ人の子どもへの偏見が，里親養育をさらに阻害した[5]。第三に，里親養育自体への市民の認識不足から，関心を抱く可能性がある家庭がいつまでたっても現れなかった。最後に，親族以外による里親養育を利用するという慣習，さらには血縁関係のない子どもを

第5章　里親養育による介入　│　77

養子縁組するという慣習がなかったことが，里親養育制度は虐待や小児性愛，臓器売買に結びつくという悪評を促す要因となった可能性がある。

ブカレストでは2000年時点で，政府が支援する里親養育はきわめて限られていたが，国際養子縁組に携わるNGOが，1990年代に同市に里親養育制度を確立していた。ホルト・インターナショナルが支援するコンスタンツァやブカレストのプログラムなど，一部のNGOは家庭への再統合や国内養子縁組を推進していたが，多くは国際養子の支援のほうに関心を抱いていた。[6]こうした機関は通常，養子縁組の条件を満たし，施設で暮らす遺棄された子どもを見つけて，彼らを里親養育に委託した。数週間～数カ月後に，この子どもたちは里親家庭から直接，海外に養子に出された。2つの要因が，NGOが支援する里親養育制度の存在に寄与していた。[7]第一に，タバカルが創設したポイント制度（第3章参照）により，里親養育の提供を含め，児童保護インフラに貢献したNGOは，国際養子縁組の条件を満たす子どもたちに接触する資格を付与された。第二に，一部の外国人養父母には，施設にいた子どもより里親養育を受けた子どもを好む傾向が見られた。こうした理由から，子どもが里親養育を受ける期間は短い場合が多かった。

当時のルーマニアの里親養育制度はフランスを手本に作られ，里親——別名「母親支援者（maternal assistant）」——は県（ブカレストの場合はセクター）の正規職員として雇用され，諸手当付きで給与の支払いを受けた。この点では，養育する子ども1人につきわずかな補助金（subsidy）しか支給されない米国の制度と異なる。

SERAルーマニアのボグダン・シミオンによると，ブカレストより早くから里親養育に積極的に取り組んでいた地域も存在する。[8]たとえばルーマニア北部に位置する，トランシルバニア州ビストリツァ郡では1998年10月には，里親養育が施設養育に代わる現実的な選択肢になっていた。[9]里親養育を認める新法の制定からわずか1年後の時点で，6つの里親家庭が子どもたちを養育しており，3年後に同郡では68の認可を受けた里親家庭が活動，それ以外の50家庭が認可を取得しながら，財源不足から子どもを預からず待機していた。当時，ビ

78

ストリツァ郡の児童保護を統括していたソーシャルワーカー，マリン・ミックによると，郡内の4施設で暮らす子どもの数は850人から220人に減少し，施設に残った子どもの大半は重度の障害児かより年長の思春期の子どもだった。里親養育を受ける子どもの数は，220人まで増加した。[10] ビストリツァ郡の取り組みは，同郡児童保護局と，ミックの現在の勤務先であるNGOルーマニア児童救済団体Fundatia Inocentiの連携の成果であった。

　ビストリツァ郡に比べると，ブカレストは1997年以降も里親養育の整備状況に目立った変化はなかった。むしろ，セクターの職務の分離に注意が払われているようだった。当時は体系的な記録収集が実施されていないため，正確な数は不明だが，里親養育の推進を定めた1997年の法律制定から3年後も，ブカレスト市内で運営されている里親家庭はわずかにとどまった。ブカレストでは実質的に里親養育は，当時利用できた一連の児童保護サービスの一端をなすものではなかった。おそらくブカレストの児童施設は大規模で，時に古い歴史を有したため（セントキャサリン養護センターは1897年設立，一時は1000人の子どもが暮らした），ビストリツァのような遠隔地と比べ施設の存在自体が確立されており，変化を嫌った可能性がある。1998年10月〜2000年6月までセントキャサリン養護センター所長を務めたアディナ・コドレスによると，同施設の医師や保育スタッフは，里親養育と施設養育の利点をめぐる政府内の議論を十分に意識し，多くが職を失うことを恐れていた。[11]

ブカレストとルーマニアのソーシャルワーク

　ブカレストの里親養育制度の不足を踏まえて，私たちは，研究に参加する子どもと家庭を支援しモニターする，高い技能を持つソーシャルワーカーの募集・トレーニングが，里親養育ネットワーク作りに不可欠な要素になると考えた。ルーマニアのソーシャルワーク特有の歴史から，この目標はひときわ実現困難なものであった。

第5章　里親養育による介入　　79

2001年3月，25歳のベロニカ（ベラ）・プロアスパトゥは，昔の旧友で現在はブカレスト市内でソーシャルワーカーを務めるアリーナ・ロスから電話を受けた。アリーナは1月に，BEIP初のソーシャルワーカーとして採用され，ベラもこの仕事に応募してはどうかと考えたのだ。ベラは学生時代にセクター5の施設にフルタイム勤務し，約2年施設の子どもに関わった経験があった。ベラはソーシャルワーカーとして，子どもと家族の評価・カウンセリングを担当し，児童保護委員会との会議では子どもの利益を代弁した。またケースプラン作成にも携わり，可能な限り実親家族への子どもの再統合を試みた。

　ベラは当時まだ学生だったが，セクター5がソーシャルワーカーの最低要件を小学校4年生修了から高校（第8学年）修了へと急きょ変更したため，この複雑な業務を担うべく彼女が採用された。タバカルが1997年に，各自治体の児童保護委員会がセクター内で生まれたすべての子どもに責任を持つよう義務づける法律を制定したため，セクター5はこのような変更を実施したのだ。それまでセクター5は，身寄りのない子どもの養育に関しセクター1の養護施設に依存していたが，法改正により独自の管理が必要になった。そこでベラのような若いソーシャルワーカーが採用され，養育費がセクター5の負担となったため，子どもたちを可能な限り家庭に戻すことが強く推奨された。

　施設の子どもと関わった経験に加え，卒業後の1年間ストリート・チルドレンを支援したとあって，ベラはBEIP開始時点で，ブカレストで採用可能な最も経験豊富なソーシャルワーカーのひとりだった。ルーマニアのソーシャルワークには長く誇るべき歴史があったが，チャウシェスクが1969年に国中のソーシャルワーク関連の学科を閉鎖した。共産体制下では，社会的問題を抱える人などいないはずだと考えられたからだ。革命を経て20年後にようやく，ブカレスト大学にソーシャルワーク学科が再度設置された。[12] 1994年に，革命後初めてのソーシャルワーク学位資格が授与され，5年以内に同大学には1年半の修士課程プログラムが創設された。1999年にソーシャルワーク学科は，心理教育学部の傘下から独立し社会学・ソーシャルワーク学部となった。2000年までにルーマニア国内の7大学にソーシャルワーク学科が設置され，年間500人

のソーシャルワーカーが大学を卒業した。[13]

　ソーシャルワーカーの数は増えたが，1969年に関連学科が閉鎖されたため，彼らの1世代上に相当するソーシャルワーカーが国内にいなかった。新卒の学生たちは革命後10年間，指導者もおらず従うべき慣行もない状態に置かれた。心理学と同様，ルーマニアのソーシャルワークも分野全体の発展から数十年間取り残されていた。[14]大学生，院生時代にベラを指導したソーシャルワーク学科の教授は，社会学者，医師，経済学者，警官，心理学者といった面々で，本当のソーシャルワーカーは実習指導者1人のみだった。

　アリーナ・ロスがBEIPに誘おうとベラに電話をした時点で，私たちは，里親養育による介入の実施を推進するソーシャルワーク・スタッフが，BEIPの成功を握る重要な鍵だと確信した。したがって，ルーマニアのソーシャルワーカーが直面する独自の問題にもかかわらず，熱心で学習意欲があり，新しいことに挑戦できるスタッフの採用に努めた。幸いベラが申し出を受け入れてくれた。2001年6月には3人目のソーシャルワーカーとしてアメリア・グラサヌを採用し，チームの顔ぶれが揃った。新たに採用した3人のソーシャルワーカー全員が，私たちが求める特徴を備えており，新しい困難な職務に精力的に取り組んでくれた。

里親養育介入原則の指針

　トレーニング内容を策定し，ソーシャルワーク・チームとの協力体制を構築する中で，里親養育はブカレストではほとんどないこと，そして遺棄された子どもの養育法として施設が明らかに好まれていることだけは判明した。そこで私たちはBEIPの構想に際し，米国で里親養育を受けた乳幼児と関わった際の経験を活用した。

　アンナ・スマイクとチャールズ・ジーナーは，1994年以降，幼い被虐待児への包括的な精神保健サービスの提供に取り組む，ニューオーリンズの地域社会

を基盤とする介入に参加した経験があった。[15]この活動には，子どもと実親，および子どもと里親への集中的な取り組みが含まれた。アンナは幅広く里親と協力し，里子との良好な関係性の構築を試みた。里子は約18カ月間里親と過ごした後，家庭に戻されるか養子縁組への道を開くことになっていた。そのためアンナは，里子，里親，または両者の個々の相性に由来する，健全な関係構築を阻むさまざまな課題を熟知していた。ニューオーリンズで施設養育児と関わった経験はなかったが，深刻な社会的ネグレクトの影響には精通していた。そのため，私たち3人の協力や提供される情報を参考に，彼女は里親養育による介入の段取りを考え，実施状況を監督した。私たちは，ニューオーリンズでの児童保護の経験や参考文献をもとに介入原則の指針を作成し，BEIPソーシャルワーカーのトレーニングや，私たちが企画する里親養育プログラムの参考として活用した。

養育の質

　里親養育による介入を成功させる鍵は，里親によるきめ細やかな養育の提供にあると考えた。これはすなわち，長期的な関わりの中で里子をひとりの人間として理解し，愛情を注ぐことである。

　私たちが構築しようとした里親養育と米国の制度の一番の違いは，養育期間だった。ルーマニアでは，里親養育は必ずしも一時的な措置ではない。米国では，措置後約18カ月の間に子どもの監護権について「パーマネントプラン（永続的解決計画）」を実施するよう，各州が義務づけている。すなわち，里子は（理想としては，子どもが保護される原因となった問題を解決した上で）実親と再統合されるか，正式な親権停止を経て養子縁組への道が開かれる。里親養育は，比較的短期の介入と想定されている。対してルーマニアでは，監護権の帰属を決定するよう促されることはなく，とくに国際養子縁組が禁止されて以降は，私たちの経験上も親権停止に対する法的圧力もほとんど見られなかった。

　私たちは基本的に，里親が我が子と同じように里子を養育するよう求めていた。虐待を経験した乳幼児の適応的行動，情動制御，生理機能の発達には，質

の高い里親養育が不可欠であることがエビデンスにより示されている[16]。子ども
に提供する**経験**の質的向上を重視するこのアプローチは，親子関係を介入の中
心的要素に据えるものであり，現代の研究や実践 に合致している[17]。そのため
ソーシャルワーカーは，愛情ある親密な親子関係を阻害，制約または抑制する
可能性がある親子の特徴や，関係性向上に向けた介入法を検討できるようにな
る必要があった。

適切なサポート

　私たちはまた，米国の里親が最も多く口にする不満の1つが，ソーシャル
ワーカーによる支援・援助の不足である点も意識していた。米国の福祉制度は
慢性的に財源が不足しているため，担当件数が過度に多くなり書類仕事が極端
に多くなりがちだ。加えて私たちの経験上，児童保護サービス職員に対し，
ケースワーカーと里親の関係を確立し維持し管理する方法に関し効果的なト
レーニングはほとんど提供されていない。ソーシャルワーカーと里親が互いを
気に入れば万事うまくいくが，そうでない場合，ストレスや対立が増加する。
私たちは，両者の関係を成り行きに任せず，ソーシャルワーカーが敏感に反応
し，管理的でなく治療的なアプローチで里親との関係を築けるよう支援するよ
う決めた。

　また，ブカレストで前例がない画期的な調査に関わるBEIPのソーシャル
ワーカーにも，適切なサポートを提供する必要があると考えた。そこでアプ
ローチの忠実性を保ち，予想外の問題に対処し，ソーシャルワーカーが困難な
職務の最中で支えられていると実感できるよう，米国のスーパーバイザー／コ
ンサルタントに，定期的，継続的にソーシャルワーカーへの協力を要請するこ
とにした。

包括性

　本プロジェクト開始の早い段階で，ブカレストには子どもの発達，とくに行
動面の問題に対処できる専門施設が少ないことに気づいた。ブカレストの著名

第5章　里親養育による介入　｜　83

な小児科医アリン・スタネスクが所長を務める母子保健研究所が，コミュニ
ティクリニックを運営していたため，運動の問題や全般的な発達の遅れがある
子ども，言語聴覚療法が必要な子どもはこの診療所に紹介した。しかし，小児
期早期に詳しい精神医学専門家は見つけられなかった。そのため，幼い子ども
に見られる典型的な行動と調整の問題に対し，私たちのチームで介入を提供す
る体制を整える必要があった。具体的には，反抗的・攻撃的行動，社会的引き
こもり，排泄の問題，寝かしつけ困難・夜間覚醒，拒食と溜め込み，多動，無
差別的行動など，どれも虐待を受けた幼児によく見られる問題である。[18]

文化的配慮，異国への導入可能性（移転可能性）

　ルーマニアの里親に対し，米国から持ち込んだ，文化的にブカレストにはそ
ぐわない養育モデルを実施することに伴うリスクにも留意した。幸い私たちは，
ワールド・ビジョンが作成した里親用トレーニングマニュアルの存在を知るこ
とができた。このマニュアルは，米国の同様のマニュアルを参考にルーマニア
人がルーマニア向けに執筆したものだった。また事務管理面のパートナーであ
るSERAルーマニアには，ブカレスト以外の地域で数年間里親養育を実施した
経験があった。私たちは，SERAや3人のソーシャルワーカーと共にトレーニ
ングモデル・相談モデルを吟味し，実施するアプローチの文化的な妥当性を確
認した。

　もう1つの重要な問題は，米国とルーマニアの給与格差だった。私たちは里
親に対し，仕事の重要性に見合った報酬を支払いたかったが，同時にいくつか
の理由から，国内の水準に照らして妥当な金額に抑える必要があった。第一に
倫理的な観点から，里親に研究への参加を不必要に強制したくなかった。第二
に実務的な観点から，米国の里親に関して時にささやかれるように，「お金の
ために」里親になってほしくなかった。最後に，本プロジェクト終了後も継続
できる妥当な予算の制度を設置したかった。SERAルーマニアおよびセクター
職員と協議の上，給与や他の報酬がブカレストの基準に沿った公正な額になる
よう保証した。

里親の募集（リクルート）とトレーニング

募集

　ベラの記憶によれば，里親募集は，BEIPでの新たな仕事で初めて直面した大きな課題だったという。ブカレストで里親養育の知名度は低かったため，里親候補を見つけるのは難しかった。新聞広告やビラ配布など，米国で使用されるのと同じ募集戦略を採用し，アリーナ・ロスは何度かラジオのインタビューに出演した。里親として報酬を受け取るには，地元の児童保護委員会の認定が必要とされ，そのために学歴や雇用状況，犯罪歴の有無を証明しなければならなかった。プロジェクト開始時は里親になるのにギムナジウム（第8学年）修了資格が必要とされたが，ある里親は小学校修了資格のみで十分とされた時代に認定を受けていた。BEIPのソーシャルワーカーが里親候補をいくつかの集団に分け，各セクターからの認定取得手続きを無事終えられるよう支援した。大半の候補者にとって，これはなじみがない手続きで，時に不安にさせる場面もあった。

　こうした初期段階での支援は，ソーシャルワーカーが里親への理解を深め，里親と里子の適切な組み合わせを予測する上で役立った。私たちは，幼い子どもに慣れていて，施設から来た乳幼児の世話という手のかかる仕事に必要な情緒的応答性を備えているように見える里親を探した。ソーシャルワーカーは，トレーニング中に里親の観察や面談を進める中でこれらの資質を評価した。

　里親は国に雇用される正規職員であるため，いずれか1人が法的な「母親支援者（maternal assistant）」に指名される。本プログラムの全事例について，正式に指名された里親は女性だった。これらの女性は全員ルーマニア人で，平均年齢は47歳（年齢構成は29〜65歳）だった。里親の大多数（53人中29人）が既婚者で，配偶者と暮らしていた。11人は死別，9人は離別，4人が未婚だった。

第5章　里親養育による介入　│　85

何人かの母親は，以前にも里親を務めた経験があった（53人中12人）。実際，8人の母親は過去に10人以上，そのうち2人は20人以上の里子を預かっていた。当然ながら，これは政府による里親養育ではなく，国際養子縁組機関が実施する里親養育であった。この種の制度が認められた期間はわずか4年であったため，多くの里子を預かった母親の多くは養育期間がきわめて短かった。

ベラによれば，本プロジェクト開始から10年後の時点で，BEIP以前に里親経験を持つ母親と未経験の母親の間で，養育への関わり方やスキルに何ら差は認められなかったという。里親の大多数に実の子どもがいたが（53人中42人），その人数は多くの場合1人（53人中23人）だった。実の子どもがいない母親のうち，過去に里親養育の経験があるのは1人のみだった。つまり9人の女性は，母親を務めた経験が一切なかったことになる。里親全員が何らかの宗教を信仰していると答え，1人を除く全員がキリスト教正統派の信徒だった。

トレーニング

里親に対し，6週間のトレーニングが実施された。これには，子どもの権利，ルーマニアの近年の児童保護制度改革，里親の権利・義務などの法的問題に関する22時間の講習が含まれた。さらに20時間をかけて，教育心理学・児童心理学の知識をはじめ子どもの発達に関する知識を提供した。ただし，私たちのアプローチの基盤をなすアタッチメントについては，一切言及しなかった。最後に18時間を費やして，障害や非行，社会適応の難しさ，これらの問題への対処法の提案など，子どもの問題行動を説明した。

私たちは米国での経験から，この種のトレーニングは総じて有用だが，里親は子どもの行動を理解し対応することにほとんど準備がなされず困惑した状態に置かれることを理解していた。里親が講習で得る知識は，実際に里子を育てる準備として十分ではない。そのような状況においては，里親が子どもの行動を理解し，衝動的でなく効果的に対応できるようソーシャルワーカーが支援することが重要である。[19]

●里親への追加的なBEIPトレーニング

　里親は，里子となる子どもたちがまだ施設で暮らしている間に面会した。これにより，里親は施設での子どもの体験を理解し，里子との関係構築に着手することができた。3回の面会が予定された。ソーシャルワーカーは，公園や遊び場など地域の中で面会しようとしたが，そのほとんどは施設内で実施された。ほとんどの施設が，施設外での面会を許可することを拒んだ。

　面会は，里親と子どもの相性を評価する手段でもあった。たとえば（予想されたことだが），4人の里親はロマ人の子どもは受け入れたくないと述べた。この意思表明は尊重されたが，4人中1人は，民族が不明な子どもの養育を引き受けた。後にその子がロマ人だと判明したが，この里親は養育を続けることに同意した。

　ソーシャルワーカーは，最初からアタッチメントの重要性を強調し，里親に対して子どものウェルビーイングに十分留意し，里子のニーズの理解に努めて適切な対応をとるよう求めた。里親に全面的なコミットメントを促す——当面は里子を我が子と同様に受け入れる——というのは，（現在も多くの場所でそうかもしれないが）当時のブカレストでは画期的なアプローチだった。

子どもの委託

　児童保護委員会の官僚主義が，子どもの委託を阻む想定外の障害になった。私たちは単純に，国家児童保護局と保健省の賛同をもらい，里親への報酬の財源も確保し，里親が法的に認定されたのだから，手続きは円滑に進むだろうと考えていた。ところが，実際は大違いだった。

　セクター1の児童保護委員会との会議は，セントキャサリン養護センター管理棟にある所長室で実施された。この会議では，私たちが一度ならず目にした印象的な光景が繰り広げられた。会議当日には，委員会との面談を望む（またはその必要がある）すべての人が，セクター1中から集まった。一定期間の給

付を受けたい（月次手当や保育所など），障害者認定を受けたい，子どもを施設に入れたい，養子縁組の申し込みをしたいなど，面談を望む理由は人によりさまざまだった。50〜100人が管理棟の外に集まるため，委員会との会議がいつ開かれるかすぐにわかった。誰ひとり面会時間は決まっておらず，全員がその日の面談者リストに掲載され，自分の名前が呼ばれるまで待機した。呼ばれてようやく，委員会との面談が認められた。名前が呼ばれなかった人は，別の日の面談者リストに割り振られ，次回は呼んでもらえるよう期待した。

　名前を呼ばれた者がオフィスに入ると，大きなテーブルの三方に面談者と向き合う形で委員会のメンバーが着席していた。山積みの書類を前に座る委員の多くが，絶え間なくたばこを吸い，あちこちで同時に会話が交わされた。薄暗い照明と部屋にたちこめる煙のせいで視界がかすみ，非現実的な雰囲気がいっそう強まった。請願者はお偉方の前に座って，それぞれの要望を口にした。

　BEIPのソーシャルワーカーはこの会議の常連となり，委員会と面談するため何時間も辛抱強く順番を待った（時には呼ばれすらしなかった）。面談が認められると，必要書類を律儀に提出したが，今回の要望を受理してもらうには，前回の面談で指示された以外の情報や文書が必要だと判明することも多々あった。委員自身が追加書類を要求することもあれば，しばしば会議に同席する自治体側のソーシャルワーカーが，別の書類の必要性を指摘する場合もあった。これにより，スケジュールがいっそう遅れた。興味深いことに委員会は必ず，居所がわかる場合，子どもの実親から里親養育への同意を取りつけるよう要求した。他方でBEIPへの参加については，親の同意を要求されなかった。代わりに，子どもの法的保護者である委員会自体が，実親に相談なく研究への参加に合意できるとされた。ここから私たちは，委員会は里親養育に及び腰なため，親の同意というさらなる保険を求めているのだと理解した。ベラによると，ルーマニアの子どもを海外に「売る」つもりはないと委員を説得するのに苦労したという。

　こうした手続きのせいで，子どもたちの委託がいっそう遅れた。ベースライン評価から実際に里親養育を受けさせるまでに，平均して2カ月以上かかった

表5.1 里親養育を受けた子ども

里母（53）	里親養育グループの子ども（68）
4人の里母はきょうだい4組を養育	8人
6人の里母はそれぞれ2人の里子の養育に同意	12人
43人の里母はそれぞれ1人の里子を養育	43人
	里親養育に割り付けられたうち5人は，一度も里親養育を受けず（ベースライン評価直後に，2人が養子縁組，3人は家庭復帰）

（評価当日に里子に出せた場合もあれば，半年かかった例もあった）。最初の4人の子どもは，2001年4月11日に里親養育に委託された。ある子どもは，当初は里親養育グループに割り付けられたが，出生証明書の捏造が判明したため里親養育を受けられなかった。警察が委員会に対し，この子を慎重に見守るよう助言した結果，委員会は施設に留め置く判断を下したのだ。

　基本的には里親1人が里子1人を預かったが，きょうだい4組はそれぞれ同じ里親のもとに一緒に預けられ，それ以外に6人の里親が2人の里子を養育することに同意した。里親養育に割り付けられた子どものうち5人は，一度も里親養育を受けなかった。うち3人は，ベースライン評価直後に実の親と再統合され，2人は同じく評価直後にルーマニア人の家庭に養子縁組された。したがって，里親養育グループに割り付けられた68人の子どもを養育するため，当初は53人の里親が採用された（表5.1参照）。

第5章　里親養育による介入　　89

サポートの提供

財政的問題

前述のようにルーマニアは，1人の里親に政府職員として給与を支給する，フランス型の里親養育を採用していた。SERAルーマニアの経験と助言に従い，私たちは当初，里親それぞれに平均200レウ（ユーロ導入前のルーマニアの通貨単位。2001年時点で，200レウは月額77米ドルに相当）の給与を支払った。加えて月50レウ（約19米ドル）の助成金も交付した。また学歴や里親としての過去の経験に基づき，一定の加算を行った。ちなみに2001年のブカレストの最低賃金は，月額133.3レウ，平均賃金は月額422レウだった。2人の里子を預かる場合，給与月額を里子1人の場合の1.5倍とし，助成金は2倍とした。

子どもを最初に里親家庭に預ける際，ソーシャルワーカーから里親家庭に対し，ベッド1台，衣類，ベビーカーが支給された。また必要に応じて，医薬品や他の品目も支給した。

小児科医によるサポート

ブカレスト市内のある小児科医と契約し，必要に応じて研究に参加した子どもに治療を提供した。施設養育継続グループの子どももこの医師を受診できたが，彼らは基本的に医師がユニット長を務める施設で過ごしたため，契約小児科医を受診することはまれだった。しかし里親養育グループの子どもは，少なくとも介入の初期段階ではグループ全体で週1〜4回の頻度で小児科医を受診した。ただプロジェクトの進行に伴い，受診回数は減少した。

施設退所後の乳幼児の養育——介入

　施設を退所した乳幼児の養育を任される里親の前には，大きな困難が待ち受けると予想された。そのためBEIP里親養育プログラムには，子どもと直接関わる里親と，里親を支援するソーシャルワーカーの双方に対して幅広いサポートが必要になる。それぞれのソーシャルワーカーは，里親養育を受ける子どもとその里親のおよそ3分の1ずつを担当した。BEIPネットワークに属する里親は，子どもを預かった後ソーシャルワーカーの頻繁な訪問を受けた。訪問回数は，当初は週1回だった。数カ月して子どもが落ち着くと2週間に1回の訪問が数カ月続き，約1年後からは月1回となった。こうした頻繁なコンタクトは，施設で育った子どもの家庭への移行を促し，問題が生じた場合にソーシャルワーカーが早期に発見・介入できるようにとの配慮に基づくものだった。プロジェクト期間を通じて，里親は必要に応じてソーシャルワーカーに電話で連絡した。

子どもたちの問題行動

　大半の子どもは施設養育から里親養育への移行に成功したが，特別なサポートが必要となる子どももいた。こうした子どもたちには，表5.2に示す問題が1つ以上見られた。たとえば，受け入れ当初に里親が広く直面した問題は，子どもたちの「大声」だった。里親の多くは，チャウシェスク時代の名残である大規模な集団住宅に住んでいた。こうした建物は防音が不十分であったため，やかましく破壊的な子どもの行動がとくに里親を悩ませた。ソーシャルワーカーは，施設から家庭への移行は大きな変化であること，適応に一定の時間が必要であることを理解してもらえるよう，里親を支援した。施設ではスタッフが乱暴に子どもの体をこすり，ホースで水を浴びせていたため，入浴は子どもたちにとくに嫌がられていた。当然ながら里親は，不愉快な記憶を薄れさせる

第5章　里親養育による介入　　91

表5.2 受け入れ当初に里親から報告された行動面の問題

調整	発達	行動	情緒	社会性	その他
睡眠 食事 排泄	認知の遅れ 言語の遅れ 運動の遅れ	多動 騒々しさ 興奮 反抗的行動	無口 不安 泣き止まない	無差別的行動 社会的引き こもり 攻撃性	常同運動

ため，子どもたちに入浴は楽しいと思わせ少しずつ慣れさせる必要があった。里親が苦労している場合，ソーシャルワーカーは家庭訪問の頻度を増やし時間をかけて相談にのった。

里親側の問題

里子の個人差とは別に，ソーシャルワーカーは里親間のさまざまな違いにも気づき始めた。里子の相談をするため頻繁に電話をしてくる里親もいれば，ほとんど電話をしてこない里親もいた。乳幼児の発達に対し適切な期待を持っているように見える人もいれば，そうではない人もいた。過去に里親を経験したことがある人では，自分が預かった後で海外に養子に出された昔の里子を思い出し悲しみを感じていることが多かった。とくに経験豊富で年齢が高い里親の中には，防衛的になり私たちのチームの助言に耳を貸さない人もいた。たとえば，定年退職したある教師は，母親としての経験に加え仕事で大勢の子どもを教えたから，子どものことは何でもわかると言い張った。彼女は2人の里子を預かっており，すぐにトイレトレーニングを始めると主張した。ソーシャルワーカーは，2人とも3歳未満なのだから新しい環境に慣れる時間が必要だと諭した。自分のやり方に反対されたと感じた里親は，気分を害した。里子たちが自分の努力に応えてくれない点にも，不満を感じた。ソーシャルワーカーは何度もこの里親に関わろうとしたが，相手は協調的な問題解決の仕方を決して受け入れなかった。里子の1人は実親に戻され，もう1人は双方の合意を得て，BEIPの別の里親家庭に移された。

育児の悩みに対処するため，ソーシャルワーカーは里親と何時間も１対１でカウンセリングを実施した。さらに，スーパーバイザーの協力を得て，里親のためにボランティアによる支援グループを結成した。何人かの里親は，準備する時間もなく突然海外に養子に出された昔の里子が忘れられず，癒えない悲しみを感じていた。プライバシーを人前で話すことへの不安はあったものの，支援グループに参加した里親は，自分の経験をグループの中で話し互いに支え合うことで励まされたようだった。このグループ活動は，他の人も同じような不安や経験をしていると里親が実感し，幼い里子の行動をマネージするための具体的提案を互いに提供する上で有益に思われた。

システム面の問題

　児童保護制度は改革されたが，官僚主義は相変わらず蔓延していた。チームにとって最大のストレスは，自治体側のソーシャルワーカーとの協議だった。ベラの言葉を借りれば，彼らは「子ども重視というより書類重視」だった。子どもの「最善の利益」は，米国の児童福祉部局で必ずしも一貫して適用されているとはいえないにせよ重要な概念だが，各セクターのソーシャルワーカーにとっては異質な考え方だった。彼らはとくに急ぐ様子もなく，正式な手続きを踏むことに専念し，規則やルールに固執するように見受けられた。BEIPのソーシャルワーカーによると，時間が経つにつれて（とくにブカレストで開催した２つの大規模な学会に自治体職員が出席して以降）各セクターのソーシャルワーカーとの関係が改善した。とはいえ，個人間の関係の改善とは裏腹に，システムが変更される兆しはほとんど見られなかった。

実親との協力

　BEIPは里親養育による介入として企画されたが，すべての子どもが里親養育にとどまったわけではない。養子縁組をした子どももいれば，実家族のもと

に戻された子もいた。ソーシャルワーカーは，子どもが戻った実親に対しても
カウンセリング，支援，育児への介入を実施した。BEIPのソーシャルワー
カーは，里親養育を受けさせる同意を取り付けるために実親の居場所を懸命に
探していたため，実親の大半について居場所を把握していた。驚いたことに，
時には，実親が我が子がどこにいるか知らないということもあった。多くの親
は，子どもに関する情報を知って喜んだ。児童保護委員会が家族との再統合が
可能と判断した場合，私たちは再統合計画を必要に応じて支援した。子どもた
ちが8歳になるまでに，31人が実家族と再統合された。

　移行に伴う一般的な問題に加え，ベラによると，多くの里親は里子の身に何
が起きているか子どもと話したがらなかったという。ソーシャルワーカーは，
里親家庭で暮らすまで子どもたちがどこにいたか，それはなぜなのかを，簡単
な言葉で里子に説明するよう促した。こうした議論には，子どもたちが自分の
状況を理解し，委託先の突然の変更に対する不安を和らげ，自分の過去を知る
という目的があった。

ソーシャルワーカーへのコンサルテーション，
スーパービジョン，サポート

　協力作業を開始した当初，専門的な手続きとしてのスーパービジョンはルー
マニアでほとんど知られていなかった。個々の活動がプロトコル通りに実施さ
れ，適切に文書化されたかなどをスーパーバイザーが確認する「管理上のス
ーパービジョン」と，臨床家がクライアントと臨床家自身の行動を理解できるよ
う支援する「内省的なスーパービジョン」を明確に区別すべきだという意見も
あった。[20] スーパーバイザー（臨床家ほど直接的な関与が少なく，経験豊富な人材
が望ましい）は，支援と指導を提供すると同時に，行動を理解し臨床家自身の
反応を振り返るよう促す。ソーシャルワーカーは過去の現場で「管理上のス
ーパービジョン」しか経験しておらず，BEIPにもこのモデルが導入された。

　私たちが実施したモデルは，内省的なコンサルテーション／スーパービジョ

ンだった。私たちは，里親との協力は複雑で困難な仕事になると予想し，ブカレストのチームがこの業務に伴うストレスに冷静に対処できるよう尽力した。

　長年，里親と里子に関わった経験を持つテュレーン大学の応用発達心理学者，アンナ・スマイクがスーパーバイザー／コンサルタントを務めた。アンナは当初から介入の策定に関与し，プロジェクト立ち上げ後の4年間，その実施を見守った。

　彼女はまずブカレストのチームと面談した後，スタッフと週1回ビデオまたは電話でコンサルテーションを実施した。最初は，小児期早期の発達，アタッチメント，里親養育の課題に関するトレーニングが中心だったが，次第に個々の事例にまつわる問題に議論の焦点が移った。彼女はおおむね，週1回のビデオまたは電話によるコンサルテーションを通じて，ソーシャルワーカーと接触した。

　プロジェクト開始から約2年後の2003年6月，テュレーン大学臨床心理士のバレリー・ワジダ・ジョンストンがスーパーバイザーとして参加した。彼女もまずチームと直接面談した後，週1回ビデオか電話でコンサルテーションを実施した。この二段階目のスーパービジョンは，家族に対する行動プログラムの策定・実施，および里親による子どもの問題行動への対処に焦点を絞ることにより，さらなる支援を提供するために追加された。こちらのスーパービジョンも，アンナの場合と同様の経過をたどった。すなわち，最初はチームが関心を持つ題材を取り上げて形式的なプレゼンを実施したが，次第に個々の事例に基づく議論が中心になった。議論の内容には，特定の介入を阻む要因，その介入法が適切かどうか，介入の修正や介入法の変更を行う方法などが含まれた。

コンサルテーション／スーパービジョンを阻む障害

　当初は，チームとスーパーバイザーが効果的なコミュニケーションをとることが難しかった。英語が話せることをソーシャルワーカーの採用条件としていたが，彼女たちは，とくに抽象的な心理学的概念などなじみのない話題をめぐって，英語で話すことに抵抗を示した。最初は電話でやりとりしていたせい

第5章　里親養育による介入　　95

で，効果的な関係を築くのがいっそう困難になった。テレビ会議が導入されセッションが定例化すると，ソーシャルワーカーも多少慣れたようだった。

心理的な障害も，発見し克服する必要があった。ソーシャルワーカーらは好奇心旺盛で意欲的だったが，スーパービジョンでアンナやバレリーに自分が担当する事例を——打ち解けた形でさえ——「発表」することに，当初は消極的な姿勢を見せた。仕事に対する自分の個人的な反応を話す段になると，とくに慎重になった。最終的に明らかになったのは信頼の問題だった。ソーシャルワーカーは，コンサルテーション／スーパービジョンの目的に懸念を抱いていた。臨床的なジレンマへの理解を深める手助けの機会ではなく，スーパービジョンという名目で自分たちの仕事ぶりを評価されるのではないかと考えたのだ。彼女たちは，発言次第で今の地位が脅かされるかもしれないと案じていた。

もう1つの課題として，スーパーバイザーがソーシャルワーカーと話し合ったアイデアや慣行の多くが，彼女たちになじみのないものだった。実践例を見たことがないアイデアを実施することに，彼女たちは時に抵抗を感じた。とはいえ，自身の経験も限られ，トレーニングや実務でこの種の仕事のモデルにも触れていない以上，ソーシャルワーカーらも，自分の直感とスーパーバイザーの経験を頼りに，多様なアプローチを試す以外に選択肢はなかった。

こうした問題点を自覚すると，彼女たち自身も問題を話し合い克服しやすくなった。たとえば彼女たちは，里親がソーシャルワーカーに心を開き助けを求めるのをしぶる態度と，スーパーバイザーとのコンサルテーションで自分たちが当初見せた抵抗の間に類似性を見出した。

児童保護のアウトカム（成果）

本書では，BEIPのアウトカムに大きな関心を割いている（第7～11章）。これは子どもに焦点を置いたアウトカムであり，子どもたちの経験を変えることで，脳機能の特定の側面や幅広い行動をどの程度変えられるかを示すものだ。

ここでは，児童保護サービスという制度により深く関係する別の種類のアウトカムを検討する。

里親養育を通じて本当に，施設養育よりも質が高い養育を提供したのか？生後30カ月，42カ月のいずれの時点でも，施設の子どもと比べ里親養育を受けた子どものほうが，養育の質は大幅に高く，施設養育経験のない子どもが家庭で受けた養育と質的な差は見られなかった。[21]加えて私たちは，里親養育による介入を，すでに深刻な剥奪を経験した施設養育後の乳幼児にとって安全で安定した体験にしたいと考えた。4年に及ぶ本プロジェクトの介入期間中，マルトリートメントや虐待の事例は発見されなかった。さらに，子どもたちの84%は，介入期間の終了まで（一般に，生後54カ月に達するまで）BEIPで最初に預けられた里親家庭にとどまった。9件の中断例が発生したが，うち3人は，それぞれ別の里母2人が病気になったため里親家庭から引き離され，1人の里母は急逝し，2人の里母は，特別なニーズがある子どもに対処できないという理由で里子の引き取りを要請した。1人の里子は，実の兄弟姉妹と一緒に育てるため委託先を移され，1人の里母は，別の仕事に就く決心をした。また1人の里子は，里親との相性が悪かったため里親家庭から戻された。いずれの事例においても，研究の中で子どもたちの追跡調査を続けた。

第3章で述べたように，私たちはプロジェクト開始時に協議した通り，今回の研究で支援した里親養育プログラムを地方自治体が公的事業へと移行できるよう手配した。当時のルーマニアは，施設養育から里親養育への移行途上にあったため，地方自治体はBEIPの里親を職員として採用し，政府側のソーシャルワーカーを通じて里親家庭のニーズをモニター（監視）した。BEIPの支援で誕生した里親ネットワークは，子どもが生後54カ月に達した介入終了の時点で，地方当局に移管された。研究では子どもに2歳半の開きがあったため，移行プロセスは約3年かけて実施された。子どもたちが8歳になった時点で，当初の里親56人中35人が引き続きBEIPで受け入れた里子を養育していた。

ルーマニアの里親養育の現状

　私たちが1999 ～ 2000年にルーマニアで研究を開始して以降，大きな変化があった。現在では国内で3万人の里親が組合に所属している，とクリスチャン・タバカルは指摘する。彼が改革法案を起草し策定した1990年代半ばには，こんな展開は誰も想像できなかった[22]。施設はもはや，遺棄された乳児の養育先として優先的な選択肢ではなくなった。実際，政府が2004年に制定した法令第272号（第2節 措置，第60条）により，重度の障害児を除き2歳の誕生日前に子どもを施設に入れるのは違法となった。ブカレストのみならず全国で，わずか15年のうちに里親養育が好まれるようになったのは，驚くべき制度的な変革であり，これを高く評価し称賛すべきである。

　しかしながら本書を執筆している現在も，ルーマニアの里親養育の現状は深刻な問題を抱えている。2008年以降の世界的な不況を受け，ルーマニアの政府予算は大幅に削減された。中には25％減給された里親もおり，2011年1月の記事では，全国で1000人の里親が給与を削減されこの仕事を辞めたと報じられた[23]。

　元国家児童保護局長で，現在は全国行方不明児・性的搾取被害児センター所長を務めるガブリエラ・コーマンは，経済情勢が早急に改善しなければ児童保護の現状は大幅に悪化すると懸念している。多数の里親が職を辞したのみならず，政府の雇用凍結により新たな里親の募集・養成が不可能になったと，彼女は2011年1月に指摘している。

　私たちの立場から見て重要な問題は，ルーマニアのように経済的苦境に置かれた国で，給与報酬に基づく里親制度が持続可能かどうかである。これに代わる選択肢は，米国や他の多くの諸国で採用されている補助金制度だ。多くの人が同意するように，当然ながら米国でも児童保護の予算は不足している。遺棄された子どもや被虐待児が有権者として力を持つことは決してない以上，どん

98

な制度を採用しても資金難に直面するだろう。

　BEIP から得られる教訓は，里親養育は施設養育より優れている（私たちはこの説の正しさを信じているが）という点のみに終わらない。むしろ真の教訓は，里親による子どもへの情緒的な働きかけを重視した質の高い子ども中心型の里親養育のほうが，個別に関わらない施設養育より優れているということだ。BEIP のソーシャルワーカーから，ブカレストの児童保護制度は依然として子どものニーズではなく，官僚的手続きを重視して運営されているとの報告を受けており，私たちは心を痛めている。むろん，こうした状況はルーマニアのみに見られるものではないが，現状を変えるにはやるべきことが山積している。

Developmental Hazards of
Institutionalization

第6章

施設養育に伴う
発達上の有害性（ハザード）

> 教育関係者・児童心理学関係者の間では，出生後ずっと施設で暮
> らしている子どもは，家庭環境で成長する子どもと比べて異なる
> 自己像を提示し，さまざまな面で後者の子どもと異なることが知
> られている。
>
> **アンナ・フロイト，ドロシー・バーリンガム（1944）**

　2010年には，世界中で800万人もの子どもが何らかの形で施設養育を受け
ていた。施設に入所する理由は，国や背景状況によりさまざまである。社会的，
宗教的な圧力（予期せぬ妊娠や，中絶に対する宗教的制限など）から出生時に遺
棄される子どももいれば，貧困やネグレクト（身体的・性的虐待を含む）に苦し
む子どももいる。それ以上に多数の子どもが，戦争や病気のせいで孤児になっ
ている。ほとんどの国に児童施設は存在するが，当然ながら，極端な貧困地域
や，戦争またはHIVなどの疾患の蔓延を経験した地域では施設がより一般的
である。

　米国と英国には，定型発達の乳幼児向けの施設はほとんど存在しない。20世
紀初めに両国の心理学者が，施設養育という選択肢に対する社会の姿勢を変え
る2つの問題を発見したのだ。1つ目は，20世紀前半に影響力を強めた，人格
障害の理解に対する精神分析学的アプローチに関連する問題だった。このアプ
ローチに伴い，乳児期以降の社会的発達の基盤として乳児期の母子間の相互作

100

用が重視されるようになった。20世紀半ばには，英国の児童精神科医・精神分析家のジョン・ボウルビィが，早期の母性剥奪は精神病理の発現に重大な影響を及ぼすという説得力ある主張を展開した。ボウルビィは「44人の未成年窃盗犯」と題した論文で，素行不良のため施設に入れられた子どもたちの事例研究を紹介した。彼は，子どもたちの人生初期における苦境を指摘し，（早期の遺棄または母親のネグレクトによる）母性剥奪を強調した。そして，早期の母親との離別体験により，以降の人格発達が損なわれたと結論づけた[2]。

　同じ頃米国でも，児童精神分析家のウィリアム・ゴールドファーブが，施設で育った子どもたちの行動に関する一連の論文を発表し，母性剥奪に起因するとされる非定型的な社会的発達・人格発達上の問題を描写した[3]。第二次大戦中にアンナ・フロイトは，ホロコーストから救出され英国で暮らす幼い孤児たちの社会的行動を観察した。非定型的な社会行動に関するフロイトの観察結果から，たとえ適切な物理的ケアや仲間との相互作用が存在しても，人生早期の母親との離別が社会的人格の発達に悪影響を与えるという，精神分析家の間で高まりつつあった意見が確認された[4]。

　アンナ・フロイトの観察から時を経ずして，米国の精神分析家ルネ・スピッツが，長期入院が乳児に与える影響を記述した研究を発表した。彼は，遺棄や日常的な入院が乳幼児に及ぼす悪影響を示す，衝撃的な映像と行動面の証拠を提示した。彼は，母親と接触せず長期的に病院や他の施設に入れられた乳児に対する，刺激不足や社会的な相互作用の欠如が与える影響を表現するため「ホスピタリズム」という言葉を考案した[5]。

　多数の子どもが親を失ったり遺棄されたりした第二次大戦を受けて，世界保健機構は，子どもの施設養育が精神保健に与える影響に関し，ジョン・ボウルビィに報告書の作成を委託した。ボウルビィの報告書は，施設養育，とくに母性剥奪が子どもの社会的発達と精神保健に与える悪影響を強調したものだった。この報告書が，とくに米英両国の社会政策・精神保健政策に影響を及ぼした[6]。

　20世紀半ばに心理学者が発見した2つ目の問題は，施設養育が認知・運動発達に与える重大な影響だった。子どもを研究する心理学者は，環境の中のどの

第6章　施設養育に伴う発達上の有害性（ハザード）　｜　101

ような特徴が人生早期の学習を形作るのか，逆に言えば，基本的な刺激パターンを与えられなかった乳幼児はどんなアウトカムを示すのかに関心を抱いた。いくつかの報告書から，施設で育った子どもは運動・認知の発達が遅れると示唆された。米国のある研究では，乳児を施設から出し，知的障害がある女性が暮らす家庭に移した結果，運動・認知スキルが劇的に改善した。これは疑いなく，乳児が新たな養育者から受けた関心がそれまでより高かったため（「経験の充実」）である[7]。皮肉にも，孤児であることを理由に施設に預けられた子どもたちは，米国の大学の家政科で「実習対象」として扱われた。コーネル大学などの大学が赤ん坊をキャンパスに連れ帰り，学生に世話の仕方を学ばせていた[8]。小説 *The Irresistible Henry Home*（日本未訳）のモデルともなったこの実習は，1960年代初めに中止された。

　しかし20世紀後半に，今度は神経科学分野で第三の領域の重要性が浮上した。脳神経学者らは，経験が脳機能と脳の発達に与える影響を調べる中で，第1章で触れた経験予期型の変化と経験依存型の変化を区別した[9]。

　経験予期型の変化は，特定の種のすべての構成員に共通する一定の体験（パターン[模様]のある光，複雑な音声，一貫性ある養育）を「予期」する結果として生じる。1960年代の心理学者は，前庭刺激，運動感覚刺激，触覚刺激，偶発的な社会的相互作用をはじめ，乳幼児の定型的な学習に重要と思われる種類の刺激や経験を列挙した（偶発的な社会的相互作用は「サーブとリターン」とみなすことができる。すなわち，親と乳児が互いに関わる際に生じる，十分に協調された発話交代である[10]）。施設の乳幼児は，こうした経験予期型の刺激が欠如した環境で成長するため，生後数年間の脳発達の基盤が脆弱になる可能性がある。

　施設養育という文脈では，経験依存型の変化も重要である。たとえば一部の研究者は，社会的に剝奪された環境では，子どもがその気になればどこでも対人的な接触を求められるため，無差別な社会的行動が実は適応的なのかもしれない，と推測している。にもかかわらず，施設養育中に高いレベルで無差別的行動をとる子どもは，2〜4年後に精神障害のリスクが増加するという明確な根拠が存在する[11]。

したがって，施設養育が乳幼児の身体的，社会的，知的，精神的健康に及ぼす深刻な影響を示すさまざまな研究の結果，重要な科学的課題や政策的課題が提起された。乳幼児の定型発達には，どのような要因，どのような種類の刺激や環境が必要なのか？　遺棄とネグレクトを受けた乳幼児の養育という条件下で，その要因をどんな形で満たせるか？　どれくらい早い段階で，またどれくらいの期間，こうした要因や環境を提供する必要があるのか？　施設という環境下で変化を起こせるか，それとも子どもの心身の健康のため施設環境から完全に引き離す必要があるか？　これらの課題がBEIPで実施する研究の背景をなし，多くの課題に関し今も議論が続いている。本章では，施設養育の影響に関する研究を検討していく。

施設における児童養育の背景

　孤児院の歴史的な推移やそこで育った子どもたちの発達状況から，施設養育には希望が持てないと考えられてきた。[12]実際，とくに第二次大戦後に数多く登場したこの種の報告を受けて，英米両国の児童保護運動によりほぼすべての状況で乳幼児の施設養育が廃止されたことは，驚くに当たらない。1962年にサリー・プロヴィンスとローズ・リプトンが米国の施設の様子を描写し，子どもたちがほぼずっと保育室で過ごし，一日の大半をベッドで過ごし，人との接触はおむつ換えや食事などの最低限の目的に限られることを記録した。同じ年齢の子どもが一カ所に集められ，過剰な仕事を割り振られた保育者が，遊びや社会的な関わりなどほとんどなく子どもたちに着替えや入浴をさせた。食事といっても，ミルクを入れた哺乳瓶をくわえさせるのみで，年齢が大きくなるとそれに離乳食が加わった。時には年齢が似通った20人もの子どもが同室に入れられたが，互いの関わりはほとんどなく，施設外で過ごすことも滅多になかった。[13]

　スタッフ不足と高い離職率から，乳児が保育者に抱かれたり有意義な相互作

第6章　施設養育に伴う発達上の有害性（ハザード）　　103

用を体験する機会はほとんど存在しなかった。[14] 1人の子どもが，朝昼夜のシフトで勤務する最大30人のスタッフに養育される場合もあった。[15] プロヴィンスとリプトンは，乳児の数の多さにもかかわらず保育室が不気味に静かな点に気づいた。おそらく泣いても誰もあやしてくれないせいで，子どもたちは嫌なことがあっても泣かなくなっていた。聴覚刺激に対しても，その刺激に何の意味もないという理由で反応を示さない子どももいた。[16] 赤ん坊にとって，食事やおむつ換え，保育者による抱き上げは偶発的に起きる事象であり，主体的にそうした相互作用を引き出せるものではなかった。[17]

　では子どもたちの認知的，言語的，社会情緒的な発達には正確にどんな影響が生じたのか？　乳幼児は，刺激を受け応答性ある養育者と相互に関わり合える環境で育てられるものと想定されている。この基本的な想定に反する場合，いったい何が起こるのだろう。

頭囲，身長，体重

　最初に，施設養育が身体的成長に与える影響を検討する。イギリス・ルーマニア養子（ERA）研究で，早期施設養育による剥奪と発育不全の相関関係が詳細に検討されている。[18] 初期には劇的な影響が見られ，英国に入国した時点で，ルーマニア人の養子の多くは頭囲（脳の大きさと密接に関連する測定値）が発達標準値を標準偏差で3以上下回っていた。剥奪期間が最も長かった子どもに，最も強い影響が見られた。子ども時代の初期から思春期までの間に，とくに最も影響が深刻だった層を中心にこうした発達の遅れは急激に取り戻された。11歳時点で，剥奪期間が6カ月未満のグループでは頭囲がほぼ正常に回復したが，剥奪期間がより長いグループでは，やはり発達標準値を大幅に下回った。施設養育時の体重を指標として，低栄養の影響も調査された。英国の成長面の標準値を標準偏差で1.5以上下回った場合，低栄養と定義された。施設養育を受けた多くの子ども（全員ではないが）が，この値を下回った。[19]

認知の発達

　過去に多くの論文で，施設養育が子どもの認知発達に与える影響が記録されてきた。これらの報告は，施設で暮らす子どもを調査したもの，施設の子どもと，国内で養子に出されるか実親家族のもとに戻された子どもを比較したもの，施設から海外に養子に出された子どもを追跡調査したものに分けられる。これら3種類の研究75件を検討したあるメタ分析的な評価によると，施設で育てられた子どもは，同年齢の定型発達児と比べ一貫してIQ（知能指数）スコアが低いことが判明している。[20] また同じように施設で暮らす子どもでも，4歳以前に検査を受けた子どもは，4歳の誕生日以降に検査を受けた子どもと比べて結果があまりよくなかった。施設に入所した年齢が，子どものIQに重要な役割を果たした。生後12カ月以前に施設に入った子どもは，それ以降に入所した子どもより検査結果が低かった。施設での滞在期間の長さによる有意な影響は認められなかった。施設間の保育者と子どもの人数比の違いと，IQの効果量の違いの間にも有意な相関は見られなかった。保育者と子どもの比率が最も理想的な場合（最大1：3）と1：10であった場合でさえ，有意差は生じなかった。[21]

　したがって，施設養育はIQに明確な影響を持つが，施設入所年齢を除き，この影響をもたらす理由はメタ分析では判明しなかった。こうした結果は1つには，75件の研究間で養育環境に大きなばらつきがあったこと，および施設に入所した理由に違いがあったことに起因する。しかしこの分析から，施設養育が乳幼児のIQに及ぼす影響に関する私たちの知識不足が指摘される。次のセクションでは，上述した3種類の研究を評価し，BEIP研究で解決された私たちの知識不足を浮き彫りにしていく。

施設で暮らす子どものIQ

　50年以上前，ウェイン・デニスとパーグルヒ・ナジャリアンが，養育院
（または孤児院）に暮らすレバノン人の子ども49人のIQが地域社会のサンプル
と比べ有意に低いことを記述した。この知見パターンは，他の研究者によって
何度も報告された[22]。

　比較的最近では，チャウシェスク政権崩壊直後に，ルーマニアの施設で暮ら
す乳幼児を対象にした研究が実施された。ブカレスト北西部ティミショアラの
leaganに暮らす子ども25人を対象に，調査が行われた。知能検査の結果，孤
児院の子どもには深刻な遅れが見られ年齢相応水準の知能を示す子どもは皆無
だった。25人中20人は，機能水準が同年齢の子どもの半分未満だった。この
論文の著者らは多くの標準化された発達指標を用いて，アプガー指数（出生直
後に評価する全般的な健康状態の推定値）とベイリースコア（ベイリー乳幼児発達
検査は，年齢基準を持つ標準化された発達検査）の間の相関性はなく，施設滞在
期間とベイリースコアの間にも相関性はないことを報告した[23]。これらの知見は，
施設滞在期間とIQの相関性の欠如を示す，前述のメタ分析の結果とも一致す
る。

　2010年以降の別の研究では，ウクライナの施設に暮らす子どもが調査され
た[24]。著者らは，施設に暮らすHIV感染児と，同じく施設に暮らす非感染児，
家族と暮らすHIV感染児，家族と暮らす定型発達児の認知の発達を比較した。
このデータから，HIV感染以上に施設養育がIQの深刻な低下に影響を与える
ことが示唆された。施設に暮らすHIV感染児・非感染児のIQがともに60～
70（重篤な遅れ［severe retardation］）であった一方，家族と暮らすHIV感染児
のIQは平均79と，施設に暮らす非感染児の平均的なIQ69を上回った[25]。

　施設養育児を対象とした多くの研究は，子どもたちがまだ施設にいる間に介
入を試みている。2005年にルーマニアで実施されたこの種の研究の1つでは，
ヤシのleaganで1991～92年，1993～94年と2回にわたり介入研究が実施さ
れた。両研究の結果から，介入が社会的行動とIQに有意な影響を与えること

が示された。介入によってIQの低下が遅れるように見えたが，定型発達を示す地域社会の対照群と比べIQを大幅に向上させる効果は見られなかった。[26]

2008年にはサンクトペテルブルク―米国孤児院研究チームが，ロシアの施設に暮らす子どものIQを調査した。彼らの大半は，特別なニーズを持つ子どもたちだった。研究者らは，2種類の介入を実施した。最初の介入には，小児期早期のさまざまな側面に関するスタッフへの教育研修，応答性と思いやりのある，温かく敏感で発達的に適切な相互作用の重視などを盛り込んだ。二番目の介入ではスタッフへの研修と並行して，集団の規模を約12人から6人に減らす，主要な養育者が毎日付き添えるよう各集団に2人の養育者を配置する，子どもたちの新しい棟への移動や新しい保育者らへの変更を減らす，養育者が子どもと一緒に過ごす時間を設けるなど，養育環境への構造的な変化を実施した。また，一切変化を加えない第三の施設での子どもたちの観察も実施した。したがって施設のスタッフは，研修のみ，研修プラス構造的な変化，介入なしのいずれか1つを体験した。著者らは，研修のみの群や介入なしの群と比べ，研修プラス構造的な変化を体験した群は，IQに有意かつ顕著な改善が見られることを発見した。物理的な環境を変更し，その環境の中で保育者に研修を行うことが，施設養育児のIQにプラスの影響を与えた。しかしここでも，最も集中的な介入を実施した群のIQは，地域社会の対照群のIQに及ばなかった。一般的に，施設の環境が変化すればIQに一定のプラスの影響が生じるが，施設に入所した年齢，施設滞在期間などの複数の要因が十分に調査されていない。

国内で養子縁組または家族再統合された施設養育児のIQ

出生国内で養子縁組をしたか（いわゆる国内養子縁組），または実親家族と再統合された施設養育児を対象とした研究では，IQに関する結果にばらつきが見られる。バーバラ・ティザードは，両者いずれかに委託された英国の施設養育児の追跡調査を行い，彼らを，施設に残った子どもや地域社会のサンプルと比較した。[27]

4歳時点で，研究に参加した子ども65人中24人が養子に出され，15人が実

の母親のもとに戻されていた。[28]低年齢で養子に出された子どもは，実の母親の
もとに再統合された同年齢の子どもと比べ，ウェクスラー知能検査（WPPSI,
第7章参照）の点数が標準偏差で1程度（15点）高かった。こうした差異はある
ものの，両者の点数は平均範囲内で，この子どもたちに重度の認知機能障害は
ないと示唆された。[29]8歳の時点では，4.5歳までに養子に出された子どもは，知
能指数と読解力いずれでも，それ以降に養子縁組された子どもの平均値を大き
く上回った。[30]16歳で再調査した際にも，このパターンが持続した。[31]知能が標準
的であることからも証明されるように（4歳以前に養子縁組した子どもの16歳時
点での平均知能指数：114，4歳以降に養子縁組した子どもの16歳時点での平均知能
指数：102），施設養育は，初期のいくつかの研究で記述されたほど長期的な悪
影響を与えてはいなかった。[32]しかし注目すべき点として，これらの施設環境は
BEIPで対象としたルーマニアの施設と比べ，保育集団の規模が小さく，子ど
もと保育者の比率がより適切で，物質的に恵まれていた。

　その上，委託の違いに伴い知能指数の上昇幅にも違いが見られた。上昇幅が
最も大きいのは2〜4.5歳で養父母に引き取られた子どもで，その後12年間他
のグループとの差が維持された。ただし，子どもたちは無作為に養子縁組また
は家族再統合に割り付けられたわけではない点に留意する必要があり，この文
脈を踏まえて結果を解釈する必要がある。これらの知見は，上述したメタ分析
の結論とやや食い違うものだ。これは疑いなく，子どもたちの背景状況や施設
環境の質を反映したものである。

　生後1〜1.5年を施設で過ごしたのち，養子縁組をした子ども62人を対象と
したギリシャの研究では，さほど好ましい影響が見られなかった。[33]4歳時点で
子どもたちを追跡調査し，定型発達を示す同年齢の対照群と比較した。その結
果，養子に出された子どもは対照群と比べ，知能指数が低いことが示された
（養子縁組群の平均値：100，対照群の平均値：110）。養子縁組をした子どもの知
能指数と，彼らの乳児期の知能指数に相関性がある点は興味深く，過去に施設
で暮らした子どもは年齢が上がると知能指数の遅れが解消されるというティ
ザードの知見と異なり，この研究に参加した子どもは，認知面の成長で「追い

つく」時間が足りなかったことが示唆される。

国際養子縁組をした施設養育児のIQ

国際養子縁組は，主に欧米の養父母が幼い子どもを養子に迎えるための主要な手段である。しかし，国際養子縁組をめぐっては異論も多く，インターネットでは人身売買の報道があふれている。当然ながら，孤児に永続的な委託先を見つけるための手段としての国際養子縁組には，政治が大きな影響を与える。たとえば10年前は，2万人以上の子どもが米国家庭に国際養子縁組されたが，2012年にはこの数字が1万人に減少した。

過去20年間に，多くの研究チームが国際養子縁組の増大を利用してきた。[34] 国際養子縁組をした子どもを対象とするほぼすべての研究で，養親家庭に迎えられた時点で子どもたちは知能指数に問題を示すことが判明している。しかし大部分の研究では，子どもたちの知能指数が回復することも確認されている。ある研究は，中国から養子になった少女とオランダで里親養育家庭から養子になった子どもを比較した。[35] 研究者らは，中国人の子どもは当初は知能指数が大幅に劣っていたが，時とともに里親養育出身の子どもたちに追いついたことを確認した。実際，これらの研究レビューにおいてマリナス・ヴァン・アイゼンドーンとフェミー・ジュファーは，家庭に委託された子どもは施設に残った子どもと比べ，知能指数に改善が見られることを発見した。[36]

チャウシェスク政権後のルーマニアでは，エリノア・エイメスらとマイケル・ラターらによる2件の縦断的研究で，施設から養子に引き取られた後の子どもたちを追跡調査した。エイメスの研究は，8カ月以上施設で養育された子ども46人，カナダで生まれ施設養育も養子縁組も未経験の子ども46人，ルーマニアから早い段階（生後4カ月以前）で養子に引き取られた子ども29人の3群で構成された。養子縁組の時点で，生後4カ月以上の子ども全員に発達の遅れが見られた。追跡調査（養子縁組の3年後）の時点で，この子どもたちは他の2群と比べ相変わらずIQが大幅に低かった。最もIQが低かったのは2歳以降に施設から養子に引き取られた子どもたちで（平均スコア69），うち56%は

第6章　施設養育に伴う発達上の有害性（ハザード）　109

年齢相応の就学準備が整っていないように見えた。生後4カ月以前に施設から養子に出された子どもの場合，就学準備ができていない割合は17％だった。養子縁組の時期が遅い子どもは，施設養育の期間が長いほどIQスコアが低かった[37]。これらの結果は，1990年代のルーマニアにおける施設環境のきわめて有害な影響，および早期養子縁組の重要性を語るものだ。

　ERAでも同様のパターンの知見が報告されている。この研究では，生後42カ月以前に英国家庭に養子に出されたルーマニアの施設養育児について検討し，11歳まで追跡調査を実施した[38]。英国生まれで生後6カ月以前に養子縁組された子どもを比較群としたところ，ルーマニア人の養子は英国に入国した時点で認知発達に大幅な遅れがあることが判明した。4歳の時点で追跡調査を実施した結果，生後6カ月以前に養子縁組したルーマニア人の子どもは認知スコアが大幅に上昇したが，生後6カ月以降に養子縁組した子どもは認知発達にいまだに遅れが見られた[39]。6歳になるまでに，生後6カ月以前に養子に出された比較群は，認知スコアで地域社会群との差が消滅し，これら両群の認知スコアは，生後6カ月以後に養子縁組をした子どもより大幅に高かった。11歳時点でも同様の結果が見られたが，養子縁組の時期が遅かった子どものみ，6〜11歳の間に認知スコアが大幅に上昇し，後半で追いついた可能性が示唆された[40]。

　これらの印象的な研究は，早期施設養育が認知に与える影響に関し多くの貴重なデータを提供した。エイメスとERAの研究を解釈する際の課題は，養子に出される子どもの選定におけるバイアスの可能性，および子どもたちの早期体験の質に関する詳細情報の不足である。言い換えると，幸運にも養子になった子どもは，より健康だった，外見に恵まれていた，社交的だったなど，施設に残った子どもとどこか違いがあった可能性がある。たとえば前述のティザードの研究では，赤毛の子どもはそうでない子どもと比べ，養子に引き取られる可能性が低かった[41]。

　要約すると，ルーマニアの施設で見られたような深刻な心理社会的剥奪がある環境は，乳幼児のIQの発達に重大な影響を与えた。データから，こうした環境へのきわめて早期の限定的な曝露は長期的な影響を生まないが，生後6カ

110

月以降も曝露が続いた場合，長期的に知能低下を招くと示唆される。複数の研究間のばらつきは，各国の施設の養育環境の種類や，子どもたちの施設養育年齢・滞在期間に起因すると思われる。

実行機能

IQは一般的知能の指標とされるが，心理学者によれば，IQは問題解決，さらには日常機能で重要な認知過程の特異性を示すものではない。別の言い方をすれば，IQは実は，異なる認知過程の融合を反映している。一方で，抑制コントロールや作業記憶，注意の転換を含む実行機能過程は，適応機能を構成する要素であることが立証されている。[42]

セス・ポラックらは，ケンブリッジ自動神経心理学的検査バッテリー（CANTAB，コンピュータを利用した神経心理学的検査）およびNEPSY（Neuropsychological Assessment：神経心理学的アセスメント）発達神経心理学アセスメントという定評ある2つの検査を用いて，施設養育を経験した子どもの記憶，注意力，実行機能を評価した。長期間施設で暮らした経験を持ち，8〜10歳で国際養子縁組された子どもは，早期に養子縁組された対照群や非養子対照群と比べ，記憶・視覚的注意・学習の検査成績が低かった。施設で過ごした期間が長いほど，抑制コントロール・視覚的注意・視覚的記憶／学習に関する検査の成績が悪かった。これらの結果は，早期剥奪に特異的な神経発達面の後遺症のいくつかを明確にし，長期に及ぶ早期施設養育を経験した子どもは，問題解決・複雑な社会的認知に関連する重要な認知過程に障害パターンを示すという仮説を裏づけるものだ。[43]

早期剥奪と実行機能と社会的認知の関連性をさらに検討するため，ラターらは，ERAのサンプルを対象に，施設での剥奪，実行機能，心の理論の三者のつながりを検討した。[44]ルーマニア人の養子は実行機能と心の理論に障害を示し，6カ月以上施設で剥奪を経験した子どもにその影響が最も強く表れた。施設養

第6章　施設養育に伴う発達上の有害性（ハザード）　　111

育症候群（institutional syndrome）という仮説を裏づける手がかりとして，実行機能，心の理論の両分野における障害は，疑似自閉症，脱抑制されたアタッチメント，不注意／多動を伴った。

　要約すると，実行機能を含め，施設で養育された子どもに特異的な認知プロセスを調査したいくつかの研究から，これらのサンプルの障害が判明した。この種の障害は，日常機能や，基本的な注意プロセスはもちろんのこと，心の理論のような社会的な認知過程の発達に深刻な影響をもたらす。

言語発達

　施設で暮らす子どもと施設から養子に引き取られた子ども双方に，言語発達の障害が確認された[45]。施設で養育された乳児は，実親の家庭で育てられた子どもと比べ，生後2～4カ月の時点で発声が少なく，発声の種類も限られる[46]。この早期における言語スキルの違いに寄与する要因として，養育者との関わりの不足，養育者による模倣の不足，成熟した言語に触れる経験の減少が挙げられた。最初の3年間施設で過ごした里子は，里親家庭で育てられた子どもと比べ話し言葉に問題が多く見られた[47]。

　言語は，相互作用の手段であると同時に，基本的認知スキルの発達を支える手段として重要であるため，この分野の遅れや障害はとくに目立つ[48]。言語は，子どもの自己調整スキルの発達にも重要な要因である。子どもは，刺激と随伴性を特徴とする環境の中で言語能力を発達させる[49]。したがって，東欧から米国に養子に引き取られた子どもを対象とする複数の研究で，話し言葉・言語の遅れが主要な障害の1つであるのは驚くに当たらない[50]。ターンテイキングなどの言語スキルの基盤は，子どもが最初の言葉をしゃべるはるか以前に発達する。養育者側の随伴的な応答性は，このプロセスに不可欠な要素である。子どもが発声し養育者が反応した時，子どもは言語体験におけるパートナーになる。施設環境では，保育者が部屋いっぱいの子どもたちを着替えさせる作業に追われ

るため，一人ひとりの子どものコミュニケーションへの試みに応じる時間を確保できない。その結果，子どもはついにコミュニケーションをとるのを止めてしまう。[51] 施設で暮らす子どもや施設養育経験がある子どもは一般に，話し言葉・言語スキルに問題があることが示されている。理解スキル以上に表出スキルの問題が深刻だが，いずれにせよ遅れが見られる。一部の研究では，言語遅延の割合が70％近く（またはそれ以上）に達し，子どもたちが就学前に里親養育に委託された後も，この比率が持続した。[52]

　意外にも，施設で養育された子どもの言葉を正式に調査した研究は，近年さほど多く見受けられない。その1つの理由として，国際養子縁組した子どもは新たな養親家庭の言語を学び，彼らの認知能力は言語スキルと密接な関連性を持つことが挙げられる。また乳幼児の言語学習，したがって養子縁組先の新しい言語を学習する能力には，大きな可塑性があると思われる。とはいえ，言語を司る脳内部位や電気回路は，認知と密接に関与するため，言語にも，早期の剥奪体験が認知に及ぼすのとまったく同じ影響が表れている可能性がある。

アタッチメント，社会的／情緒的発達

　施設養育経験がある子どもを対象としたすべての研究領域の中で，最も深刻な障害が見られたのは社会的，情緒的行動である。この種の障害は，アタッチメント関係にひときわ顕著に見られる。その理由はおそらく，人生早期を通じて施設内では人間的な社会的相互作用が大幅に不足し，定型的な社会行動に関連する脳内部位に適切な接続性を確立するには，そうしたインプットが必要だからだと考えられる。

　人間の乳児は，繊細で応答性ある養育や随伴的で人間的な社会的相互作用の利用可能性を含む——あるいは，少なくともこれらを含むはずの——経験予期型の環境の中に生まれてくる。したがって施設という環境は，適応的な社会的発達に十分な体験をできるかという点で深刻な問題を提起する。生後最初の1

第6章　施設養育に伴う発達上の有害性（ハザード）　｜　113

年にわたって，大半の乳児は典型的な経験予期型の社会的文脈にさらされ，自分を育て，愛情あふれる保護的で相互的な環境を提供してくれる多くの大人と関係性を構築する。乳幼児と養育者の間にアタッチメント関係を確立するには，子どもがその養育者に対し選択的に慰めや支援，配慮を求めることを学習できるよう，両者間に十分な持続的相互作用が必要となる。施設ではこの機会が限られるため，施設環境で育った子どもはアタッチメントを形成できないと想定される。施設養育児を扱った多くの研究で，アタッチメント関係・社会的関係をめぐる多くのテーマが繰り返し登場している。このテーマには，養父母と深く親密な関係を築けない，大人と無差別に関わりを持つなどが含まれる。こうしたパターンは，子どもたちが施設に暮らす間だけでなく，施設を出た後——時には安定した家庭環境で養父母と何年も暮らした後でさえ——にも観察される。

　施設養育児を対象とした初期の研究では，外在化行動（大人との不適切な接触・関わりなど）と内在化行動（社会的引きこもり，不安など）という2つの異なる面を中心に社会的行動が報告された。一部の報告では，深刻な母性剥奪を経験した子どもは，温かな家庭環境に養子として引き取られた後も，深く親密な関係を形成できないことが指摘された。

　養育者と乳児のアタッチメントの質は，養育者との離別や再会に子どもがどのような反応を示すかを通じて測定される。研究では一般にストレンジ・シチュエーション法（第10章参照）を使用し，乳児と養育者に一連の離別と再会の場面を体験させる。子どもたちは，養育者との体験に応じて，離別と再会に対し異なる反応を組織化する。組織化された安定した反応には，再会時に養育者との近接を求め，離別後は養育者の慰めを受けるなどが含まれる。組織化された不安定な反応では，再会時に養育者を避けるか，養育者への怒りや苦痛を示し，容易になだめられない。加えて，離別と再会に対し，いわゆる未組織な反応を示す場合もある。一般にこれは，アタッチメント方略（近接希求について）の崩壊，無目的または見当違いな動作，凍りつき，目的なく歩き回る等を伴う。一般にほとんどの乳児は，安定または不安定な，組織化されたアタッチ

メントを形成する点に留意する必要がある。未組織なアタッチメントは，極端な心理社会的剥奪を経験した乳児を含んだ，逆境を経験した乳児の集団に見られる場合が多い。

ゴールドファーブとプロヴィンス，およびリプトンによる初期の研究では，施設で暮らす子どもの養育者に対する薄い情緒反応のパターンを，不安，引きこもり，「過度のなれなれしさ」と記載している[53]。ティザードとリースの研究では，継続的に施設で暮らす26人の子どもの多くに深刻な障害されたアタッチメントが見られることを確認した。うち10人は「過度になれなれしい」，すなわち見知らぬ大人にもよく知っている大人に対する場合と同じように接近すると評された。見知らぬ大人の前で遠慮した証拠はなく，見知らぬ人のそばを離れる際に抵抗を示す場合もあった。彼らは注意を引くような態度を示し，無差別に慰めを求めた。大人なら誰でもよいという点で，こうした子どもたちの他者へのアタッチメントは表面的に思われた[54]。

パニオッタ・ボリアらは，ギリシャの施設で育った乳児を対象とするサンプルで，乳幼児の大多数（65%）が養育者に対し「未組織」なアタッチメントを示したと報告した[55]。ジュファーらは，標準化された手法を用いてオランダに暮らす国際養子の乳児期のアタッチメントを評価した。ほとんどの乳児（74%）は，生後12カ月で安定したアタッチメントを示したが，22%は未組織だった。このサンプルには，アタッチメント分類に関し標準的集団からの逸脱はなかった。早期に養子縁組をしたこの子どもたち（入国時の平均年齢は生後11週）は，比較的恵まれた境遇に置かれていた。スリランカ人の子どもたちは，養子縁組するまで実の母親に育てられていた。韓国人とコロンビア人の子どもたちは，欧米の団体が支援する児童ホームで暮らしていた[56]。

3件の研究で，ルーマニアの施設から養子に引き取られた就学前児童のアタッチメントパターンが検討された。3件すべてで，一般に見られない分類を示す比率が高いことが確認されている。シャロン・マルコビッチらは，（カナダ生まれの施設養育経験のない比較群では42%であったのに対し）ルーマニアから養子縁組した幼い子どものうち安定したアタッチメントを示したのはわずか

第6章　施設養育に伴う発達上の有害性（ハザード）　　115

30％で，42％が不安定／統制であること（比較群では10％）を確認した。キ
ム・チスホルムは，ルーマニア人養子（63％）はカナダ生まれの比較群
（42％）と比べ，不安定アタッチメントが多く見られると報告した。加えて，
ルーマニア人養子の21％以上が非定型不安定型のパターンを示したのに対し，
カナダ人の子どもにこの分類は皆無だった。最後にトーマス・オコナーらが，
ルーマニアの施設から英国に養子に引き取られた後，6歳の時点で，51％の子
どもが不安定／統制または不安定／その他に分類された一方，英国内で養子縁
組した子ども（施設養育経験なし）では同じ割合が17％に過ぎないことを確認
した。加えて，ルーマニアの施設から養子縁組した子どもの36％が，離別・
再会時に極端な情緒的な熱烈さ，神経質な興奮状態，悪ふざけ，恥ずかしげな
様子，過度な陽気さなど，より幼い子どもに見られがちな非標準的な態度を示
した。英国内で養子縁組した子どもでは，同様の態度を見せた者は13％に過
ぎなかった。[57]

精神病理

　養育者とのアタッチメント関係の発達に関する研究と同様，施設養育を経験
した子どもの精神病理に関する研究でも類似した障害が確認された。最も一貫
して得られた知見は，不注意／多動に関するものだ。[58]ウィリアム・ゴールド
ファーブは，施設養育後に生後36カ月前後で里親養育に移された子どもは，
攻撃性，多動，破壊性などの外在化行動を示す可能性が高いことを初めて示唆
した。また，こうした子どもたちは，他者の感情や欲求を理解し，アタッチメ
ントを形成するのにも困難を示す場合が多かった。生後3年間を施設で過ごし
た子どもは，食事・睡眠の問題から攻撃的行動や多動，注目を求める行動を特
徴とする極端な大人への依存を含む一貫して高い水準の問題行動を示した。[59]
　マイケル・ラターと彼の研究チーム（イギリス・ルーマニア養子［ERA］研究
グループ）もまた，調査対象の子どもに注意力・多動に関する問題を見いだし

た。とくに，生後6カ月以降に英国に養子として引き取られた子どもは，不注意・多動，認知機能障害，無差別ななれなれしさ，低い知能指数，疑似自閉症的な行動を含む，ラターが施設剥奪症候群と名づけた問題を示した。ERAの調査対象である子どもたちの記述から，落ち着きのなさ，多動，集中困難など，長期的影響に伴うかなり持続した行動パターンであることが示される問題の報告が認められる[60]。ラターは，この一連の行動は他の環境では見受けられず，早期の心理社会的剥奪の結果と思われると主張する。たとえばラターは，施設養育の経験がある子どもの多動パターンや集中困難が，選択的なアタッチメントの確立と維持の困難性と関連を持つことを示している[61]。この施設症候群もやはり，ゴールドファーブが何年も前に記述した一連の行動とある程度類似している。ゴールドファーブは，生後3年間を施設で過ごした子どもは6歳の時点で，里親養育のみで育てられた子どもと比べ，（子どもたちが慣れ親しんだソーシャルワーカーの証言に基づくと）多動，不安，集中困難の問題を多く示すと報告した[62]。同様にローリーは，とくに施設で過ごした子どもが「寄宿学校」や里親家庭に移された際の多動パターンを指摘した。ティザードとリースは，養子縁組をした子どもは，施設に残った子どもや家族と再統合された子どもと比べ，注意散漫さや落ち着きのなさがあまり見られないと報告した[63]。

　注意力の問題や多動，およびこれらに関連した無差別な社会的行動とは別に，ラターは，施設養育症候群の1つとして自閉症様の行動を報告した。ラターらは，ERAサンプルの6％が自閉症の診断基準を満たし，それ以外に6％が，多くは単独の症状ながら軽度の自閉症の特徴を示すことに気づいた。ほとんどの子どもが出生時または出生直後に施設に預けられたことや，自閉症症状が見られる子どもの割合を考えると，これは委託に対するバイアスの反映ではなく，むしろ施設養育という体験が，本質的に自閉症に似た現象をもたらしたと思われる。興味深いことに，6歳時点での再評価では，このサンプルの子どもの大半に大幅な改善が見られ，一部には引き続き異常行動が見られたものの，自閉症の診断基準はもはや満たさなかった。子どもたちが望ましい環境への劇的な反応を示したため，ラターらはこの症候群を「疑似自閉症」と評した。施設養

第6章　施設養育に伴う発達上の有害性（ハザード）　│　117

育児にこの種の臨床像をもたらしうる個々の子どもたちの脆弱性や，養育環境を通じたこれらの症状軽減のプロセスは，いまだ解明されていない。[64]

施設養育児の神経画像所見

　施設養育が行動に影響を与える仕組みを理解する1つのアプローチとして，施設養育を経験した子どもの認知機能と社会的機能の神経学的相関関係を検討できる。BEIPは，施設で暮らす乳幼児の脳機能を評価した初めての研究だった。とはいえBEIP以前および以降のいくつかの研究で，過去に施設養育を経験した子どもの脳の構造・機能が調査されている。このセクションでは，これらを簡単に振り返る。

　近年のいくつかの研究では，脳画像手法を用いて，脳内各部位のグルコース消費（ポジトロン断層撮影，PET画像），脳構造の大きさと統合性（脳構造画像），脳領域を接続する繊維の 統合性と分布（拡散テンソル画像，DTI），認知課題・情緒課題に対する脳の各部位の反応（脳機能画像）を検討している。後三者は，MRIを使用している。

　PETは，放射性同位体で標識したグルコースや酸素などの物質を被験者に注入するX線撮像法である。放射性同位体は脳に吸収され，最も活発な脳領域が最も多くの放射性物質を吸収する。放射能は減衰する際にポジトロンを放出するため，PETスキャナはポジトロン放出源に基づき画像を再構築できる。そのため，正確に脳のどの部位が最も活発に活動しているかを指摘できる。この手法の問題として，血液に注入された放射性物質がその後，さまざまな脳内部位に吸収される点が挙げられる。対照的にMRIは非侵襲的な手法で，磁場と電波パルスを使って体内の原子配列を変更させる。この配列の変化を検出して，体内の構造を描出する画像が作成される（膝や肩のMRI画像を思い浮かべていただきたい）。画期的な手法により，このアプローチで脳内構造を画像化できるようになった。画像化できる構造物には，灰白質（大脳皮質の神経細胞など）と

白質（脳の各部位をつなぐ有髄軸索路）がある。さらに，MRIスキャナに横たわっている間に被験者に課題を実行させれば，脳の各領域への血流量の変化を画像化し，脳活動の機能的変化を調べられる。

これらの試験はいずれも，高額な機器と高度なデータ処理手法が求められ，実施するのが難しい。施設に関する研究の被験者は，得てしてさまざまな国の出身であり（中国，ロシア，ルーマニアなど），人種や性別，施設滞在期間もまちまちである。とはいえ，こうした試験は，構造面または機能面で損なわれた認知行動・社会的行動に関与する仕組みを明らかにする上で参考になる。

早期の施設養育が与える影響を検討した初期の研究の1つとして，ハリー・チュガニらはPETスキャンを用いて，ルーマニアの施設から養子縁組した10人の子どもを調査した。当初の研究では，研究時の平均年齢は8歳，子どもたちのうちほぼ全員が生後18カ月以前に施設に預けられ，養子縁組までに平均38カ月をそこで過ごしていた。この子どもたちを，健康な成人集団および難治性てんかんの10歳児集団と比較した。著者らによると，養子集団は前頭前皮質（眼窩前頭皮質など）および側頭葉（扁桃体など）の特定の領域の代謝が大幅に少ないことが示されたという。これらはもちろん，一般に高次の認知機能，記憶，感情を司る領域である。神経心理学的検査の結果，養子縁組をした子どもたちは，衝動性，注意力，社会性の障害を含む軽度の神経認知機能障害が見られることが判明した。この研究は，施設養育を経験した子どもに関し報告された初の画像データであったため，マスコミの大きな注目を浴びた。衝撃的な知見であった以上，それも無理はない。とはいえ，サンプル規模が小さくきわめて選択的である（誰が施設を出られたか，血中への放射性同位体注入に同意したかの両方の面で）点を踏まえると，この知見を大げさに取り上げるには慎重になる必要がある[65]。

同じ研究グループがこのサンプルの追跡調査を実施し，今度はMRIを使って白質の接続性を調べた[66]。早期剝奪集団は対照群と比べ，鉤状束部分の白質接続性が低いことが判明した。鉤状束は，高次の認知・感情機能を司る脳内領域（扁桃体や前頭葉など）の主要な情報伝達経路となっているため，著者らは，早

第6章　施設養育に伴う発達上の有害性（ハザード）　|　119

期の施設養育により脳内領域間の接続性が大幅に低下すると結論づけた。接続性が低いせいで，これらの脳内領域間の接続を通じて統制される，抑制コントロールや感情調整や他の機能に障害／遅れが生じている可能性がある。

　チュガニらはMRIを用いた三度目の研究で，高感度の神経画像分析手法である，神経束の空間統計学（Tract Based Spatial Statistics：TBSS）を用いて，早期剝奪の経験がある子どもたちの白質の変化をさらに評価した。出生後に施設で暮らしたのち養子縁組をした子ども17人を，養子でない定型発達児15人と比較した。子どもが滞在した施設は，東欧や東南アジアなど広い地域に及んだ。両側鉤状束と上縦束の一部に容積の減少が見られ，施設養育を受けた期間の長さと有意な相関性を持つ白質の無秩序性が認められた。著者らは，これらの知見が，ラターらが施設養育症候群の要素としてかつて記述した，不注意／多動の根底に存在するのではないかと推測している。総合すると，チュガニらの研究から，早期に施設養育を経験した子どもは，高次の認知・感情や感情調整に関与すると考えられる脳内領域に，代謝性，構造性，接続性の問題が見られることが示唆される[67]。

　現在までに3件の研究で，世界各地の施設から養子に引き取られたのち，米国で暮らす子どもたちを対象に，MRIを用いた調査が行われている。P・M・バウアーらは，米国中西部で養親家族と暮らす，施設養育の経験がある子ども31人を対象に脳構造画像検査を実施した。子どもたちは主に，東欧の施設出身だった（12人がルーマニア，12人がロシア，5人が中国，2人が他の欧州諸国出身）。養子縁組時の平均年齢は生後31カ月で，平均年齢11歳の時点で検査を実施した。施設養育を受けた経験がある子どもは，対照群とした定型発達児と比べ，上小脳後葉の容量が小さく，記憶・実行機能課題の成績が悪かった。小脳の構造的な違いが，施設養育歴と認知機能の関係を媒介していた。これは，小脳が早期の経験による影響を受け，高次の認知機能と関係を有することを確認した数少ない研究の1つである。小脳は，脳深部にある構造物で，運動制御や基本的な学習プロセスを司る。早期の剝奪経験がこの基本的な構造に影響を及ぼしうるという事実は，施設養育を受けた子どもに見られる注意力・認知の障害を

説明する上で参考になる。

　ニム・トッテナムらは，アジアと東欧の施設養育を受けた子どもを対象に，定型発達の対照群との構造的な違いを検討した画像診断法による2つの研究を発表した[68]。1回目の研究の知見から，大脳皮質の容積や灰白質に両群間で違いは見られないが，養子縁組の時期が遅い子どもは，養子縁組の時期が早い子どもや定型発達集団と比べ，扁桃体の容積が大きいことが判明した[69]。2回目の研究では，施設養育の経験がある子どもは，不安刺激に対し扁桃体が活発に反応し，扁桃体の活動が，早期の施設養育と視線パターン（施設養育の経験がある子どもは，顔への直接的な視線固定が少なかった）を媒介しているという知見を報告している[70]。施設養育の経験がある子どもは扁桃体が大きいという，1回目の研究の知見と合わせて，これらの研究は，皮質下構造の重要性，およびこの構造の小児期の剥奪経験に対する明らかな感受性を示すものだ。重要な点として，2つの研究いずれにおいても，画像検査が実施されたのは，子どもたちが施設を離れ，米国の安定的な家庭に養子として引き取られた何年も後であったことが挙げられる。これは，早期経験が扁桃体の容積と活動に及ぼす影響を強調するものである。

　扁桃体に関するこれらの知見は，どんな意味を持つのか？　扁桃体は脳の内奥部に位置するアーモンド型の構造物で，脅威や見慣れない出来事・人物の検出に重要な役割を果たす。扁桃体は，他人の顔から読み取った感情的情報の処理，中でも恐怖に関する学習を促す。扁桃体は，情動記憶を形成すること，大脳皮質の他の領域の注意力の調節を通じて，情動／脅威に関連する刺激に基づき行動を指示すること，これら2つの面で，情動的に突出した情報の処理に重要な役割を果たす。刺激（新規性検知，接近－撤退）への基本的反応を司る脳内[71]の構造物として，扁桃体は多くの社会的・認知的な行動に重要な役割を果たす。したがって，早期の経験の結果として扁桃体の活動や構造が阻害されると，成熟した複雑な社会的・認知的プロセスに深刻な影響を与える。

　イギリス・ルーマニア養子研究グループが最近発表した論文では，MRIを用いて施設養育の経験がある子どもの扁桃体構造を調査している。この研究によ

第6章　施設養育に伴う発達上の有害性（ハザード）　｜　121

ると，養子は灰白質と白質の総容積が対照群と比較して大幅に少なかった。脳容積に関し調整を実施した後も，養子は対照群と比べ扁桃体，とくに右半球における容積が相対的に大きかった。左扁桃体の容積は施設養育の期間と有意な相関を示し，施設での滞在期間が長いほど左扁桃体の容積は減少した[72]。

　施設養育の経験がある子どもに対する脳画像検査の概要を見ればわかるように，知見には大きなばらつきがある。扁桃体の肥大化と灰白質や白質の容積減少を指摘する研究もあれば，脳内構造の大きさや機能と，施設養育期間の間に関連性が確認された研究もある。知見のばらつきは，異なるサンプル間の剥奪の経験や状況，持続期間の多様性，および個々の研究におけるサンプル規模の小ささに起因する可能性が高い。とはいえ，これらの知見は，早期経験が脳の発達に及ぼす影響について考え，早期経験が認知・社会的行動に影響を与える仕組みを理解する上で重要な道しるべを与えてくれる。

Cognition and Language

第7章

認知と言語

施設では複数の人が乳幼児の養育を分担するため，連続性と安定
性に欠ける。その結果，乳幼児自身は，自分や環境に対する意識
を形成しにくいと考えられている。それが一般的な意味での学習
に遅れをもたらしているようである。

サリー・プロヴェンス他
『施設の乳幼児（Infants in Institutions）』（1967），pp. 18-19

　人生の早期に施設に入所した子どもは認知能力と言語機能に低下が見られる
という事実は，臨床的観察と科学的文献の双方により指摘されている。低下の
程度は施設で過ごす時間に比例し，施設養育の期間が長いほど低下も著しい。
　ブカレスト早期介入プロジェクト（BEIP）では，無作為化の前とその後すべ
ての追跡調査で，子どもの認知能力と言語能力を評価した。評価にあたっては，
知的機能の標準的な評価尺度（発達検査と知能指数［IQ］検査）と，特定の認知
機能（抑制コントロールなど）とその基盤となる脳回路との関係を推測できる
ような実験的な神経心理学的評価尺度を組み合わせて使用した（使用した評価
尺度については表7.1参照）。

第7章　認知と言語　│　123

表7.1 認知，言語，神経心理学的機能の評価に用いた評価尺度

構成概念	評価尺度	ベースライン	30カ月	42カ月	54カ月	8歳	情報源
認知	ベイリー乳幼児発達検査	○	○	○			子どもの検査
認知	WPPSI				○		子どもの検査
認知	WISC-IV					○	子どもの検査
言語	REEL		○	○			子どもの検査
言語	レイネル		○	○			子どもの検査
言語	ピア相互作用課題			○		○	子どもの発話記録
言語	養育者相互作用課題			○			子どもの発話記録
神経心理学的機能	クマとドラゴンの課題				○		子どもの検査
神経心理学的機能	ポスナー空間キューイング					○	子どもの検査
神経心理学的機能	ゴー・ノー・ゴー					○	子どもの検査
神経心理学的機能	ミスマッチ陰性電位 (Mismatch negativity)	○	○	○			子どもの検査
神経心理学的機能	フランカー					○	子どもの検査
神経心理学的機能	CANTAB					○	子どもの検査

知能指数

　知能指数（IQ）は，集団内での個々人の知能の差を判断する基準として長年用いられてきた知能評価尺度である。最初に標準的なIQ検査の原型を開発したのは，アルフレッド・ビネーである。ビネーはテオドール・シモンと共に，子どもの精神年齢を判定するビネー・シモン検査を発表した。スタンフォード大教授の心理学者ルイス・ターマンがそれを改訂すると（現在の「スタンフォード・ビネー知能検査」[Stanford-Binet Test of Intelligence]），知能指数（IQ）検査は子どもと成人の知能の評価に最も広く使用されるようになった[1]。

　1939年，デビッド・ウェクスラーは，空間認識能力や言語理解など知能を多面的に分析するもう1つのIQ検査を考案した（のちの「ウェクスラー知能検査」[Weschler Intelligence Scale]）。現在，ウェクスラー知能検査には複数のバージョンがあり，就学前児童用のWPPSI，年長の子ども用のWISC，成人用のWAISなどがある。

　一般に，IQ検査は大規模な人の集団で平均値が100，標準偏差が15となるように標準化されており，大多数（70%）の人は85から115までの範囲に入る。ウェクスラー式のIQ検査は，下は3歳まで適用される。

　3歳未満の乳幼児については，標準化された評価尺度で発達を評価する。心理学者ナンシー・ベイリーが開発した「ベイリー乳幼児発達検査」（Bayley Scales of Infant Development Index）は，最も広く用いられている評価尺度の1つである。この検査は精神発達指数（MDI：Mental Development Index）によって乳幼児の発達を評価する（50～150までの換算スコア）。BEIPでは，換算スコアが50未満の子どもはMDIスコア49を割り当てた。換算スコアが50を下回る場合は分析を可能にするために，素点スコアに年齢相当スコアを割り当てるようにした。標本全体を分析するため，それぞれの子どもの発達指数（DQ：Developmental Quotients）を算定した（[スコアに相当する発達年齢／暦年齢] ×

第7章　認知と言語　｜　125

100 ＝ DQ）。

　私たちは無作為化の前に，施設の子どもにベイリー精神発達検査を行った。またこの検査は月齢48カ月まで適用できるので，無作為化でサンプルの半数を里親養育に委託した後の追跡調査でも利用した。[2] そして54カ月時の調査でウェクスラー式の幼児用IQ検査（WPPSI）に切り替え，8歳時ではWISC-IVを用いた。[3] IQスコアの研究によると，定型的な発達の子どもの集団では，そのスコアは年齢や検査の種類に関わりなく安定している。

　ベースラインでのスコアを分析すると，地域社会の子どもの平均MDIは102であるのに対し，施設の子どもの平均MDIは66だった。[4] また地域社会の子どもの平均DQは103であるのに対し，施設の子どもの平均DQは74で，同年齢の子どもの平均を2標準偏差分下回っている。ベースラインでは，施設の子どもは生後6カ月から30カ月だったが，年齢とMDIには負の相関が見られた。つまり年齢が上がるほど（施設にいる期間が長いほど），ベースラインでのDQは低かった。施設の子どものベースラインでのスコアは著しい知的発達の遅れを示唆している。

　また子どもが入所している施設間の養育の質の差も調査した。ここでは子どもの養育について米国国立小児保健発達研究所（NICHD）の研究で以前用いた標準的な観察評価尺度「養育環境観察記録」（ORCE：Observational Record of the Caregiving Environment）を使用した。[5] ORCEは，特定の養育行動の出来事を記録する行動尺度と，子どもとの関係性に関する養育者の行動の質を評価する**“質的評点”**で構成されている。質的評点の対象となる特質は，肯定的感情の共有，肯定的な身体接触，子どもの発声や発話への肯定的応答などである。良好な養育をしている施設ほど，子どものIQも高かった。とはいえ施設の子どものスコアは著しく低く，ごく幼い年齢においても深刻な剥奪がIQに及ぼす影響の大きさがはっきりと現れている。

　ベースライン評価の直後，子どもは無作為に2群に割り付けられた。その時の子どもの実年齢はまちまちで，生後6カ月の子どももいれば，すでに2歳の誕生日を過ぎた子どももいた。その後の3回の評価は，それぞれの子どもが生

後30カ月，42カ月，54カ月の時点で行った。したがって，たとえば30カ月時の評価では，生後28カ月で里親養育に委託された子どもは介入後2カ月しか経過しておらず，生後8カ月で委託された子どもは22カ月経過していることになる（図2.3参照）。ベイリーⅡ検査はベースライン，30カ月時，42カ月時で実施した。[6]

　私たちは30カ月時，42カ月時，54カ月時の3つの年齢で収集したIQデータを，2つの点から検討した。まず介入の効果はあったのか，つまり里親グループに無作為に割り当てられた子どもは，施設グループに無作為に割り当てられた子どもよりも成績がよかったかどうか。もう1つは里親養育グループにおいて，委託年齢や介入期間がIQに影響を与えたかどうかである。

　里親養育グループと施設養育継続グループの各年齢での平均IQスコアを調べると，里親養育の子どもは施設に残った子どもよりも成績がよかった。これはどの年齢でも介入効果があることが証明され喜ばしいことだが，それでも里親養育の子どもはブカレストの地域社会の定型発達の子どもと比べると，大きく遅れをとっていた。これは施設入所した子どもの出生前のリスク，家族性のリスク要因，「相対的」な委託年齢の高さ，介入そのものの限界の表れなのかもしれない。

　次に里親養育の子どもについて，里親へ委託された年齢と各年齢のIQとの関係，および介入期間とIQの関係を分析した。各年齢のIQスコアと正の相関関係があったのは委託年齢だけで，里親養育の期間は関係がなかった（図7.1参照）。施設から里親養育に移行した年齢は，里親家庭で過ごした期間よりも重要だということである。もちろん2つの因子（委託年齢と里親養育の期間）には強い相関関係があるのだが，どちらがIQの予測因子としてより強力かといえば委託年齢だといえる。実際，サンプルの年齢分布の範囲では，委託年齢のカットオフポイントがあることが明らかになった。カットオフポイント以前では里親養育の子どもは施設に残った子どもよりも成績がよかったが，そこを過ぎると両者にほとんど差はなかった。

　成績の分岐点と思われるのは生後24カ月である。里親への委託時の月齢が

第7章　認知と言語　│　127

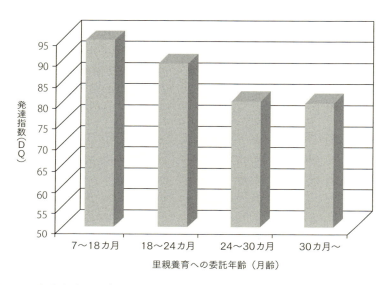

図7.1 里親養育グループに無作為に割り付けられた子どもの，委託年齢ごとの平均発達指数（DQ）。DQはベイリー乳幼児発達検査から派生した評価尺度でIQスコアと同じようなもの。

24カ月未満だった子どもは24カ月以上だった子どもよりも，30カ月，42カ月，54カ月の各月齢において成績がよい傾向が見られた。このことは認知能力の回復に感受期があることを強く示唆しており，24カ月以降に委託された子どもは施設の子どもに近く，24カ月未満で委託された子どもは施設の経験のない子どもに近い。ただし24カ月というカットオフポイントは，当然ながらBEIPが対象とする子どもの年齢や年齢分布を反映している面もある。たとえばマイケル・ラターとERAグループの研究では，生後6カ月未満でルーマニアから養子縁組された子どもは知能を十分に回復し，対照群とまったく差がなかった。BEIPでは，24カ月未満で里親養育に委託されたグループは，24カ月以降に委託されたり施設に残ったグループよりも54カ月時点での成績がよく，適切な時期の介入の効果を認めたが，それでも平均IQは一般的な対照群には及ばなかった。[7] BEIPの次の評価時点は8歳で，評価にはWISC-IVを使用した。[8] WISC-IVでは，それぞれの子どもの全検査IQ（短期記憶など知性の多様な要素を評価す

る複数の下位検査の組み合わせ）と4つの下位尺度（処理速度，言語理解，知覚推理，作業記憶）のスコアが得られる。

　BEIPの当初のアプローチは「ITT解析」であり，最初の時点で里親養育グループ（FCG）または施設養育継続グループ（CAUG）に割り付けられた子どもは，そのまま同じ養育環境に留まったものとみなして分析した。この分析方法は旧来の方法であるが，早期の体験はその後の体験よりもアウトカムへの影響が大きいという仮説を明確に検証できるという利点がある。ITT解析の結果，すべての下位検査と全検査IQにおいて2つのグループに差は認められなかった。全検査IQは，里親養育グループが81.5で施設養育グループが76.2である。里親養育グループのIQは長期的に一定であったが，施設養育継続グループの子どものIQは追いつく傾向が見られた。ただし，これまでの調査同様どちらのグループのIQも地域社会の対照群の平均スコアよりかなり低かった。また30カ月，42カ月，54カ月時に見られた適切な時期に委託するという効果は，もはや明確とはいえなくなっていた。

　里親養育グループの子どもと施設養育継続グループの子どもの早期のIQの差は，どうなってしまったのだろうか。いくつかの説明が考えられる。第一に，幼児期（生後54カ月まで）に見られた初期のIQの大幅な向上は，施設から離れ家庭に移ったことの直接的で一過性の影響であり，持続しなかったのかもしれない。第二に，学校という環境の変化に関係しているのかもしれない。いずれのグループの子どもも7歳で入学するが，施設養育グループの子どもの平均IQが学校生活によって急速に向上し，里親養育グループの子どもに追いついたとも考えられる。8歳時に差がなくなる第三の理由としては，スリーパー効果である（初期介入の効果が小児期早期ではなく後になってから表面化する）。このパターンは，米国の社会経済的地位（SES）の低い子どもの介入研究では珍しくはない[9]。第四に，幼児期のデータと8歳時のデータの違いは図2.2によって説明できる。図2.2はBEIPの最初の8年間のグループ割り付けの変遷を示したもので，当初無作為化によって施設養育継続グループに割り付けられた68人のうち，8歳時点で施設に留まり続けた子どもは14人だけである。他は実親と再

統合されたり，政府の里親養育に委託されたり（研究開始時には利用できなかった），ルーマニアの一般家庭に養子縁組されたりした。里親養育に委託された子ども68人も同様で，里親家庭に留まったのは31人で，他は養子縁組されたり実親に再統合されたりした。つまり，子どもたちの生活は4歳半から8歳の間に大きく変化したのである。

　次に私たちは，現在の委託状況におけるIQのパターンを解析した。つまりITT解析の代わりに，8歳時の生活状況がIQに与えた影響を分析した。BEIPの里親家庭に委託され，里親養育家庭に留まり続けた子どものほうが，施設に留まり続けた子どもや政府の里親養育に措置された子どもよりも成績がよいかどうかを調べたところ，結果は歴然としていた。BEIPの里親家庭に留まり続けた子どもは他の2つのグループの子どもと比べて，知能検査の4つの尺度のうち3つの尺度（言語理解，処理速度，作業記憶）と全検査IQが高かった。さらに，里親養育グループの中でも，里親家庭に留まり続けた子どものほうが里親家庭を離れた子どもよりもスコアが高かった。この2つの結果は，安定した良好な家庭環境がIQによい影響を及ぼすことを明確に示している。最初のIQの向上は介入の結果だが，介入の効果が持続したのは子どもが安定した環境に長期的に留まった結果である。

　次に，BEIPのデータの縦断的特徴を活かして，里親養育グループと施設養育継続グループのIQのパターンを分析した。すると，それぞれのグループに2種類の明白な発達のパターンを認めた。1つはどの年齢でも安定して低いスコアを示すパターン，もう1つは安定して高いスコアを保つパターンである。この2つの異なる発達パターンの予測因子を分析すると，里親養育グループでは42カ月時におけるアタッチメントの安定性と，肯定的で応答性のある養育が，安定して高いIQを示すパターンに関与していることがわかった。同時に，42カ月時の言語能力の高さも，このパターンに寄与していた。しかしながら，施設養育継続グループにおいては，42カ月時に言語能力が低いことがIQの安定した低さに関連がある以外，予測因子は見いだせなかった。

　もう1つ興味深い結果がデータから浮かび上がってきた。8年間施設に留

まった子どもの発達パターンでは，そのIQが年齢とともに徐々に低下した。本研究は，知る限りにおいて最初の，施設養育の子どものIQに関する縦断的研究だが，長期的なIQの低下が観察されたのである。これは施設の生活が子どもの知能に与える影響を如実に示しており，施設に長くいるほどIQが低くなる傾向があるという事実を裏づけている。

8歳時の神経心理学的機能

　IQは子どもの全般的な知的能力の重要な指標で，学業成績とかなりの相関関係がある。しかし，BEIPの概念は，脳の発達がどのように実体験の影響を受けるかを調べることにあるので，基盤となる脳構造を推論できるような認知機能の評価尺度を導入することが不可欠である。とくに前頭前皮質（PFC）は実行機能（EF）の中枢であることから，前頭前皮質の機能を用いる課題に注目した。実行機能とは作業記憶，企画力，認知の柔軟性，抑制コントロール，実行注意などの一連の能力を指している。[10]

　ヒト以外の霊長類の研究は，前頭前皮質とその関連領域が早期の体験や逆境に脆弱であることを示唆している。[11] また前頭前皮質の発達は時間がかかり思春期中期から後期まで完成しないため，経験依存的な微調整に敏感であり続ける可能性がある。[12] もちろん施設の子どもの場合は，そうした微調整が発達にマイナスの影響を及ぼすことがある。実際，施設の子どもに関する他の報告（第6章参照）や私たちのIQの解析からは，施設養育の経験のある子どもにはさまざまな認知の障害，とりわけ記憶や実行機能の障害のリスクがあることが懸念された。記憶に関しては，早期の逆境やストレスがグルココルチコイド（コルチゾールなど）の循環レベルを上げ，海馬に有害に作用することが実証されている。[13] 海馬の障害は記憶の障害と関連がある。[14] したがって，施設養育の経験のある子どもは記憶の問題のリスクがあると予想した。

　実行機能に関しては，施設入所経験のある子どもはそうではない子どもより

第7章　認知と言語　│　131

も検査成績が低い，という明確な報告が出されている。[15]記憶に比べて実行機能の生物学的基盤は不明な部分が多いが（前頭前皮質の機能を障害する詳細な分子生物学的な現象など），この領域にも障害が及ぶ可能性を示す証拠が存在している。

　本章の後半では，就学前児童に実施できるいくつかの実行機能検査を扱うが，概して５歳未満の子どもの実行機能を検査することは容易ではない。[16]私たちは54カ月時に簡単な実行機能検査を行い，８歳時でより精緻な検査を実施した。とくに次の点に着目した。まず早期の施設養育の経験のある子どもは地域の対照群に比べて，視覚記憶や実行機能の成績が劣るか。第二に，早期に施設養育を受けた子どものうち，里親養育に割り付けられた子どもは施設に残った子どもよりも成績がよいか。最後に，記憶と実行機能が向上した里親養育の子どもには，アウトカムに影響するような感受期があったのか。

　他の研究者による先行研究やBEIPの低年齢での検査結果（IQなど）から，私たちは，早期に施設で養育された子どもはそうではない子どもに比べて，計画行動，抑制コントロール，学習と記憶の面で障害があると予測した。同様に，前頭前皮質の発達は長期に及ぶことから，里親養育グループは施設養育継続グループよりも実行機能が改善していると予測したが（ただし里親養育グループが施設の経験のないグループと同じレベルになるというわけではない），委託の時期による効果については明確な結果は予測できなかった。記憶に関しては，海馬と周辺の皮質の可塑性（学習と記憶は生涯の大半において可能）がよく知られていることから，施設養育継続グループは他の２つのグループよりもずっと成績が悪く，里親養育グループでは明確な改善が見られると予測した。ただし，時期による効果については予想できなかった。

　以上の仮説を検証するため，54カ月時に抑制コントロールを評価する検査「クマとドラゴン」（“Bear-Dragon”）を行った。また８歳時には２つの事象関連電位（ERP）の課題——抑制コントロールを直接的に評価する検査（「ゴー・ノー・ゴー」［Go-No-Go］）と，反応モニタリングを評価する検査（フランカー課題［Flanker task］）——を実施した。またチャールズ・ネルソンが以前，広範に

132

使用していた一連の自動的な神経心理的課題も利用した。[17] 以下ではそれぞれを順に論じていく。

54カ月時の抑制コントロール——クマとドラゴン

　子どもの優勢運動反応を抑制する能力は就学前に発達し，学習同様に社会生活上の行動に不可欠なスキルとされている。優勢反応とは，課題の中で先にやっていた動作を反復する傾向を指す。たとえば2つのボタンのうち左のボタンを何度も押した後で，突然，右のボタンを押すことになった時に左を押したくなるような反応である。施設養育が子どもに与える影響として，不注意と多動が先行研究で指摘されていることから，私たちは就学前の子どもの抑制コントロールを評価することにした。アイオワ大学の発達心理学者，グラズナ・コチャンスカが開発した「クマとドラゴン」の課題を用いたが，これは「サイモンは言いました」というゲームを脚色したものである。[18]

　「クマとドラゴン」課題では，クマとドラゴンのパペットを使い，まず子どもに，クマの命令には従い（「鼻をさわれ」と言われたら鼻をさわる），ドラゴンの命令は無視するように指示する。それから子どもと実験者で「クマとドラゴン」遊びをする。合計20回のトライアルをして（クマを10回，ドラゴンを10回），正しい反応の回数を数える。検査の結果，施設の子どもはクマの命令に従うので指示を理解していることは明らかだが，ドラゴンの命令に対する反応を抑制できないことがわかった。

　里親養育の子どもはより上手にこなしたが，地域社会の同年代の定型発達の子どもには及ばなかった。全体としては，施設養育継続グループは抑制コントロールが最も低く，施設養育経験のないグループは最も高く，里親養育グループはその中間だった。この最後の点はBEIPのどの結果にも共通して表れている。つまり多くの場合，里親養育介入は検査成績を向上させるが，少なくとも8歳までは施設養育経験のないグループのレベルには達しない。

第7章　認知と言語　｜　133

8歳時の抑制コントロール──ゴー・ノー・ゴー

　抑制コントロールは，学習に不可欠なだけではなく，良好な学校生活を送るための認知および社会的な機能（自分の座席に着き，気を逸らさずに作業ができる，友達が傷つくような発言を抑制できる）に欠かせない要素であり，施設の子どもに注意欠如多動性障害（ADHD）が高い比率で見られることから，とくに私たちの関心を引いた（第11章参照）。

　抑制コントロールとは，気を逸らすような刺激に直面した時に反応を抑える能力である。抑制コントロールは小児期中期に向上するが，それは前頭前皮質の神経回路の発達と結びつけられている[19]。

　幼少期を施設で過ごした子どもは，抑制コントロールを必要とする実行機能の評価尺度において行動の制御の障害がやはり認められた。またタイミングも重要で，施設養育の剥奪的な状況で過ごした期間が短い子どものほうが，期間が長い子どもよりも抑制コントロールの課題をうまくこなしている[20]。施設を経験した子どもの抑制コントロールの障害は，小児期後期の学業成績の不振と関連がある[21]。同じように，米国の施設養育を経験したことのある子どもは養子縁組経験のない子どもに学校で後れをとり，個別教育計画（IEP）や学習支援が必要になる可能性が高い[22]。こうしたデータは，早期の養育環境が抑制コントロールに関わる神経系の発達に持続的影響を及ぼすことを示唆している。

　8歳時の追跡調査では，抑制コントロールの課題としてよく知られている「ゴー・ノー・ゴー」を実施し，反応時間，ボタン押しの正確さ，事象関連電位（ERP）を記録した[23]。この課題では，まず同じ刺激を何度も提示して，子どもにボタンを押すように指示した（すべて「ゴー」のトライアル）。毎回，素早く反応させることによって，ボタンを押そうとすることを習得させることが目的である（心理学でいう「優勢反応」）。次に，ある刺激を見た時にはボタンを押し，別の刺激を見た時にはボタンを押さないという，「ゴー」と「ノー・

ゴー」の交互的な試行をする。私たちの実験では，トライアルの70％を「ゴー」（アルファベットのX以外の文字でボタンを押す），30％を「ノー・ゴー」（Xではボタンを**押さない**）にした。

　全体的に，施設養育継続グループの子どもは里親養育グループや施設養育経験のないグループの子どもに比べて正答率が低く，ERPの潜時が長かった（つまり神経の反応が遅い）。ただし施設養育継続グループも里親養育グループも「ノー・ゴー」刺激の処理が弱いことが，ERPの特定成分P3（課題に注意を持続させる指標）から推測された。また里親養育グループは施設養育継続グループに比べて，「エラー・モニタリング」（誤答を認識すること）を反映するERP成分が強化されていた（エラー関連陰性電位［ERN］およびエラー関連陽性電位［Pe］）。これは自分の行動をよく観察し，失敗により敏感だったことを示唆している。

フランカー課題とゴー・ノー・ゴー

　前述のように，施設を経験した子どもの精神病理上のリスクととくに関連が深い実行機能は，抑制コントロールと反応モニタリングの2つである。抑制コントロールは優勢な行動（時間をかけて形成された行動）を抑制し，無関係な情報や注意を逸らすような情報を無視する能力である。私たちはこの能力を「ゴー・ノー・ゴー」検査で測定した。一方，反応モニタリング（エラー・モニタリングともいわれる）は自分の行動を事後に評価する能力である。この特別な能力は，目標達成のために必要な行動調整を行うことによって，抑制コントロールなどの他の実行機能とともに働く。反応モニタリングは，ゴー・ノー・ゴー課題とフランカー課題（以下で説明）の両方で測定した。抑制コントロールと反応モニタリングの連携は，前頭前皮質と前帯状皮質（ACC）によってなされる。[24]

　反応モニタリングに関係する事象関連電位（ERP）の主な成分は，エラー関

連陰性電位（ERN）である。[25] ERN は前帯状皮質で発生する，行動に関連した評価可能な信号と考えられている。[26] M. M. ロマンと共同研究者たちは国際養子縁組の研究で，里親養育の経験のある子どもと実親家族での養育しか経験していない子ども（つまり養子縁組の経験がない子ども）は施設養育を経験した子どもに比べて，ERN の反応性がはるかに大きいことを明らかにした。[27]

フランカー課題は，注意を逸らすような刺激の中で中央のターゲットに反応する能力を評価する。本研究では，右向き，または左向きの矢印をターゲット刺激にした。被験者には中央の矢の方向（右向きか左向きか）を示すボタンをできるだけ早く正確に押すよう指示する。一致トライアルでは刺激はすべて同方向で（＞＞＞＞＞または＜＜＜＜＜），不一致トライアルでは中央ターゲットは左右の刺激と反対方向を向いている（＜＜＞＜＜または＞＞＜＞＞）。検査トライアルでは，同数の一致トライアルと不一致トライアルが2つの検査ブロック（1ブロック80トライアル。合計160検査トライアル）にまたがって疑似乱数順序で提示される。課題実施中の脳波を記録し，被験者のボタン押し反応に同期させた脳波から ERN を検出した。

結果はきわめて興味深いものだった。[28] 施設養育継続グループの子どもにも里親養育グループの子どもにも，地域社会の子どもと同等の ERN が示された。しかし，里親養育グループにおいてのみ ERN の大きさが施設養育と予後の関係を物語っていた。里親養育グループにおいて，自分の行動をモニタリングする（ERN の振幅が大きい）子どもは，ERN の振幅が小さい（モニタリングが少ない）子どもに比べて社会的・情緒的問題が少なかった。

全体的にこれらの結果は，施設養育は抑制コントロールとエラー・モニタリングの低下をもたらすことがあり，里親養育の委託は少なくともこの課題に関しては抑制コントロールを修正するという仮説を裏づけている。

CANTAB（ケンブリッジ自動神経心理学的検査バッテリー）

施設養育は抑制コントロールに否定的な影響を及ぼすことが明らかになったため，次に他の実行機能への影響を確かめることにした。ここでは「ケンブリッジ自動神経心理学的検査バッテリー」（CANTAB：Cambridge Automated Neuropsychological Test and Battery）を使用した。CANTABは十数個の神経心理検査を集めたもので，多くはヒトの患者（アルツハイマー病患者など）と実験動物の実験神経心理学の文献に由来する。したがって臨床で使用する従来の神経心理学的検査とは異なり，CANTAB課題の多くは特異な神経に関連づけられており，どの脳回路が課題の遂行に関与するかが実証されている。CANTAB課題はすべてタッチ・スクリーン上でゲーム形式によって行うことができ，それほど精緻な運動能力や言語能力を必要としないので，幼児の検査には理想的である。[29]

私たちが注目したのは次のCANTAB課題である。

1. **運動スクリーニング検査**　視覚，運動，理解の問題を評価する検査。スクリーン上のあちこちに×印が点滅し，子どもはその印にできるだけすばやくタッチするよう指示される。正確さと反応潜時が評価される。

2. **遅延見本合わせ**　標準的な記憶検査。まずあるパターンが提示される。次に4つの似たようなパターンが提示されて，その中から元のパターンと完全に一致するものを選ぶ。複数のトライアルが行われ，選択肢が現れる前に元のパターンが見えなくなるものや，サンプル刺激の出現と検査刺激の出現に間があくものなどがある。正確さと反応潜時が評価される。

3. **対連合学習**　視覚記憶と新規学習の標準的な検査。まずいくつかの箱が提示される。一部の箱は中に模様がある。少し間を置いてから，ど

第7章　認知と言語　　137

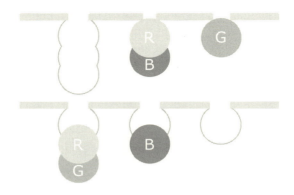

図7.2 ケンブリッジの靴下（SOC）空間計画検査。下のパネルのボールを操作して，上のパネルと同じパターンを作る課題。動かせるのは一番上のボールだけ。この例は，RのボールをBの上に移動し，Gを一番右の列に移動することによって完成する移動2回の問題。（R＝赤，B＝青，G＝緑）

の模様がどの箱の中にあったかを当てる。正解できなければ，トライアルを繰り返す。課題が進むにつれて，箱と模様の数は増えていく。達成したステージ，トライアルの回数，エラーの回数を評価する。

4．**ケンブリッジの靴下（SOC）**　空間におけるプランニングの課題。スクリーンに提示されたパターンと同じになるよう，色ボールを1回に1つ，できるだけ少ない回数で移動する（図7.2参照）。最少の移動回数で完成した問題の数に加え，反応潜時時間と平均移動回数を評価する。図7.2の上のパネルが完成モデルで，子どもは下のパネルでボールを移動させながら，同じパターンを複製する。重なっているボールは上のものから動かす。1回の移動にかかった時間と移動回数が評価される。問題はだんだん難しくなり，移動5回の問題まである。

5．**空間的作業記憶**　箱に隠されたトークンを見つける作業で，空間情報を保持し作業記憶を用いて操作する能力を評価する。トークンが見つかった箱には，その後，トークンは入らない。トライアルが進むにつれ，箱とトークンの数は増える。決められた方法で必要な物を探し出す能力と誤りの回数が反映した複合的な得点が評価される。

ほとんどの場合，子どもは楽しんで課題をこなすが，認知の困難さを有する子どもには，検査がフラストレーションを与えることがある。

　結果はどうだっただろうか。まず運動スクリーニング検査では，施設の経験のある子どもとない子どもとでは有意差は認められなかった。つまり，この課題に取り組むための基本的能力（指示に従う，指をスクリーンまで持っていく，スクリーンの適切な位置をタッチするなど）は問題ないということで，これは喜ばしいことである。だが残念なことに，どの課題についても施設養育継続グループと里親養育グループの間に基本的に差は見られなかった——この2つのグループ（「施設の経験のある」グループ）は，運動スクリーニング検査以外のすべてのCANTAB課題について施設の経験のないグループよりも遂行成績が低かった。また介入効果もタイミング効果も見られなかった。つまり施設養育がこれらの課題に悪い影響を及ぼしたのはもちろんだが，BEIPの里親養育介入もよい影響を与えることができなかったのである。

　まとめると，施設の経験のある子どもはない子どもと比べて，記憶の面でも実行機能の面でも能力の低下が見られる。さらに，施設の子どもを里親養育に委託しても，抑制コントロール以外の領域では能力が向上していないようである。こうした結果をどう説明したらよいだろうか。

　まず前述のように，里親養育に委託された平均年齢は22カ月である。したがって記憶や実行機能の基盤をなす神経回路（海馬や前頭前皮質など）は，施設養育にまつわる剥奪に対して脆弱だということなのかもしれない。これはやや意外なことだった。というのは，記憶回路には狭義の感受期はなく，本質的に経験依存的なものと考えられているからである。だが観察された効果が海馬や前頭前皮質の回路の早期の混乱によるものだとしても，介入によって能力が向上しなかったという事実は，この回路が比較的，可塑性に乏しく，早期に感受期が終わることを示唆している。

　次に考えられるのは，子どもが施設に入所する**以前に**この回路の発達が乱されていた可能性である。里親養育の開始年齢にかかわらず里親養育グループの遂行成績が低いことも，施設養育継続グループと里親養育グループの間に差が

第7章　認知と言語　　139

ないことも，それで説明がつく。といっても，サンプルの出生前情報はほとんど入手できないので，この仮説を検証するすべはない。だがもしこれが本当ならば，施設に遺棄された子どもは遺棄されずに家庭で育った子どもと何らかの違いがあるという主張を裏づけることになる。

　全体的には，既存の研究文献と同じく，施設を経験した子どもは記憶においても実行機能においても遂行成績が低かった。また抑制コントロールについては里親養育の子どもに改善が見られたとはいえ，それ以外では，質の高い里親養育に委託しても遂行成績は向上しないようである。

言語

　一般的な発達の乳児は，生後2年の間に言語が出現する。乳児はクーイングや泣くことによって自己表現を始め，生後半年間の前半に喃語へ移行する。1歳を迎える頃には，たいていの乳児は最初の単語をしゃべり，18〜24カ月から話し言葉があふれるように出てくる。この時期には母語の基本構造も現れるが，言語の法則を習得するには長い時間と練習が必要である。

　言語の理解は，話せるようになる前に始まるようである。理解言語にしろ表出言語にしろ，言語の発達に重要な条件や体験といわれるものは，たいてい入力される言語の性質（何を耳にするか，入力の頻度，言語の流れ——つまり言語**環境**の豊かさ）が絡んでいる。実際，多様な社会経済的背景の子どもを対象とした研究では，表出言語能力は親が子どもに話しかける量と頻度に比例することや，社会経済的地位が種々の神経認知機能に影響を及ぼすことが明らかになっている。[31] 言語は社会的・情緒的発達にも重要な役割を果たす。養育者が言葉を使って乳児をなだめたり，励ましたり，気を逸らしたりすることは，社会的・情緒的調整能力を育む重要な手段である。BEIPでは，こうした文脈の中で子どもの言語能力を評価した。

　乳児や幼児の言語能力の標準的な評価手段はあまり多くはなく，既存の評価

140

は養育者の報告に依拠するものが多い。私たちはその1つ，REEL（理解−表出言語：Receptive-Expressive Emergent Language）尺度によって，子どもがまだ施設にいる時点で評価を行った。施設養育児は，2つの主要な下位尺度（表出言語と理解言語）にわたって，保育者の報告に基づいて評価したすべての言語評価尺度で著しい遅れがあった。[32]

　BEIPは幸い，ミネソタ大学音声言語聴覚科学科のジェニファー・ウィンザー教授の協力を得ることができた。ウィンザーはかなりの時間をかけて，BEIPの子どもの実際の言語能力を調査した。調査では，生後30カ月の子どもを40名選んだ（施設養育継続グループから10名，地域社会の定型発達の子どもから10名，里親養育グループから20名）。[33]里親養育グループの子どものうち半数は介入から最低12カ月経過しており，残りの半数は里親養育が始まったばかりだった（平均2.3カ月）。ウィンザーはそれぞれの子どもが養育者とやり取りをする場面を撮影したビデオを入手し（各10分間），子どもの発話を書き起こした。その結果，施設養育の子どもと里親養育の期間がごく短い子どもは，語彙文法の生成が著しく劣ることがわかった。対照的に，最低12カ月の里親養育を受けた子どもは，地域社会の対照群とまったく差がなかった。また地域社会の子どもは12カ月以上里親養育を受けた子どもよりも，平均発話時間が長かった。REELの表出言語と理解言語の尺度でも同様のパターンになった。

　私たちは子どもが42カ月になった時に言語評価の追跡調査をした。この時は「レイネル尺度」で表出言語と理解言語の評価を行った。レイネル尺度には，表出言語の項目（事物のラベリング，語尾変化，節など）と理解言語の項目（事物の認知，指示に従う）がある。2名のルーマニア語使用者が，子どもにとって適切な下位検査をそれぞれの尺度から選んだ。また養育者とのやり取りのビデオ録画がある63名の子どもを無作為に選び，やり取りを書き起こして言語の複雑性の評価尺度を分析した。この調査では，2つの注目に値する発見があった。[34]1つは，生後15カ月未満で里親養育に委託された子どもは，42カ月時では理解言語と表出言語のすべての評価尺度で地域社会の同年齢の子どもと区別がつかなかったことである。もう1つは，15カ月から24カ月の間に里親養育介入

第7章　認知と言語　　141

を受けた子どもも，理解言語と表出言語が著しく向上していたことである（ただし15カ月未満で委託された子どもには及ばない）。委託年齢とスコアには強い相関関係が見られた。しかし24カ月以降は，委託年齢と言語スコアの比例関係はあいまいになった。24カ月以降に委託された子どもの言語評価尺度は，あまり芳しくなかった。

8歳時に再び追跡調査を行った。この時は非単語反復，文章復唱，書かれた単語の識別，自発的言語の長さの平均という4つの表出言語評価尺度によって評価した。課題や刺激はすべて，ルーマニア語を母語とする者と協力して開発した。調査の結果，施設養育継続グループも里親養育グループも現在の委託状況はさまざまだが，最初に里親養育介入を受けた子どものほうが，文の長さ，文章復唱，書かれた単語の識別の各課題において優れていることがわかった。また2歳未満で里親養育に委託された子どもは単語の識別と非言語反復がより優れており，15カ月未満で委託された子どものこれらの課題の成績は地域の同年齢の子どもと同程度であった。

こうした結果は，言語の発現における早期の体験の重要性についていくつかの論点を示している。まず，施設生活は子どもの言語の発達に重大な影響を与えることである。次に，回復の促進には環境強化のタイミングが重要ということである。[35]人間の脳は，コミュニケーション的な聴覚入力を受けることを最も期待し，その期待は理解言語を支える側頭皮質や表出言語を支える前頭皮質の神経回路の発現と関連があると思われる。最後にこの調査結果は，十分に早い時期に里親養育に委託すれば，深刻な言語の障害を緩和できるという見解を裏づけていることである。

表7.2は，認知および言語の評価尺度で観察された介入効果とタイミング効果の全体的パターンを示したものである。この表から明らかなように，介入効果とタイミング効果が両方ともある領域もあるが（言語，IQなど），どちらの効果もない領域もあった（神経心理学的能力など）。発達の領域による差異は，続く4つの章でも繰り返されるテーマである。

表7.2 認知, 言語, 実行機能の介入効果とタイミング効果

評価した構成概念	評価								
	42カ月			54カ月			8歳		
	介入効果	タイミング効果	観察されたタイミング	介入効果	タイミング効果	観察されたタイミング	介入効果	タイミング効果	観察されたタイミング
認知	あり	あり	24カ月	あり	あり	24カ月	あり	少々	26カ月
言語	あり	あり	15カ月	あり	評価せず	ー	あり	あり	24カ月
神経心理学的機能									
クマとドラゴン	評価せず	評価せず		あり	なし			評価せず	
ポスナー空間キューイング	評価せず	評価せず			評価せず		あり	なし	ー
ゴー・ノー・ゴー	評価せず	評価せず	ー		評価せず		あり	なし	ー
ミスマッチ陰性電位	なし	なし			評価せず		あり	評価せず	
フランカー	評価せず	評価せず		あり	評価せず		あり	なし	
CANTAB	評価せず	評価せず		なし	評価せず		なし	なし	

まとめ

　全体的に，認知に関するアウトカムには非常に懸念されるパターンが表れている。施設養育を継続した子どもには，認知と言語のすべての面で著しい低下と遅れがあった。IQ検査から推察できるように知能が低下し，実行機能や記憶にも障害があり，言語も大幅に遅れていた。一方，里親養育に委託された子ども，とくに2歳未満で委託された子どもにはIQと言語の両方に著しい改善が見られた。ただし施設養育経験のない子どもの発達レベルには及ばないようである。最後に最も心の痛むことだが，**一度でも**施設養育を経験した子どもはさまざまな実行機能に障害が見られ，里親養育に委託しても（委託年齢に関わらず）ほとんど回復させることができなかった。これについては，第12章で感受期について述べる際に再び取り上げる。

Early Institutionalization and
Brain Development

第8章

早期の施設養育と
脳の発達

> 人にそれぞれ個性があるのは，比較的ステレオタイプな構造の神
> 経系に可塑性があるからである。
> **エリック・R・カンデル『カンデル神経科学』**

　本研究の主眼は，深刻な心理社会的剥奪が発達中の脳にもたらす影響と，子
どもを剥奪的な施設環境から里親家庭に移した時の脳構造や脳機能の変化を明
らかにすることにある。同時に，介入のタイミングがアウトカムに影響を与え
るのかどうか，とくに介入が最も効果的に作用する時期があるのかどうかを探
求した。そのため，乳児や幼児に適した脳の検査法（脳波と事象関連電位）を
使うことにした。私たち（ネルソンとフォックス）には20年以上の脳波（EEG）
の経験があり，2人の専門性とEEGのコストの安さから，迷わずこの検査を選
択した。8歳時にはMRIを利用できるようになるため，構造的評価を行った。
表8.1は本研究で用いた脳を基盤とする検査のリストで，表8.2はそれぞれの
検査で明らかになったタイミング効果をまとめたものである。この評価尺度を
研究対象グループで使用した結果について述べる前に，まず神経系の構造と脳
波について簡単に説明したい。

第8章　早期の施設養育と脳の発達　　145

表8.1 脳機能と脳構造の評価の評価尺度

構成概念	評価尺度	評価スケジュール				情報源
		ベースライン	30カ月	42カ月	8歳	
脳波（EEG）	コヒーレンス	○	○	○	○	子どもの検査
	パワー（出現量）	○	○	○	○	子どもの検査
	ラテラリティ	○	○	○	○	子どもの検査
事象関連電位（ERP）	母親－他人	○	○	○		子どもの検査
	顔表情の識別	○	○	○	○	子どもの検査
	ゴー・ノー・ゴー				○	子どもの検査
	フランカー				○	子どもの検査
磁気共鳴画像（MRI）	脳構造				○	子どもの検査

表8.2 脳機能と脳構造への介入効果およびタイミング効果

構成概念	評価					
	42カ月			8歳		
	介入効果	タイミング効果	観察されたタイミング	介入効果	タイミング効果	観察されたタイミング
脳波（EEG）						
パワー（出現量）	なし	なし	なし	あり	あり	24カ月
コヒーレンス	なし	なし	なし	未分析		
ラテラリティ	なし	なし	なし	なし	なし	－
事象関連電位（ERP）						
既知顔と未知顔の認識	なし	なし	－	評価せず		
顔の表情の識別	なし	なし	－	あり（行動）	なし	
ゴー・ノー・ゴー		評価せず		あり（行動）	なし	－
磁気共鳴画像（MRI）		評価せず		なし	なし	－

白質と灰白質

　脳には何十億もの細胞があり，おおまかにいうとニューロン（神経細胞）とグリア（神経膠細胞）に分かれている。ニューロンにはさまざまな種類があり，主にその形状から名前がつけられている（錐体細胞，シャンデリア細胞など）。ニューロンは学習，記憶，コミュニケーションの中枢である。グリアの数はニューロンの10倍で，やはりさまざまな種類がある（ニューロンの軸索を覆う脂肪質の髄鞘を形成するもの，脳から不要物質［デブリス］を除去するものなど）。ニューロンの細胞体とさまざまな形状のグリアは，まとめて「灰白質」と呼ばれ，脳のMRI画像で簡単に判別できる。一方，ニューロンの細長い突起（軸索）は，脳の部位によって髄鞘に覆われているものも覆われていないものもある。髄鞘は情報伝達を加速し（伝導速度），MRIで白く映るため「白質」と名づけられている。つまり白質は脳の髄鞘を含む部分（常に軸索を覆っている）のことであり，灰白質はその他のほとんどの部分のことである。

　ニューロンは主にシナプスを通して情報を伝達する。シナプスにはいろいろなタイプがあるが，最も一般的なのは，ニューロンの樹状突起が隣接するニューロンの軸索と接続する時にできるものである。脳には何兆ものシナプスがあり，軸索と樹状突起の間の空間に放出される化学物質（神経伝達物質）によって，ニューロン間の電気的な連絡を可能にしている。情報は電気的刺激として，1つの細胞の軸索から隣接する細胞の樹状突起へと伝達される。髄鞘に覆われた軸索は覆われていない無髄の軸索よりも電気的刺激を速く伝える。

　最も一般的なタイプの脳のニューロンは錐体形で，錐体細胞と呼ばれる。錐体細胞のシナプスから生じる電気的活動は，ニューロンを取り巻く空間（いわゆる細胞外空間）を通って脳の表面に伝播する。頭皮の表面にセンサー（電極）を付けると，この活動を記録することができる。その記録を脳波（EEG）という。脳波については，いくつか留意すべき点がある。第一に，脳内で発生する

第8章　早期の施設養育と脳の発達　　147

信号はミリボルト単位だが，脳組織や細胞外空間を通って頭皮の表面に伝播する時にはマイクロボルト単位になる。したがってこの信号は増幅（ボリュームを上げる）しなければならない。第二に，頭皮でとらえる信号はニューロンからの情報や信号だけではなく，心拍や温度調節などの他の生理現象の信号も含んでいる。だから無関係な雑音の中から実際の信号を取り出すために，フィルターにかける必要がある。第三に，この信号は（シナプス経路そのものではなく）細胞外空間を通るので，（脳内ではなく）頭皮の表面で記録された信号がどこから発生したのかを推測するのは容易ではない。脳波の空間分解能は比較的低いのである。最後に，脳波そのものがさまざまな周波数を含む複雑な信号であることである。一般には精密な信号処理ツールによって，この複雑な信号を周波数の成分（アルファ波，ベータ波，デルタ波など）に分解する。各周波数はそれぞれ異なる機能を反映すると考えられている。たとえば，アルファ波の活動は意識と関連があるが認知処理とは関連がなく，ベータ波の活動は認知処理に関連がある。[1]

EEG（脳波）

　私たちが最初に直面した困難の1つは脳波検査室の設置だった。被験者を募った施設の1つに空き部屋を見つけたのち，米国で機器を購入し，ルーマニアに運んで設置し，スタッフを訓練しなければならなかった。現在テンプル大学心理学科教授のピーター・マーシャルが脳波検査室の設置を監督し，ブカレスト拠点のスタッフを訓練するなど，大きな貢献をしてくれた。さらに最初の数年間，データ収集を監督し，その正確性の維持に努めてくれた。

　脳波は脳の何十億ものニューロンの電気的活動の記録である。本実験では子どもの脳波を記録するにあたり，ブリキの電極を縫い込んだ伸縮性のあるライクラの帽子を使用した。まず少量のジェルを塗り，末端のとがっていない木製のキュー・チップでやさしく頭皮をこすって，電極の設置場所を16カ所作っ

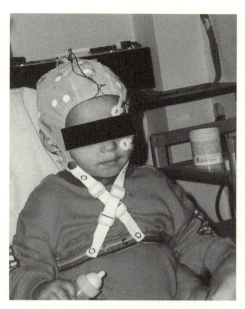

図8.1 プロジェクトの最初の8年間に使用した脳波記録システム。黄色いライクラ™の帽子に内蔵の頭皮と接触する小型センサーによって脳波を記録。（チャールズ・A・ネルソン撮影）

た。次に子どもの頭皮と接触する面に低刺激性の伝導性ジェルを少量塗った（図8.1は帽子をかぶった被験者）。脳から頭皮の表面に伝播する電気的活動を電極がとらえると，その信号は増幅（拡大）され，心拍・熱活動・周囲の電気機器の漂遊するノイズなど非神経的な電気的活動がフィルターで除去される。この方法は1920年代から成人に，1930年代からは子どもにも使用されてきた。侵襲性がなく苦痛をまったく与えずに，脳内で発生する特定の周波数の電気エネルギーを測定することができる。

　最初に脳波の記録をとったのは，無作為化以前のまだ全員が施設で生活していた時期である。その後は30カ月時と42カ月時に，ビンゴケージの中でビンゴボールが回る楽しいビデオを子どもに見せながら脳波を記録した（ビデオを見せる目的は，数分の検査の間，子どもを集中させ，注意をできるだけ標準化し，動きを最小化すること）。

脳波の複雑な信号は，睡眠に関連する高振幅徐波から，複雑な情報処理に関連する低振幅速波まで，特定の周波数と振幅をもつ種々の律動性の電気的活動から成り立っている。この活動は個々の周波帯に分解することができる。アルファ律動は感覚体験への注意に関連し（目を開き，ビンゴボールを見つめるなど），ベータ律動は複雑な認知活動に関連し（「さっき見た数は7だったかな？」），シータ律動は刺激誘導的だが（記憶課題やある種の感情に反応する），一般にアルファ波帯域やベータ波帯域よりも発達の遅れと関連づけられ，デルタ律動は睡眠と関連がある。

　周波数帯域にはそれぞれ固有の「記号」があるが，私たちの関心はとくにベータ律動（13-20Hz），アルファ律動（6-9Hz），シータ律動（3-5Hz）にあった。生後3年間，脳波信号はアルファ律動とベータ律動の頻度が増え，シータ律動は減少する。[2]年齢にともなう脳波の振幅と周波数の分布の変化は，電気的活動の伝達速度を向上させる白質路の構造的統合性の発達を反映していると考えられている。発達の過程で白質が増加するのに合わせて，脳波のアルファ律動も増えていく。アルファ律動とベータ律動の増加とシータ律動の減少は，皮質の成熟や注意の制御の向上とも関連づけられている。[3]脳波は脳回路網の統合性の指標であり皮質の成熟を追跡する手段ともいえる。

　ベースラインでは，施設の子どもと地域で生活する対照群との間に，特定の周波数帯域の律動の出現量（EEG power）の大きな開きがあった。施設の子どもは地域の対照群に比べて，低周波数の活動（シータ波）が多く高周波数の活動（アルファ波とベータ波）が少なかった。[4]施設の子どもは，ちょうど減光スイッチを入れた時のように高周波の電気的活動（アルファ律動とベータ律動）が減り，より未熟な脳活動（シータ律動）が増えている。介入の初期段階ではこの未熟さが持続した。

　図8.2は，このベースラインでのシータ律動とアルファ律動の出現パターンを，施設と地域のグループとで対比したものである。3つの周波数帯域（アルファ，ベータ，シータ）における両群の脳の活動（脳波出現量）を示している。施設の子どもは地域の子どもに比べてアルファ律動とベータ律動の出現量が低

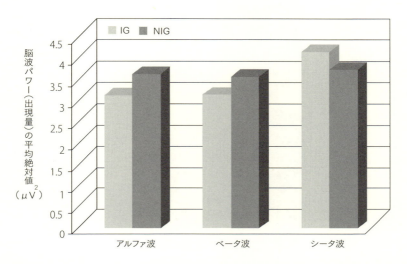

図8.2 施設の子ども（IG，無作為化以前のベースラインで記録）と地域社会の子ども（NIG）の3つの周波数帯域における脳波パワー（出現量）の平均絶対値。施設の子どもは地域社会の子どもに比べてアルファ波とベータ波のパワーが小さくシータ波のパワーが大きいことに現れているように，施設の子どものほうが脳活動のパターンが未熟である。

く，シータ律動の出現量が高いことがわかる。

施設の子どもはアルファとベータの周波数帯域の出現量が低く，地域の子どもは定型的な高出現量を示している。

当然ながら追跡調査でも脳波を記録したが，42カ月時での介入効果は微妙だった。里親養育グループと施設養育継続グループとの間に差はなかったが，里親養育グループの子どもの電気的活動の量と介入期間にはゆるやかな相関関係があった。[5]その時点までに里親養育グループの子どもは約4年間里親家庭で生活している。8歳時では，脳波データにはっきりとした介入効果とタイミング効果が表れていた。[6]2歳未満で里親養育に委託された子どもの脳活動のパターンは，施設養育経験のない子どもと区別がつかなかった（図8.3参照）。2歳未満で施設を離れた子どもは成熟度の高いアルファ律動が多く，未熟なシータ律動が少なかった。また里親養育の子どもは施設に残った子どもに比べ，高周

第8章　早期の施設養育と脳の発達　│　151

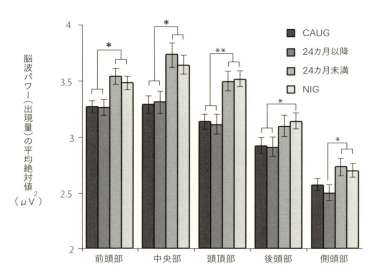

図8.3 8歳時の4つのグループのアルファ波の平均脳波パワー（出現量）：24カ月未満で里親養育に委託された子ども，24カ月以降に里親養育に委託された子ども，無作為化により施設に残った子ども，地域社会の対照群。図に見られるように，24カ月未満で里親養育に委託された子どもは地域の対照群と見分けがつかない。

波のベータ律動も多かった。実際，8歳時点では，アルファ律動の出現量だけではなくベータ律動の出現量にも介入効果とタイミング効果が見られた。

　8歳時のデータは，記録をとった電極の部位ごとに表示した（前頭部，中心部，頭頂部，後頭部，側頭部）。24カ月未満で里親養育に委託された子どもは，8歳時ではすべての部位において地域の対照群と区別がつかない。一方，24カ月以降に委託された子どもは施設に残った子どもとパターンが似ている。

　この検査結果は2つの重要な結論を示唆している。まず脳波のアルファ律動の出現量の増大の基盤である神経構造の発達には感受期があり，矯正のためには2歳未満での環境の改善が必要ということである。もう1つは，2歳未満で里親養育に委託すればこの「キャッチアップ」が可能である，とはいえ効果が表れるのは何年も里親養育を続けた後だということである。

　私たちは30カ月時と42カ月時で脳波を記録したが，ベースラインから42カ

月まではほとんど変化は認められなかった。もちろん，里親養育の委託年齢は平均22カ月なので，30カ月時での平均介入期間はわずか8カ月間であり，42カ月時でも20カ月間にすぎない。おそらくその程度の期間では脳活動に影響が及ばないと思われる。子どもは8歳までには，とくに初期の介入を受けた子どもは，介入のほかにも脳の変化を促進するような他のライフイベントを体験する。したがって介入効果とタイミング効果は，**委託年齢**と**介入期間**の微妙な組み合わせを反映しているのかもしれない。言い換えると，平均月齢22カ月から54カ月までの初期の介入期間は，介入グループの脳活動を加速させるのに十分である。一方，時間の経過とともに子どもが施設の外で過ごす時間が増え（施設養育継続グループの中で，3歳で児童保護局により家族と再統合した子どもも同様），現在の生活体験の影響が早期の生活体験の影響と並んで発達に寄与するようになる。

ERP（事象関連電位）

　脳波は脳を構成する何十億ものニューロンから発生する継続的な電気的活動を表すが，その1つが事象関連電位（ERP）である。ある刺激（絵，音，触覚など）を被験者に繰り返し提示すると，脳の電気的活動が刺激と同期するようになる。この1回の刺激提示とそれに続く短い記録（約1秒）が1つの試行を構成する。すべての試行をすべて平均化すると，（波形の）**成分**と呼ばれる一連の信号の振れが，背景の脳波から浮かび上がる。それぞれの成分は神経および知覚／認知活動を反映し，固有の機能的意味をもつと考えられている。こうした成分は陽性波形と陰性波形の「山と谷」を描き，慣例的に陽性部分のピークをP，陰性部分のピークNで表す（図8.4参照）。PやNに添えられた数字は，一般に刺激の開始からピークに至るまでの潜時（ミリ秒）を示す。たとえば，P100は刺激から約100ミリ秒後に生じる陽性（上向き）（監訳者注：臨床の場では陽性波を下向きに記録していることもある）の振れである。成分の大きさ（振幅）は

第8章　早期の施設養育と脳の発達　│　153

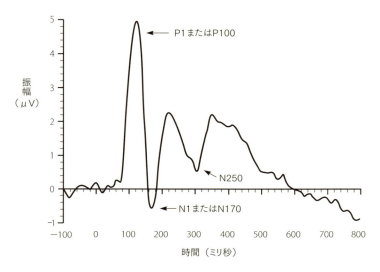

図8.4 一般的な成人の脳の後頭部および側頭部のERP反応

大量のニューロンの同期活動の反映と考えられ，振幅が大きいほど脳活動は**盛ん**である。潜時は精神の時間的な指標であり，ある成分を生じさせるための計算を脳が処理する速度を表す。潜時が短いほど情報処理は迅速（かつ効率的）である。図8.4は非常に定型的なERPの例である。[7]

　ERP成分の形態は発達の過程で変化し，乳幼児期に観察されたある成分が成人期に観察される成分と同じかどうかを判断するのは，これまで困難が大きかった。たとえば成人に顔写真を提示すると，約170ミリ秒後に脳波信号に陰性（下向き）の振れが発生する。この「N170」は，顔の構造的特徴の検知を反映すると考えられている。ところが，顔処理は人生早期に精緻化されるはずなのにN170は早期には出現しない。その代わりに，顔感受性があると思われる3つの成分が存在する（P100, N290, P400）。N290とP400は，N170と同じ独立変数（顔写真がまっすぐか逆さかなど）によって規定されているようなので，N170の発達的前駆体と考えられている。[8]

　BEIPのERP研究ではベースラインから8歳時までのデータを扱うため，こう

した背景情報は重要である。以下では，BEIPのいくつかのERP研究を紹介したい。それぞれ異なる疑問を追求し仮説を検証するために設計されたものである。

既知顔と未知顔に関するERP研究

施設養育の特徴を踏まえると，施設の子どもは一般的な家庭で育った子どもに比べて，顔に対する体験が通常とは異なる可能性が高い。たとえば施設では保育者に対する子どもの数が多く，保育者の離職率が高く，大人と子どもの相互作用が少ない。そのため，施設の子どもは家庭で育った子どもに比べて大人の顔に接する機会が少なかったり，接する表情の範囲が狭かったり，特定の表情（否定的表情や中立的表情）に突出して多く接しているかもしれない。施設の子どもが他人の顔に接する時の社会的相互作用が，家庭で育った子どもの体験と異なることは疑問の余地がないだろう。以上の理由から，BEIPでは子どもの顔処理について，既知顔と未知顔を判別する能力とさまざまな感情の顔表情を判別する能力という側面から調べることにした。この2つの側面をベースラインと追跡調査で調査した。

私たちは，子どもに主な養育者の顔と知らない人の顔の画像を交互に見せるという単純な検査を行い，その際のERPを記録した。当時はミネソタ大学の大学院生で現在はランドルフ・メイコン大学の心理学の教授であるスーザン・パーカーが，プロジェクト開始時に作業の大半を監督した。私たちはベースラインとその後の評価時点で，全グループの一連のERP成分を調べた。まずベースラインでの検査結果について，次に30カ月時と42カ月時の検査結果について述べたい。

●ベースライン

ベースラインでの所見は主に3つである。第一に，施設養育経験のないグループ（NIG）は施設養育経験のあるグループ（IG）に比べ，ERPのすべての成分の振幅がずっと大きかった（図8.5参照）。第二に，関心の重要な成分（注意の配分を反映する陰性成分［NC］）については，施設の子どもと地域社会の子

第8章　早期の施設養育と脳の発達　｜　155

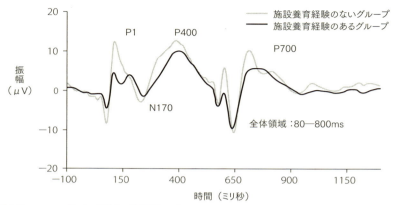

図8.5 ベースライン評価：後頭部の成分

どもの反応に違いはなく，養育者の顔より未知顔に対してNCが大きかった。第三に，記憶の更新を反映する陽性徐波（PSW）については，施設の経験のあるグループは未知顔よりも既知顔に対する振幅反応が大きかったが，施設の経験のないグループは両者に違いが見られなかった。全体的に，施設の経験のあるグループと施設の経験のないグループの振幅の違いは，脳波で観察されたものと一致する。さらにPSWの差は，施設の経験のあるグループが養育者の顔により注意を払っていることを示しているが，それは養育者の顔が十分に記憶にコード化されていないことを示唆する。一方，施設の経験のないグループは既知顔にも未知顔にも同じように反応した。

　全般的に，施設養育継続グループの子どもの振幅反応が小さいことは，彼らの脳の電気的活動が少ないという前述の脳波検査の結果と一致する。顔の識別については，施設養育継続グループと施設養育経験のないグループの反応は，ある成分（NC）については同じだが，別の成分（PSW）については大きな違いがある。このことは，施設養育が既知顔と未知の顔の処理に微妙な違いをもたらすことを示唆している。では，この違いは42カ月時の追跡調査にも持ち越されるのだろうか。早期の顔処理のわずかな差は時間とともに拡大し，後年

に相当な差となって表れるのだろうか。

42カ月時の介入効果の追跡調査ではベースラインと同じ検査を行い，養育者の顔と知らない人の顔の画像を交互に子どもに見せて，ERPを記録した。いくつか注目すべき発見があった。第一に，ベースラインでの観察と同じように，施設養育継続グループはERPの振幅が著しく小さかった。注目すべきなのは，42カ月時に施設に留まっている子どもは20人のみだったにもかかわらず，最初のグループ割り当てでデータを解析しても（ITT解析），やはりグループの振幅は著しく小さかったことである。したがって，ベースラインで観察された皮質の低覚醒状態は42カ月時でも持続しており，このパターンは早期の体験（おそらく出生前も含む）の結果であって，その後の体験の結果ではない。第二に，未知顔と養育者の顔の識別では，施設養育継続グループと施設養育経験のないグループはERPのほとんどの成分について似た特徴を示している。とくに養育者の顔よりも未知顔に対して，振幅が大きく潜時が短い。ここでもベースラインの結果と同じで，驚いたことに，早期の施設養育は養育者の顔と未知顔の識別に比較的小さな影響しか及ぼしていない。つまり施設で育った子どもは施設養育経験のない子どもと同じように，既知顔と未知顔を判別することができる。その理由は，顔貌の認知処理の正常な発達に必要な入力要因は比較的少ないためかもしれない。[11]　おそらく，周囲に他の子どもたちや多くの保育者がいるだけでも，顔認識の基盤となる神経回路が通常通りに発達するのに十分な曝露なのかもしれない。

最後に，顔感受性のある主要なERP成分（P1，監訳者注：前述のP100と同義）の振幅については，里親養育グループの子どもは施設養育経験のないグループの子どもには及ばないものの，施設養育継続グループの子どもよりも強化されていた（図8.6参照）。このことは，42カ月時までに里親養育介入は顔処理のこの領域を正常化し始めることを示している。また家庭に委託することによって，ベースラインで観察された皮質の低覚醒状態が緩和するというEEGのデータとも一致する。興味深いことに，タイミング効果はまったく観察されなかった。このことは里親養育に委託する時期に関係なく正常化が起きること

第8章　早期の施設養育と脳の発達　│　157

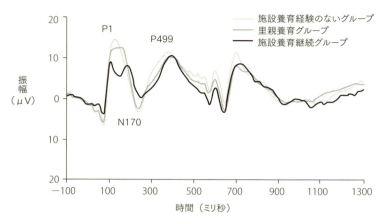

図8.6　30カ月時点の評価：右後頭部電極（O2）における総平均ERP波形

を示唆している。

●30カ月時のERP評価

　ベースラインと追跡調査の検査結果から，いくつかの結論を引き出すことができる。まずEEGの検査結果と同じように，施設養育に残された子どもは，すべてのERP成分が著しく小さかった。この皮質の低覚醒状態は懸念される問題である。施設養育児の脳（早期に施設養育を受け，後に里親養育に移った子どもも含む）が施設養育経験のない子どもの脳と異なる発達をすることを示唆しているからである。施設養育継続グループの子どもは里親養育グループや施設の経験のないグループの子どもに比べて，頭囲の成長が遅く小さいという先述の所見との類似性を指摘したくなる。この2つの事実（頭囲の小ささと脳活動の低下）は，施設養育がニューロンの減少，シナプスの減少，神経回路の混乱を招くことを示唆しているが，このうちの1つだけでも脳活動の低下を招く。

　次に，既知顔と未知顔を識別する能力は，BEIPの他の多くの領域とは異なり，施設養育の影響は**比較的**小さいようである。施設の子どもと地域の子どもで違いがあったのは，1つの成分のみ，またベースラインの時点のみだった。

両グループとも既知顔と未知顔は識別することができた。つまり施設環境の顔に関する情報は，顔貌の認知処理の基盤となる神経回路の一般的発達を促進するのに十分だったのである。ただし後年，施設養育継続グループにもっと複雑な顔処理が観察されるかどうかは，今はわからない。

第三に，質の高い里親養育に委託すると（委託の時期にかかわらず），顔認識の処理に関わる脳活動が正常に近づくことがわかった。この所見はEEGの検査結果とも一致し，早期の施設養育による脳のダメージは家庭への委託によって，年齢に関係なくある程度修復されることを示唆しており，希望が持てる結果である。後年に完全な回復に至るかどうかは，まだ判断できない。

表情－感情処理のERP研究

顔貌認知処理の発達のある側面については，体験が大きな影響を及ぼすことがある。顔貌認知処理の発達は「経験予期的，活動依存的な過程」という傾向が強く，皮質がその機能に特化する過程は生後1年間の顔に関する体験によって導かれる[12]。とくにBEIPに関係するのは，早期に施設養育を受け，その後，養子縁組された子どもの表情－感情処理の研究である[13]。

施設養育の経験のある子どもは，共同注意の欠陥，無差別的行動，ソーシャルスキルの低さ，仲間関係の乏しさなど，いくつもの社会的困難を抱えているように見える。こうした問題は，表情による感情表現のような社会的刺激に対する定型的でない処理過程に由来するのかもしれない。したがって顔の表情に対する神経反応を調べると，施設の子どもの大きな社会的な問題点について洞察を得られるかもしれない。

私たちはごく単純な実験設計を採用し，ベースラインと追跡調査で実施した。乳幼児や子どもに，同じ女性モデルの4つの表情（喜び，悲しみ，怒り，恐れ）を同じ頻度で提示し，その際のERPを記録した。

●ベースライン

いくつか留意すべき発見があった[14]。まず既知顔－未知顔の課題と同様，施設

第8章　早期の施設養育と脳の発達　　159

養育経験のある子どもは施設養育経験のない子どもに比べて，すべてのERP
成分の振幅が著しく小さかった。脳波の律動性波形の振幅も同様に小さかった
ことを踏まえると，予想通りの結果だった。次に，N170の振幅がより大きく
示されたのは，施設養育経験のないグループでは悲しみの表情であったのに対
して，施設養育経験のあるグループでは恐れの表情であった。またP250の振
幅がより大きかったのは，施設養育経験のないグループは悲しみの表情であっ
たのに対して，施設養育経験のあるグループは恐れの表情に対してであった。
このように施設養育経験のないグループと経験のあるグループでは，とくに恐
れと悲しみの表情に対する反応において，ERP成分（N170とP250）のパター
ンの違いが見られた。最後に，施設養育経験のないグループと経験のあるグ
ループでは，大脳半球の活動の差に違いがあった。施設養育経験のないグルー
プは一部のERP成分について左半球よりも右半球のほうが活発だったが，施
設養育経験のあるグループは両半球にほとんど差がなかった。こうした左右の
側性の欠如は，施設養育経験のあるグループは経験のないグループに比べて，
皮質の感情処理に対する特化が進んでないことを示唆する。これは全般的な皮
質の活動性の低下に関する他の所見とも一致する。したがって，皮質が特化し
ていく発達が定型的な過程をとらない原因は，それを促進すべき何らかの神経
基質が欠如していることにあると考えられる。

●追跡調査

　里親養育への無作為化後，42カ月時に同じ実験方法を実施した。[15]　ベースラ
インと同様，42カ月時でも施設の子どもは家庭で養育された子ども（施設養育
経験のないグループ）に比べて，P1（監訳者注：前述のP100と同義），N170, P400
の成分の振幅が著しく小さく，潜時も大幅に長かった。さらに既知顔－未知顔
の課題と同様，42カ月時でも里親養育に委託された子どものERPの振幅と潜
時は，施設養育継続グループと施設養育経験のないグループの中間であり，里
親養育は施設養育による不利な神経的変化をある程度，緩和したと考えられる。
ただし里親養育への委託年齢は，42カ月時のERPの検査結果と関連していな

かった。最後に3つのグループ（施設養育継続グループ，里親養育グループ，施設養育経験のないグループ）すべてにおいて，喜びの表情よりも恐れの表情に対してP250とNC（陰性成分）の振幅が大きく潜時反応が長かった。この最後の検査結果は，一般的な発達の子どもを対象とする過去の研究と一致し，施設養育が表情による感情表現の識別に及ぼす影響は限定的であることを示唆している[16]。

　全体としては，生後42カ月までに，施設養育経験のある子どもと施設養育経験のない子どもの感情処理には，いくつかの違いが観察された。ただしその違いは概してさほど大きくはなかった。既知顔－未知顔の課題と同様，施設養育による表情の識別能力の混乱は**比較的**小さかった。感情処理の行動課題でも42カ月時まで同様のことが観察された[17]。とはいえ，既知顔－未知顔の課題と同様，表情識別の課題でも，記録されたすべてのERP成分の振幅が著しく小さかった。ただし里親養育によってある程度，修正されている。この検査結果は，表情による感情表現の識別能力が損なわれていなくても，脳活動が低下していることを示唆している。1つの解釈としては，施設養育経験のあるグループおよび施設養育継続グループは人の顔に接する機会がより限定的なため，里親養育グループや施設の経験のないグループほど，顔処理の基盤となる神経ネットワークが分化していないということなのかもしれない。

8歳時の感情処理のERP研究

　前述の2つの課題は，比較的，高度な社会認識処理を必要としないものだ。私たちは，子どもがもう少し成長した時点で，より高度な顔貌の認知処理の検査をするとどうなるかに興味を持った。つまり，単なる表情の区別ではなく，表情による感情を**認識**する必要がある課題に，どう反応するのだろうか。

　検査では，8人の女優による怒り，恐れ，中立の顔を同じ頻度で提示した[18]。子どもは怒った顔を見た時にボタンを押すよう指示され，検査中はERPを記録した。

　いくつかの興味深い発見があった。まず3つの全グループが同じぐらい正確

第8章　早期の施設養育と脳の発達　｜　161

に怒りを認識していた。つまりグループ間に，課題の指示に従う能力の差はない。第二に，どのグループも恐れの表情を認識するのにやや苦労していた。このことは，恐れは最も認識しにくい表情であり思春期にならないと成人のレベルに達しないという所見と一致する[19]。第三に，施設養育経験のないグループと里親養育グループは，施設養育継続グループに比べて，中立の表情と恐れの表情の時にボタン押しを抑制することができた。このことは，施設養育継続グループは，概してこの2つの感情の認識に正確さを欠くか，全体に反応の抑制が不得手であることを示していると思われる（同じサンプルによるゴー・ノー・ゴー課題でも同様の結果が出ている。第7章参照）。またこの検査結果は，里親養育介入が中立的または恐れの表情を認識する能力を改善するのに有効であることも示唆している。最後に，反応時間についてはグループ間に差は認められなかった。

ERPデータからは，いくつか興味深い事実が浮かび上がってきた。まず顔感受性のある成分P1の怒りの顔に対する振幅は，施設養育経験のないグループが最大で，施設養育継続グループが最小，里親養育グループはその中間だった。42カ月時のERPの振幅により観察されたことだが，この検査結果も里親養育が顔表情の処理能力を向上させるという見解を裏づけている[20]。

P1とは対照的に，N170とP300はどのグループでも恐れの表情に対して最大だった。どのグループも課題関連刺激である怒りを同じように正しく認識することができ，怒りに対するP300の振幅も同程度だったが，N170とP300のERP反応が最大なのは恐れの表情に対してだった。この事実は，恐れの感情は信号値が高く（生後7か月から），恐れへの反応は施設養育によって混乱しないというユッカ・レッパネンとチャールズ・ネルソンの主張を裏づけている[21]。

里親養育グループの子どもは，恐れの表情と中立的表情を認識する能力が向上し（施設養育経験のない子どもに匹敵するレベルまで），怒りの表情に対するP1は施設養育経験のないグループと施設養育継続グループの中間であるが，タイミング効果は観察されなかった。全体的に，顔貌認知処理全般でも表情－感情処理でも，検査結果は42カ月時に観察したものと同じだった。

こうした検査結果は，もっと幼い年齢で観察された知覚識別の検査結果と対照的である。もっと幼い年齢では表情を識別する能力の差は比較的小さいが（既知顔と未知顔の識別も），8歳時では施設養育継続グループの表情の処理に，行動面からも電気生理学的面からもたしかに差異が認められた。また，里親養育グループの顔表情処理は施設養育経験のないグループには及ばなかったとはいえ，いくつもの小さな改善が見られた。タイミング効果がないという事実は，里親養育の委託年齢にかかわらず改善が可能であることを示唆している。もちろん平均委託年齢は22カ月だったことから，この解釈には留保が必要である。もっと早い段階で委託されていれば，タイミング効果が現れた可能性もあるからである。

　現在までの顔貌認知処理研究では，基本的な知覚能力は施設養育の影響をほとんど受けないが，より高度な認知能力は早期の施設養育の影響を受けやすいことがわかっている。また脳波検査の結果と同様，施設養育はERP振幅を著しく低下させるが，里親養育に移すと委託年齢にかかわらず，8歳までに修正されると思われる。この領域には介入効果はあるがタイミング効果はない。

　私たちはベースラインでの最初の観察以来，脳波検査の結果が意味するところを理解するのに，頭を悩ませてきた。これまで，このデータにはいくつかの解釈が考えられてきた。たとえばもし頭の大きさと脳の大きさに相関関係があるとしたら，頭囲が小さい施設の子どもの脳は実際にどうなっているのだろうか。ニューロンが失われているのか。ニューロンを構成する軸索や樹状突起が失われているのだろうか。あるいはシナプスか。それともアポトーシス（プログラム化された細胞死）の正常な過程がうまくいかず，不要な神経回路で見られるニューロンの過剰な**刈り込み**が起きたのだろうか。あるいは白質（ミエリンを含み，長・短距離のニューロン間接続をする部分）の少なさが脳波やERPの観察結果に寄与しているのだろうか。つまり脳の内部でうまく神経の接続ができずに，電気的活動の低下をもたらしたのだろうか。

　子どもが8〜10歳に成長した時，ようやくこれらの仮説の一部を検証できるようになった。私たちはMRIスキャンを使用して，脳構造を詳細に調べた。

第8章　早期の施設養育と脳の発達　│　163

ブカレストの神経放射線学者，アディナ・キリタの協力のもと，無作為抽出したBEIPの9歳前後の子ども78人に，MRIによる構造的評価を実施した（シーメンス1.5テスラMRIスキャナを使用）。被験者の内訳は，施設養育経験のないグループが20人，里親養育グループが27人，施設養育継続グループが31人である[22]。ハーバード大学医学部およびボストン子ども病院の小児医学准教授マーガレット・シェリダンがデータ処理を監督した。私たちはいくつか具体的な仮説を立てて研究に着手した。第一に，頭囲，脳波，ERPのデータに基づいて，施設養育継続グループは脳の総容積が総じて少ないことを予想した。それが灰白質の減少によるのか，白質の減少によるのか，その両方なのかをこれまでの研究では特定できなかったためである。第二に，動物研究とヒトの研究に基づいて，施設養育継続グループでは海馬が縮小していることを予想した。この仮説は，慢性的なストレスへの曝露とグルココルチコイド（海馬にとって神経毒性があり縮小の原因になりうる）の上昇を関連づけた研究文献に基づいている（第1章参照）。第三は扁桃体の変化である。ただし研究文献はその変化の傾向については不明確で，扁桃体の拡大を報告するものもあれば変化しないと報告するものもある[23]。第四は脳梁（左右の半球を結ぶ有髄軸索の太い束）の変化，とくに容積の減少である。その理由は両半球の接続は体験による入力に敏感であると思われるからである。最後に，里親養育に委託した後の脳波とERPのデータに基づき，里親養育グループは白質が増加していることを予想した（施設養育継続グループや施設養育経験のないグループは変化がない）。この推測は，複雑な（いわゆる強化された）環境で飼育されたラットには一貫して髄鞘の増加が見られるという，げっ歯類の広範なデータに基づいている[24]。

　簡潔に結果を報告すると，施設養育経験のある子ども（施設養育継続グループと里親養育グループ）は施設養育経験のないグループに比べて，皮質の総容積が小さかった。また同様に灰白質も少なかった。つまり灰白質については，介入効果はなかったといえる。白質に関しては，施設養育継続グループでは，里親養育グループと施設養育経験のないグループ（両群間に差異なし）に比べて少なかった。また部位によって差はあるが，脳梁の容積は，施設養育継続グ

ループは他の2つのグループ（両群間に差異なし）に比べて小さかった。これら最後の2つの検査結果は，里親養育による介入は，灰白質ではなく白質の容積について回復の効果があることを示唆している。それは白質の経験依存的な性質とも一致する（このことは施設養育継続グループではシナプスが少なくなる可能性を示唆する）。最後に，海馬や扁桃体についてはグループ間に差はなく，大脳基底核の1つか2つの部位にごく微小な変化があるだけだった。

　私たちはまた，こうした検査結果によって，早期の評価時点から見られた脳波の低電圧パターンを説明できるかどうか検討した。媒介分析の統計学的手法を使うと，脳波の出現量（EEG power）は白質の容積の差によって説明できることがわかった。白質の容積の少ない子どもは脳波の出現量が低い傾向があり，逆に白質の容積が大きいことは一般的な脳波の出現量と関係していた。このことは，私たちの研究にとって非常に重要な発見だった。後の章で扱うように，脳波の出現量は施設養育の子どもの不適応なアウトカム（ADHDの症状の発生率の増加など）の強力な予測因子だからである。

　脳構造に関するこれらの検査結果は，頭囲の検査結果を説明するのにも役立つ。施設養育継続グループの子どもの頭囲が小さく脳活動が低下しているのは，ニューロンが少なく（灰白質が少なく），白質も少ないからだろう。また里親養育グループの子どもは白質の量が改善している——実際に正常化している——という事実は，脳波や一部のERPの検査結果とも一致する。

結論

　本章の関心は，現在も施設にいる子ども，かつて施設にいた子ども，そして一度も施設を経験していない子どもの神経における後遺症の差異にあった。ここでの検査結果は，施設養育が複数の神経生物学的領域にわたって脳の発達に悪影響を及ぼすことを示唆している。施設養育継続グループの子どもは施設養育経験のない子どもに比べて，脳が小さく脳の電気的活動が著しく低下してい

第8章　早期の施設養育と脳の発達　｜　165

る。一方，里親養育に割り付けられた子どもは施設養育継続グループの子ども
に比べ，脳の電気的活動と白質の量が著しく増加している。ただし灰白質には
同じような改善は見られなかった。

　介入効果が認められた領域でも，脳波のように感受期が見られるものと
ERPやMRIのように感受期が見られないものがあることは注目すべきである。
これは領域によって経験への依存に差があるということかもしれないし，ある
いは委託年齢が**相対的に**高かったために，より幼い年齢では顕著だったかもし
れない感受期を探知できなかったということなのかもしれない。これは他の章
にも当てはまるテーマである。

Growth, Motor, and
Cellular Findings

第9章

成長, 運動, 細胞に関する検査結果

乳幼児が施設で十分に成長できないのは, 情緒的に剥奪されているからである。

ハリー・バックウィン (1949)

第6章では, 施設養育に関連する早期の心理社会的剥奪がさまざまな身体的・行動的・心理的問題をもたらしうることを示す研究を紹介した。施設養育によって生じる障害や発達の遅れの原因が, 生物学的かつ神経的な発達の脆弱性にあることは疑問の余地がない。第8章では, BEIPの対象者の早期の体験が脳の発達に及ぼす影響に注目したが, 本章では生物学的影響, とくに身体的成長, 常同行動の発症率, 運動の発達, 生物学的健康のエピジェネティックなマーカーへの影響を取り上げる (使用した評価尺度は表9.1を参照)。

身体的成長

施設養育が子どもの身長, 体重, 頭囲 (脳の大きさのおよその測定基準) の著しい低下をもたらすことがあるのは定説となっている。一説によると, 施設滞

表9.1 成長、常同行動、運動の発達、遺伝子の評価に用いた評価尺度

構成概念	評価尺度	評価スケジュール					情報源
		ベースライン	30カ月	42カ月	54カ月	8歳	
身体的成長	身長	○	○	○	○	○	子どもの検査
	体重	○	○	○	○	○	子どもの検査
	頭囲	○	○	○	○	○	子どもの検査
常同行動	アタッチメントの混乱	○	○	○	○	○	養育者の報告／ビデオ
運動の発達	ブルニンクス－オゼルツキー式運動能力検査					○	子どもの検査
遺伝子	テロメア長					○	子どもの唾液試料

在期間3〜5カ月ごとに直線的成長（身長）が約1カ月分減少するという[1]。最終的には，長年，施設にいる子どもは実年齢よりもずっと背が低くなる。

　ネグレクトによる発育不全には，2つの病因がある。まず不適切な養育の結果としてカロリー摂取量が少なく，**成長障害**の状態になることがある。成長障害のある子どもの母親は抑うつがあり，社会的支援が乏しく，物的に貧しい環境で暮らしていることが多い。次に，それほど一般的ではないが，カロリー摂取量は適切でも脳が成長の刺激に必要なホルモンの産生障害をきたすことによる発育不全がある。**心理社会性小人症**と呼ばれるこの症候群は可逆性があることがわかっており，深刻なネグレクトを受けた子どもでも適切な養育環境に移すと，成長ホルモンの量が増え成長が促進される[2]。不適切なカロリー摂取量も関係しているかどうかを判断できるような，施設の子どものカロリー摂取量や下垂体の代謝に関する研究は十分には行われてはいないが[3]，施設の子どもの発育不全は，心理社会性小人症のほうに近いと考えられている。

　BEIPは大半の先行研究とは違って，子どもの成長を，施設養育の期間と家庭に委託されてからの期間との両面で観察することができた。また成長と養育の質の関係も調査することができた。私たちは，成長が追いつくほど認知能力も発達するという仮定に立って，成長と認知の関係を追求した。

　私たちは認知機能（発達指数，知能指数，第7章参照）と養育の質を，ベースライン，30カ月時，42カ月時で評価した。またすべての子どもの身長，体重，頭囲をベースライン，30カ月時，42カ月時で測定し，施設養育継続グループと里親養育グループの子どもについては，ベースラインから42カ月時まで毎月，測定した。ここまで詳しいデータは類似の研究の中では画期的である[4]。

　全体的に，結果はきわめて明白だった。第一に，ベースライン時の施設の子どもは施設養育経験のない地域の対照群に比べて，身長，体重，頭囲が目立って小さかった。第二に，施設の子どものうち，出生時に小さかった子ども（低出生体重児）は標準的な出生時体重の子どもに比べて成長が阻害されていた（小さく生まれること自体がリスク因子だが，施設養育でさらに増幅したと考えられる）。第三に，里親養育グループの子どもは里親養育への委託後，施設に留

第9章　成長，運動，細胞に関する検査結果　　169

まった子どもに比べて身長と体重が目覚ましく増えた。ただし頭囲の成長率については2つのグループに差はなかった。介入の継続期間で見ると，里親養育に委託されてから最初の12カ月間で身長と体重が急激に増えたが，頭囲はそうではなかった。介入から12カ月後，里親養育グループの100％が標準的な身長の範囲に入り，90％が標準的な体重の範囲に入った。委託から12〜18カ月の期間は，どのパラメータについても目立った変化はなかった。つまり里親養育の子どもの成長の回復は委託後1年間という早い時期に起きており，委託のタイミングというより期間の問題であると思われる（またはこの2つの相互作用）。

次に里親養育の子どもの身体的成長の向上に何が影響したかを調べた。委託後の養育環境の質が高いほど（とくに養育者の敏感性と子どもへの無条件の肯定的関心），身長と体重のキャッチアップが著しかった（ただし頭囲には当てはまらない）。また身長の伸びが大きいほど，54カ月時の言語性IQの向上が著しかった。

全体としては，施設に留まった子どものデータは，施設養育は成長（とくに身長，体重，頭囲）に非常に有害な影響を及ぼすとする他の研究を追認するものだった。施設養育継続グループの中の低出生体重児ではとくに大きな影響が出ていた。介入の有効性という点では，里親養育の委託後の最初の12カ月に著しい身長と体重の増加が見られたが，頭囲は施設養育継続グループと里親養育グループの間に差はなかった。家庭への委託は身長と体重の成長を促進するが頭囲には効果がないと思われ，介入による効果はこれらの成長の指標に違いがあったことを示唆している。さらに里親養育グループの子どもでは，養育環境の質の向上と身長と体重の向上に正の相関が認められた。最後に，身長のキャッチアップが顕著なほど，言語性IQの向上も著しかった。

養育環境と成長のキャッチアップは関連しているという研究結果は，もちろん喜ばしいがとくに意外ではない。ネグレクトのある家庭から良好な環境の家庭に移された子どもが飛躍的な成長を遂げることは，これまでにも知られていた。とはいえ，回復するのは身長と体重だけであり，頭囲はそうではないとい

う点は意外だった。第8章で見てきたように，施設養育は脳の電気的活動や灰白質と白質の量（脳細胞の数や軸索の髄鞘化の程度を表す）に重大な影響を与える。とくに脳波の活動や灰白質と白質の容積の低下が認められ，白質の容積が早期の体験と脳波の出現量（EEG power）の関係に影響することがわかった[5]。生後24カ月以内にBEIPの里親家庭に委託された子どもは，8歳までに脳波の出現量が回復していることは重要な発見だった。したがって脳波の出現量と頭囲の関係は直接的なものではない。

常同行動

　ルーマニアの施設を訪れた時に目を引くのは，多くの子どもが座位や四つん這いで体を前後に揺らしたり，頭を左右に振ったり，何度も顔に手をやり，しばしば自分を叩いたりしている光景である。常同行動は，明確な目的や役割がなく同じ動作を何度も繰り返す症状と定義されている。常同行動は，感覚入力が減少したり異常だったりする時に発生するようである。たとえば動物園に行くと，トラが檻の中を行ったり来たりする様子や，ゾウが体を揺すっているのを見かけることがある。こうした行動は，自然生息地で得られるような感覚入力を欠いた結果と考えられている。幼児も同じで，刺激が乏しくヒトにとって非定型的な環境で育てられると，常同行動をすることがある[6]。ただし，視覚障害や自閉症など感覚入力が制限される症状でも，常同行動を伴うことが多いことを覚えておくべきである。この場合，視覚刺激の欠如や社会的刺激に対応する能力の欠如による感覚入力の喪失であり，この症状は障害による喪失として知られている。また一般的な発達の子どもでも，まだ幼いとき，とくに興奮している時に手をひらひらさせるなどの常同運動をすることがあるが，一過性のものであり，感覚入力の喪失に関係する広汎性の激しい常同行動とは，わりとすぐに見分けがつく。

　感覚入力の喪失による常同行動の機能的意味は（感覚情報だけの場合も，施設

第9章　成長，運動，細胞に関する検査結果　　171

養育の子どものようなもっと広範な場合も）まだよくわかっていないが，一般には自己刺激，自己を慰めるための対処機制，フラストレーションや不安の表出などと解釈されている。常同行動があることは発達中の脳の不適応な反応を示唆するので（皮質－基底核回路に問題がある可能性が高い），施設養育の子どもは施設養育経験のない子どもよりも，常同行動の発生率が高いかどうかを調べることにした。

　常同行動の存在を評価する方法はいろいろある。私たちが用いた方法の1つは，親や施設の養育者に子どもの常同行動の頻度を評価してもらうことである。このアプローチの利点は，養育者は子どもが起きている間，常に子どもの典型的な活動を観察しているので，ほとんどの子どもには比較的まれな行動に気づきやすい点である。だがこうした評価にはある程度，主観が入り込む。もう1つの方法は，子どもの日常活動をビデオ撮影し，観察された常同行動を数えるというものである。このアプローチは養育者の報告より客観性があるが，断続的な行動を観察するにはサンプル時間が少ないという難点がある。子どもの行動を撮影する自動ビデオ録画は90分程度である。そこで2つの方法を両方とも採用することにした。

　施設の子どもについては養育者と，里親養育や地域の子どもについては里親や親と面接を行った。面接者は常同行動の有無を質問した後，常同行動の頻度やその時の状況ができるだけわかるように，多くの詳細な関連質問をした。その後，子どもの属するグループを知らない評価担当者が，養育者の回答を「ほとんど，または，まったくない」「ある程度，または，時々ある」「多い，または，頻繁にある」のランクで評価した。面接はすべての子どもの親と養育者に対し，ベースライン，30カ月時，42カ月時，54カ月時に実施した。またベースラインと30カ月時では，日常活動中の常同行動を観察した。

　予想にたがわず，養育者の報告から，施設養育経験のある子どもはそうでない子どもに比べて，ベースラインの常同行動の発生率が高いことが明らかになった。ベースラインでは，施設の子どもの約60％に常同行動の兆候があるのに対し，地域社会で親と生活する子どもでは21％だった。ベースラインで

調査した施設の子ども113人のうち（1歳未満は含めていない）常同行動が「多い，または頻繁にある」子どもが3分の1以上を占めたが，地域の子どもでは61人中1人だけだった。[8] さらに日常活動のビデオによる客観的評価でも，施設の子どもは施設養育経験のない地域の子どもと比べて常同行動が多く見られた。

　次の問題は，里親養育に委託することにより常同行動の発生率が減るかどうかである。これはすべての評価年齢（30カ月，42カ月，54カ月）の養育者の報告によって裏づけられた。平均8カ月間，里親養育を受けた子どもは，施設に残った子どもに比べて常同行動が著しく減っていた。[9]

　その次は，里親養育への委託が早いほど常同行動も減るのかというタイミング効果の問題である。実際，常同行動の減少は委託のタイミングに対応し，生後12カ月未満で里親養育に委託された子どもは12カ月から24カ月の間に委託された子どもよりも常同行動が少なく，24カ月以降に移された子どもが最も常同行動が多かった。

　常同行動と認知機能の低下に関連があることは以前から指摘されていたので，私たちは常同行動とIQや言語との関係を知りたくなった。そして里親養育の子どもについては，常同行動の発生率が高いほどIQと言語機能が低いことがわかった（施設養育継続グループの子どもには当てはまらない）。なぜそのような関係があるのかは不明だが，推測するに，常同行動の持続はその背景にある神経学的問題の指標であり，それが認知機能や言語機能に影響を与えているのではないだろうか。

　また常同行動は不安に対処する手段かもしれないという推測から，常同行動は言語や認知だけではなく不安と関係があるのではないかと考えた。そこで親と保育者に精神医学的面接を行ったが（未就学年齢精神医学的評価［Preschool Age Psychiatric Assessment］，第11章参照），施設養育継続グループにも里親養育グループにも，不安と常同行動の関連性は見られなかった。里親養育に委託すると常同行動も不安も緩和することを踏まえると，これは重要な発見である。私たちの調査結果は，里親養育は不安と常同行動に対し，それぞれ異なるメカニズムによって影響を及ぼしている可能性が高いことを示唆している。

第9章　成長，運動，細胞に関する検査結果　　173

ベースラインでは施設の子どもの60％以上（平均年齢はわずか22カ月）に常同行動があったという事実は，施設養育の有害な結果をまた1つ示している。幸いにも家庭に移すことにより常同行動の発生率が大きく減るが，減少の度合いは委託年齢と関係し，委託時期が早いほど減少は大きい。また里親養育に移行すると常同行動が減るとはいえ，常同行動を続ける子どもは言語や知的能力にも遅れが出ることが多かった。

　以上のように，施設に残った子どもは，最初に施設にいて里親養育に移った子どもよりも（そして当然のことながら，まったく施設の経験のない子どもよりも），背が低く，体重が少なく，頭囲が小さく，常同運動が多い傾向がある。第8章で論じたように，これらの所見は，施設養育継続グループの子どもは脳の「パワーが低く」（脳波発現量とERP振幅の低下から推測），総皮質容量が小さい（ニューロンの数が少ないという見解と一致）という脳波，ERP，MRIの検査結果と関連している。

運動の発達

　多くの報告は，施設養育経験のある子どもに運動の発達や運動機能に遅れや障害が見られることを示唆している。[10]身体的発達に観察された著しい影響を念頭に置いて，私たちは対象者の運動の発達についても調べることにした。そのために，8歳時の追跡調査において2つの基本的な疑問を追求することにした。1つは，早期に心理社会的剥奪にさらされた子どもは運動機能が損なわれているかどうか，もう1つは里親養育介入によってこのアウトカムが改善するかどうかである。

　ここでは「ブルニンクス－オゼルツキー式運動能力検査（Bruininks-Osteretsky Test of Motor Proficiency）」を実施した。[11]この検査は8つの領域（微細運動能力，微細運動統合，手先の器用さ，左右の協調，バランス，走る速さと敏捷性，上肢の協調，力）に焦点を置いている。

174

施設養育の子どもと地域社会の子どもを比較すると，結果は一目瞭然だった。評価したどの領域でも，施設養育経験のある8歳児はそうでない8歳児と比べて著しく遂行成績が低かった。[12]

　なぜ施設養育が運動能力にこれほど著しく全面的な影響を及ぼすのかよくわからないが，1つの可能性は「不使用」である。施設の子どもはごく早期からベビーベッドに閉じ込められ，歩けるようになっても運動スキル（とくに微細運動スキル）を練習する機会が乏しい。もう1つは，これまでにも指摘してきたが，施設に遺棄された子どもにわずかな（あるいは明らかな）脳損傷がある可能性である。これは常同行動の検査結果とも一致する。

　残念ながら，私たちが評価した運動機能については介入の効果はなかった。8歳時の里親養育の子どものスコアと施設に残った子どものスコアに差はなく，両グループとも地域社会の子どもに著しく遅れをとっていた。

　この検査結果は，委託の時期が「遅すぎた」（平均月齢22カ月）ので回復できなかったという，運動の発達の感受期を示唆しているのだろうか。それとも，里親の努力の大半は認知能力やアタッチメントなどに注がれ，運動能力の改善まで手が回らなかったということなのだろうか。もし作業療法などの専門的・集中的介入があれば回復を促進できたのだろうか。もちろん，単に回復に時間がかかるというだけで，もっと年長になればキャッチアップするのかもしれない。

　だが施設の経験のある子どもはそうでない子どもに比べて，運動能力と運動の発達において著しい遅れがあるという事実に変わりはない。第12章で扱うように，これは後年の他の発達の側面にとっても重要な意味があるのかもしれない。

テロメア——細胞の健康の指標

　逆境やストレスへの曝露は，一貫して精神的・身体的健康の種々の望ましく

第9章　成長，運動，細胞に関する検査結果　　175

ないアウトカムと関連づけられてきた[13]。他の研究者も早期の施設養育の心理的・神経学的な悪影響を明らかにしてきたが，私たちは早期の逆境が細胞レベルの変化にも現れるかどうかに興味を抱いた。

それが事実かどうかを確かめるために，テロメア（染色体の末端にある特殊な核タンパク複合体）を調べた。染色体のテロメア領域は染色体安定性を促進していると思われる。たとえば一生の間，無数に発生する細胞分裂において染色体を保護する役割をする。酸化ストレスや環境曝露によるDNAの損傷が増えると，テロメアは短くなる。テロメアの短縮がある臨界点に達すると細胞老化が始まり，細胞分裂が止まって，やがて細胞は死滅する[14]。

テロメアの短縮は，本質的に**エピジェネティックな**過程である。体験によってDNA構造そのものが変わるのではなく，DNAがどう発現するかが変わる（一般にメチル基の追加やヒストン修飾による）。テロメアの短縮の加速は通常の老化と関連づけられているが，心血管障害，糖尿病，認知の低下など早期の逆境にまつわる望ましくないアウトカムとも関連づけられている[15]。最近の研究では，テロメアの短縮は早期の不適切な養育（マルトリートメント）歴，気分障害，自己申告による心理的ストレス，慢性疾患のある人の介護にまつわるストレス曝露などの心理的ストレスとも関連があることが明らかになっている[16]。こうした研究は，早期の逆境がさまざまな健康指標において，増加する有病率や死亡率に結びつくメカニズムの1つとして，心理的ストレスにともなう細胞老化の加速が当てはまるかもしれないことを示している。

私たちはBEIPの対象者が6〜10歳の時にテロメア長を調べた[17]。口腔頬粘膜からスワブで細胞を採取し（頬粘膜スワブ），スワブ上の細胞からDNAを抽出した。施設養育への曝露を，ベースラインと54カ月時における施設養育期間のパーセンテージによって数値化し，相対テロメア長の平均との関係を分析した。すると施設養育への曝露が大きい子どもほど，小児期中期のテロメア長が短いことがわかった。この結果は性別によって差があり，女児では**ベースライン**での施設養育期間のパーセンテージがテロメア長の重要な予測因子であり，男児では**54カ月時**の施設養育期間のパーセンテージが強力な予測因子だった。

これは，施設養育の生物学的危険性を実証する最初のエピジェネティックな検査結果である。小児期のテロメアの短縮を説明するには，さらに多くの基礎的な科学研究が必要だが，この検査結果から明らかなのは，施設で過ごす期間が長いほどテロメアは短くなるということである。ただしその関係は厳密には性別によって違いがあり，女児の場合，平均月齢22カ月のベースラインにおける施設養育期間のパーセンテージが小児期中期のテロメアの短縮に関係するが，男児には当てはまらない。男児の場合，54カ月時の施設養育期間のパーセンテージがテロメア長に関係するが，女児には当てはまらない。これは何を意味するのだろうか。この研究はこの領域で最初の研究であり，もっと多くの探求が必要だが，ここには性別による重大な違いがはっきりと現れている。すなわち女児には非常に早期のストレスが重要で，男児には累積的ストレスが重要であると言い換えることができる。

この研究結果は，施設養育は細胞レベルで――おそらく重要な――影響を与えるという予備的証拠である。もしテロメアが本当に細胞の健康の生体指標と考えられるなら，入所期間が長いほど短期的・長期的健康が損なわれることが予想される。これは今後の研究の重要な領域である。

結論

早期の逆境が発達に及ぼす影響について，BEIPが最も画期的な貢献をしたのは生物学的領域である。施設養育の発達への影響に関する過去や現在の文献のほとんどは叙述的研究だが，BEIPは行動面の特徴を説明しうる神経的・生物学的メカニズムを解明しようとした（現在までの検査結果の要約は表9.2参照）。またBEIPの生物学的検査結果には，1つの検査結果がもう1つの検査結果を説明するような相互関連性がある。たとえば，施設養育継続グループの子どもは施設養育経験のないグループの子どもよりも頭囲が小さいことは早くから観察されており，その後，施設養育継続グループは脳波の活動も低下していること

表9.2 身体的成長、常同行動、運動の発達、遺伝子に関する介入効果とタイミング効果

評価した構成概念	評価 42カ月 介入効果	タイミング効果	観察されたタイミング	54カ月 介入効果	タイミング効果	観察されたタイミング	8歳 介入効果	タイミング効果	観察されたタイミング
身体的特徴									
身長	あり	あり	12カ月		評価せず			未分析	
体重	あり	あり	12カ月		評価せず			未分析	
頭囲	なし	あり	12カ月		評価せず			未分析	
常同行動	あり	あり	12カ月	あり	あり	12カ月		未分析	
運動の発達		評価せず			評価せず		なし	なし	―
遺伝子		評価せず			評価せず		あり	なし	―

が観察された。次にMRI画像によって，施設養育継続グループは他のグループに比べて灰白質と白質の容積が小さいことが明らかになり，これにより頭囲と脳波データの説明がつきそうである。同様に，今や多くの研究が人生早期の逆境と後年の健康状態の関連性を支持している。たとえば在胎週数に比して小さく生まれて生後1年間で急激に成長をした子どもは，かなり後年になって心疾患や糖尿病を発病するリスクが高いことがわかっている[18]。BEIPのテロメア研究は，施設養育が細胞の正常な成長を損なう可能性があることを示唆している。将来は，この検査結果の機能的影響を調べたい。たとえば施設養育継続グループは里親養育グループや施設養育経験のないグループよりも病気になりやすく，心血管疾患やメタボリックシンドロームなどの成人病にかかりやすいのだろうか。その答えを得るには時を待たなければならない。

第9章　成長，運動，細胞に関する検査結果　　179

Socioemotional Development

第10章

社会・情緒的発達

> 生後1年の間に5カ月以上母親を奪われた乳児は，だんだん状態
> が悪化していく。無気力になり，運動の発達が遅れ，体重や発育
> が止まる。表情はうつろで，活動といえば普通ではない奇怪な指
> 運動ばかりである。
>
> **ルネ・スピッツ「ホスピタリズム」（1945）**

　私たちが研究をした施設で印象的なのは，子どもたちが驚くほどおとなしく，陰鬱に見えることである。12カ月から36カ月までの乳幼児15人が，ほとんど何も置かれていない広いプレイルームのあちこちに散らばっている。通常，養育者は1人だけで，時々，子どもと漫然としたやり取りをするが，たいていは座ったままで子どもにほとんど注意を払わない。

　たしかに子どもによって違いはある。数人の子どもが両手を広げて何のためらいもなく私たちに近寄ってきて，声を立てたり笑ったりする。一方，部屋の隅のほうに固まり，座ったまま，あるいは仰向けになって体を揺すっている子どももいる。不気味に思えるほど感情が表れず，生気のない顔で，あてどなく歩き回る子どもも多い。仲間にぶたれて，あるいはこれといった理由もないのに動揺している子どももいる。

　子どもは苦痛を感じても，養育者に慰めてもらおうとすることはほとんどなく，たいてい，ただ泣き続けている。私たちが居合わせたからなのか，子ども

があまりにひどく泣くので無視できなくなったからなのか，たまに養育者は子どもをなだめようとするが，子どもはすぐには落ち着かない。慰められることを期待していないように見えるし，一般的な子ども－養育者の相互作用で反復されるような「苦痛－慰め－安心－遊びの再開」というサイクルになじんでいる様子もない。さらに子ども同士の社会的相互作用は短く発作的な攻撃が中心で，数少ないおもちゃを奪い合ったり，挑発されてもいないのに一方的に攻撃したりする。子ども同士の継続的な遊びはほとんどなかった。

施設で育った子どもの社会的・情緒的行動の異常性は，100年以上前から報告されている。[1]20世紀半ばのルネ・スピッツとウィリアム・ゴールドファーブの記述的研究でも，こうした行動は最も目を引く非定型的行動である（第6章参照）。スピッツの撮影した中米の孤児院の記録映画や，ジェームズとジョイス・ロバートソン夫妻の1950年代のロンドンの入所型乳児施設の記録映画で目を引くのは，慰められることもなく泣き叫び，やがて，うつろで無抵抗で超然とした雰囲気で目を見開いている幼児の姿である。[2]

こうした記述的研究は，心理社会的剥奪が社会・情緒的発達に与える著しい影響について注意を喚起するという点で大きな意味があったが，施設の子どもの社会・情緒的行動を体系的に調査したわけではなかった。もっと現代に近いいくつかの研究は，施設から養子縁組された子どもの深刻な社会・情緒的異常を明らかにしている。[3]BEIPは，子どもがまだ施設にいた期間とその後の里親養育の期間で調査することにより，先行研究の成果をさらに展開した。早期の剥奪とその後の里親家庭への委託が子どもの社会・情緒的行動に及ぼす影響を，実証的研究によって解明することが，私たちの目標だった。

BEIPの最初の目標の1つは，アタッチメント行動などの社会・情緒的行動に対して標準化された妥当な評価法を用いて，施設で育つ幼児を研究することだった。だが実施にあたって，開発時の状況設定とは非常に異なる状況で評価尺度を使用することになることはわかっていたので，評価尺度の前提を常に意識せざるをえなかった。たとえば幼児のアタッチメントを評価するために従来から広く行われているストレンジ・シチュエーション法は，幼児と親とのア

タッチメントの質を評価するために設計されたものだが，BEIPではこの評価尺度を，多くの子どもが養育者とアタッチメント関係さえ築けていない可能性のある状況で用いることになる。また幼児の研究でよくやるように，養育者による子どもの行動の報告も利用したが，施設の養育者は親（実親や里親）に比べて子どもをよく知らず，心理的な投資も少ないことも承知していた。そうした限界はあるものの，施設養育の子どもという極端な集団を通して，逆境の影響の深さと回復のためのアタッチメントシステムの柔軟性の両方を評価することができた。

　私たちは自分たちの観察と先行研究に基づいて，施設養育の子どもは適切な社会的刺激や子どもの行動に即した，敏感性の高い，応答性のある養育を受けることが少ないので，社会的発達が阻害されるという仮説を立てた。とくに関心を持ったのは影響を受けやすいと思われる3つの領域，すなわち肯定的感情の認知と表出，アタッチメント行動，仲間関係とソーシャルスキルである。

肯定的感情の表出

　とくに年少の子どもの場合，なじみのない刺激（楽しい，こわい，面白いなど）をどう解釈するかは，状況を理解したり他者の表情の中にある感情を識別したりする能力によって左右される。そうした状況の体験がない，あるいは少ないと，肯定的感情を体験し表出する潜在能力が発達しないことがある。

感情表出の（評価）尺度

　私たちは，日常的な相互作用での子どもの感情表現をただ観察するのではなく，肯定的な感情表出を**引き出す**手法を採用した。その理由は2つあり，まず個人差が検出できるほどの肯定的感情表出の例をみるのにどのぐらいの観察時間が必要なのか見当がつかず，少なくとも相当な長時間を要すると思われたことである。もう1つはより重要なことだが，私たちの関心は肯定的感情を表出

する**潜在能力**を評価することにあったからである。施設の単調な環境は，潜在能力ではなく表出に影響を及ぼす可能性があった。

　私たちは肯定的感情表出の潜在能力を評価するために，子どもの気質の個人差を特定する評価バッテリーの中から2つの課題を選んだ。感情表出は気質の重要な要素とされているので，「実験室気質評価バッテリー」（LABTAB: Laboratory Temperament Assessment Battery）の課題を使用した。この（評価）尺度は，幼児の感情表現の個人差を評価するために設計されたものである。私たちが選んだ課題は「パペット」と「いないいないばあ」である（両方とも肯定的感情を引き出すとされている）。まずベースラインの評価でこの2つの課題を実施し，月齢30カ月時と42カ月時で再実施した。「パペット」の課題（若干，修正を加えた）では，子どもは養育者（施設の子どもの場合）・実親（地域の子どもの場合）・里親（介入に割り付けられた子どもの場合）の膝の上に抱かれて小テーブルの前に座る。向かい側には，研究助手が魚とオンドリのパペットを左右の手に持って座る。研究助手は声色を使い分けながらパペットを子どもに紹介し，パペットと「会話」を続ける。パペットは子どもに「面白いことをしよう」と言って，子どもを軽くくすぐる。2つ目の課題では，研究助手が「いないいないばあ」を2回やる。最初に手で顔を隠し，それからにっこり笑って顔を出し「いないいないばあ」と言う。2回目は期待を高めるため，顔を隠す時間を少し長くする。「パペット」は2〜3分，「いないいないばあ」は1分程度の課題である。養育者と親には，課題の途中で子どもに話しかけず中立的な表情を保つように指示しておく。この指示が必要なのは，幼児はなじみのない刺激やあいまいな刺激にどう感情反応したらいいかわからないと大人の養育者から手がかりを得ようとするので，養育者からの「ヒント」なしに子どもを反応させるためである。

　課題を実施している間，子どもの様子をビデオ撮影し，後でこの子どもがどの集団に属するかをよく知らない評価者が感情的応答性をコード化した。評価者は，特定の行動の事例を記録し，それを肯定的感情表出，否定的感情表出，課題への集中の3つの総合的スコアに転換した。

第10章　社会・情緒的発達　│　183

●施設で生活する子どもの感情表出

　ベースラインでは子どもは月齢6カ月から31カ月であり，課題は30カ月時と42カ月時に再実施した。例によって，施設養育継続グループや里親養育グループの中でベースライン評価時に30カ月より年長だった子どもは委託の1カ月後に再評価した。つまり30カ月時の追跡調査では里親養育の子どもは1～24カ月間，家庭を体験し，42カ月時では12～36カ月間，家庭を体験していることになる。「パペット」の課題でも「いないいないばあ」の課題でも，子どもの行動は非常によく似ていたので，2つのエピソードのスコアを合計することにした。

　ベースラインでは，親と生活する地域の子どもは施設の子どもよりも肯定的感情を多く表出し，課題に集中していた。一方，施設養育の子どもは2つの課題を実施する間，否定的感情の表出のほうが多かった。

●感情表出への介入効果

　里親養育の効果を評価するため，30カ月時と42カ月時に同じ手法による検査結果を確認し，2つの課題の行動をまとめてスコア化した。介入の結果を評価する前に，ベースラインにおいて施設養育を継続する子どもと里親養育に委託される子どもの間に行動の差異がなかったかどうか確認する必要があるが，実際，差異は存在しなかった。だが30カ月時と42カ月時では，目を見張るほどの差異があった。里親養育グループの子どもは施設養育継続グループの子どもよりも肯定的感情の表出がずっと多く，課題にもよく注意していた。里親養育グループは施設養育継続グループよりも各年齢で肯定的感情の表出が多かっただけではなく，ベースライン評価からの長期的変化が目覚ましかった。[6]

　さらに里親養育の子どもの肯定的感情の表出は，少なくとも地域の子どもに劣らなかった。つまり里親養育グループは施設養育継続グループとの間に大きな差があっただけではなく，無作為化と介入以前の潜在能力が通常レベルにまで回復していたのである。これだけ完全な回復は，BEIPで実施した評価尺度においてはまれである。大半の評価尺度では，里親養育グループの遂行成績は

施設養育継続グループより優っていても，地域の子どもに匹敵するまでには至らなかった。だが少なくともこの一領域に関しては，回復は速やかで（里親養育開始後，平均8カ月で顕著になる）完全である。タイミング効果はないことから，感情表出の潜在能力は少なくとも生後2年半までは体験に対して開かれ，情緒的環境や状況の肯定的変化にきわめて速やかに反応すると考えられる。

アタッチメント

　BEIPは，施設で生活する幼児のアタッチメント行動を標準的な評価手段によって調査し，家庭を基盤とする介入がアタッチメント行動に与える影響を検証した。研究目標の1つは，アタッチメントの妥当な評価尺度による検査結果が，施設養育の子どもはアタッチメントの混乱が深刻であるという従来の記述的研究の観察と一致するかどうかを確かめることである。もう1つは，少なくとも最初の時点で選択的アタッチメントを形成する機会に乏しい環境で育った子どもに，どの程度の回復能力があるかを検証することである。質の高い養育はアタッチメントの健全な発達に不可欠とされてきたが，施設養育において，それをはっきりと検証できる。最後に，施設の経験のない子どもについても言われてきたように，アタッチメントの異常と精神病理の発症に重要な関連性があるかどうかを確かめることである。

　アタッチメントの概念は，発達心理学と精神医学の領域で長く複雑なプロセスを経て発展してきた。なぜ，どのようにして乳幼児は特定の人物を慰めと支援の提供者として選択するようになるのかは，長年，関心を呼んできた。精神分析理論は乳幼児の早期の養育体験の重要性に着目した最初の心理学的アプローチで，アタッチメントと口唇の満足を関連づけている。その後，行動主義者は事例によってそれを裏づけ，養育者－乳幼児の関係は二次的動因説の文脈で説明できると主張した。精神力動的アプローチでも行動主義的アプローチでも，ヒトの乳幼児の生後1年間の特定の個人への選択的優先傾向は，子どもが

第10章　社会・情緒的発達　｜　185

食物の供給とアタッチメントを関連づけることのみに基づくという考えは，ほとんど裏づけられなかった。1960年代のハリー・ハーロウの有名なサルの実験は，ミルクを与える針金製の母とミルクを与えない布製の母を使って，赤ちゃんザルが接触による安心を与える「対象」（布製の母）のほうを好むことを実証した。[7]

精神分析家ジョン・ボウルビィは，乳幼児の認知や知覚の発達，アタッチメントの絆の形成のメカニズムを説明する動物行動学的アプローチなどの当時の知見を統合して，アタッチメント理論を構築した。[8] ボウルビィの弟子のメアリー・エインスワースと彼女の弟子による実証的研究は，ボウルビィの概念の多くを運用可能なものにし，アタッチメント関係の測定と評価の土台を築き，乳幼児と母親のアタッチメント関係の質の個人差をもたらす生後1年の過程についての理解を深めた。

エインスワースと弟子たちはメリーランド州バルティモアの母親と乳幼児の小集団を研究対象とし，養育行動の観察によって，養育者が軽度から中度のストレスを感じている時の養育行動と子どもの行動との関係を探った。[9] 彼らは，生後1年間に家庭で観察された乳児の母親に対する行動と，12カ月時の実験室での乳児の母親に対する行動に関連性があることを実証した。母親が子どもの苦痛や肯定的情動のサインに敏感で，子どもが苦痛を感じる時に応答的で子どもの行動に合わせた世話をする場合，子どもは母親に近づき接触を維持しようとする傾向があり，母親の存在によって落ち着きを取り戻した。母親がしばしば子どもの苦痛のサインを無視したり侵入的だったりする場合，子どものアタッチメントは安定しにくく，むしろ「不安定」になった。どちらのタイプでも乳幼児は養育者とアタッチメント関係を形成しているが，関係の質は生後1年間の養育のタイプによって違いがあった。

だが最も基本的なアタッチメント反応さえ促進できないような異常な体験をしている乳幼児はどうなのだろうか。施設では，たいていの乳児は，担当の養育者は1人ではなく，いつも同じ複数の養育者に世話されるわけでもない。子どもの行動に即した，敏感で，応答性のある世話をしてもらえない環境で早期

から育った乳幼児は，経験の上に発達するべく準備されているアタッチメントの発生に対しての究極の限界例といえるだろう。

アタッチメントにはさまざまな定義があるが，一般には，幼児が自分の世話をしてくれる特定の大人に対して，慰め，支持，養育，保護を求める傾向を指す。乳児は，種にとって典型的な環境では生後7〜9カ月までに，恐怖や苦痛を感じた時に特定の養育者への明らかな優先傾向を示すようになる。このアタッチメント関係が発展すると，新しい行動が出現する。乳児は選択的な養育者からの分離に抵抗し，よく知らない大人に対して以前にはなかったような遠慮を見せるようになる。ハイハイや歩行によって動き回るようになる12カ月までには，好きな養育者に接近し接触を試みるようになる。世話をする大人に対する一連の行動（慰めてもらおうとする，そばにいようとする，分離に動揺する）は，乳幼児が「アタッチメント」したことを示している。乳幼児がよく知らない大人に人見知りをし，養育者が少しの間，離れようとするとそれに抵抗することは，アタッチメント関係の発生の一大特徴である。アタッチメントの形成の過程は，子どもが苦痛や不安を感じた時の養育者の敏感で応答性のある世話を軸にして展開される。アタッチメントを促進するために，そうした相互作用がどのぐらい（質ではなく量）必要なのかはまだわかっていない。

施設養育を受けている乳幼児の形成するアタッチメントが，健全で堅固なものではなく非定型的で希薄なものなのかどうか，私たちにはまだ確信がなかった。発達研究では幼児と養育者のアタッチメントの質を評価する方法が確立されているので，私たちはその評価尺度を用いてこの重要な発達領域の実態を明らかにしようとした。

●施設で生活する子どものアタッチメントの評価

ストレンジ・シチュエーションは小児期早期のアタッチメントの評価尺度として最も広く認められているものなので，これを用いて施設養育の子どもを評価することにした。この方法では，1〜2歳の子どもと親または養育者の短時間の分離と再会のエピソードを観察する。アタッチメント理論では，乳幼児は

第10章　社会・情緒的発達　│　187

アタッチメント対象から離れて探索をしようとする生来的欲求と，苦痛を感じた時に安心を得ようとしてアタッチメント対象との物理的近接を求める欲求とのバランスを取っていると考えられている。ストレンジ・シチュエーションでは，子どもはアタッチメント対象が一緒にいる時には安心を見せ，探索の意欲が高まることが予想される。アタッチメント対象との分離のエピソードでは，子どもが明らかな苦痛をみせるか，少なくとも環境を探索する意欲が減退することが予想される。ストレンジ・シチュエーションをコード化する際は，子どもの行動，とくに再会のエピソードで，近接性をどの程度求め，接触によってどのぐらい安心できるか，直前の分離のエピソードでの苦痛の鎮まりの程度に注目する。この分離と再会のエピソードにおける子どもの反応の組織化によって，熟練した評価者は子どもと養育者のアタッチメント関係の質を判断することができる。

　とくに再会のエピソードにおいて乳幼児がどのようにアタッチメント行動と探索行動とを組織化するかによって，アタッチメントの**パターン**は高い信頼性で分類できる。養育者との分離で苦痛を見せ，それをためらいなく養育者に訴え，再会するとただちに慰めを求め，速やかに慰めに反応し，落ち着きを取り戻して探索を再開する子どもは，**安定型**に分類される。一般的な発達の乳幼児の約50 〜 60％は養育者に対するアタッチメントが安定している。一方，分離の際に苦痛を見せるが，再会して養育者になだめられても落ち着かず苦痛がやまない子どもは，**両価型／抵抗型**に分類され，低リスクサンプルの5 〜 10％を占める。さらに10 〜 15％の子どもは，分離に際してほとんど反応がなく，再会では養育者を避けたり無視したりするが，これらの子どもは**回避型**に分類される。[11]乳幼児のアタッチメントパターンは関係性特異的（相手によって異なる反応をする）であることが少なくない。子どもには複数のアタッチメント関係が存在することがあり，それぞれの関係はそれまでの養育行動と苦痛の時の慰めの積み重ねを反映している。

　4つ目のパターンの**未組織型**のアタッチメントでは，子どもは慰めを得るための組織化された戦略を持たず，まとまりに乏しく恐れたような異常な行動を

見せる。低リスクの乳幼児では約15％，虐待された乳幼児になると80％もの子どもが養育者へのアタッチメントが未組織型となる[13]。親や子どものリスク因子の数が多く深刻であるほど，アタッチメントが未組織になる可能性は高くなる[14]。だがここで重要なのは，反応パターンやアタッチメントの質にもかかわらず，またたとえ未組織型のアタッチメントであっても，子どもが養育者との間に何らかのアタッチメント関係を形成していると思われることである。それは，「アタッチメントがない」のとは異なる。

就学前児童についても微調整したストレンジ・シチュエーション法で評価したところ，乳幼児と類似のパターンが見られた。安定型，回避型，抵抗／両価型（就学前児童では依存型）のパターンの記述は，乳幼児のものとよく似ている[15]。乳幼児の未組織型のアタッチメントは，就学前児童になると未組織型のままか**統制型**のアタッチメントとして現れることがある。また高リスクの就学前児童には，**不安定／その他型**というさらなる異常パターンが見られた。

乳幼児と就学前児童のアタッチメントの安定性は，保護因子とみなされている。とくに高リスクサンプルで，乳幼児以降の不適応な状態の発生率が低くなる。一方，就学前児童の未組織型，統制型，不安定／その他型のアタッチメントは，後年の精神病理の非常に強力な危険因子である[16]。

このような乳幼児期のアタッチメントパターンが，高リスクサンプルにおいても低リスクサンプルにおいても，親子関係の質の理解に重要であることは証明されている[17]。アタッチメントの質的差異に関する多くの研究が，養育の質とアタッチメントパターンには緩やかな相関があり，養育者の敏感性と応答性が安定したアタッチメントと関連があることを示している[18]。また虐待や対人的暴力への曝露，母親の薬物乱用など養育面での極度の逆境は，異常なアタッチメントを形成させやすい[19]。以上の理由から，私たちは施設で生活する子どものアタッチメントの評価にストレンジ・シチュエーション法を採用することにした。

もちろん，ストレンジ・シチュエーション法は，養育者との感情的絆が存在する乳幼児のアタッチメントパターンの質を評価するために開発されたものであり実際に施設の子どもが養育者にアタッチメントを形成しているかどうかは

第10章　社会・情緒的発達　│　189

確信が持てなかった。だがいずれにしろ，この手法を用いることにより，私たちの研究結果と多様な環境や文化の子どもについての研究結果を比較し，施設の子どもと養育者の間のアタッチメントについてストレンジ・シチュエーション法の評価が示唆するものを理解したいと考えた。

　最初の問題は，ストレンジ・シチュエーション法で子どもと相互交流をする養育者の人選だった。子どもが多数の養育者と限定的な接触をする環境では，アタッチメントの対象人物として推定されるのは誰なのか明白とはいえない。私たちは施設のスタッフに，子どもが最も好きな養育者がいるかどうか訊くことにしたが，子どもが誰を好きかについては，スタッフの意見は概して一致し，信頼性もきわめて高かった。最も好きだと思える養育者がいない場合は，その子どもを日常的に世話し，よく知っている養育者にストレンジ・シチュエーション法に参加してもらった。

　ここで留意したのは，ビデオ撮影の際，外見からは施設の養育者なのか母親なのか区別できないように養育者には私服で参加してもらったことである。グループの状況を知らないアタッチメントの専門家がビデオを評価し，確立された基準に従って，探索と近接性を求める行動のバランスを比較し，4つの主要パターン（安定型，回避型，抵抗／両価型，未組織型）のいずれかに分類した。一部のテープについては，2名のアタッチメントの専門家の評価したデータを比較したが，評価者間の一致率は高かった。

●施設で生活する子どものアタッチメントパターン

　BEIPは，施設で生活する子どもを含むルーマニアの乳幼児のアタッチメントパターンを調べた最初の研究だが，その結果は注目に値するものだった。ブカレストの地域社会で家族と生活し施設の経験のない子どもの母親へのアタッチメントは，安定型74％，回避型4％，未組織型22％だった。安定型と未組織型の比率は，米国の一般的な発達の子どものサンプルからの予測よりも若干高かったが，1つの研究でこの程度の微妙な差が出ることは珍しくない。一方，施設の子どもは，安定型はわずか18％で，3％が回避型，65％が未組織型だっ

た。そして13％の子どもはアタッチメント行動が非常に少なく，**分類不能**とされた。[20]分類不能型はごくまれであり，家庭で生活する子どもについては一例も報告されていない。

　施設養育の子どもと施設養育ではない子どもの顕著な差は，BEIP開始後に他の研究グループが発表したギリシャの施設の乳幼児の研究報告とよく似ている。[21]その後のウクライナの施設の乳幼児の研究でも，よく似たアタッチメントパターンの分布が見られた。[22]BEIPとこの2つの研究の結果はアタッチメントに関してはよく似ていたのだが，IQスコアに関しては，BEIPの子どもはギリシャやウクライナの子どもよりもずっと低かった。この違いは，アタッチメントは心理的混乱の指標として感度が高く，IQは剥奪のレベルの指標であることを示唆しているのかもしれない。1970年代のロンドンの入所型保育施設についての古いが重要な研究も，IQへの影響は緩やかなのに対しアタッチメントには大きな影響が及ぶとしている。[23]このように私たちの研究結果と他の研究結果に一致が見られることから，ルーマニアの施設でのストレンジ・シチュエーション法の使用で意義のある結果が得られたという確信が増した。

　また施設という例外的状況で，養育者への組織化されたアタッチメントを形成するのに重要な変数を予測することにも興味があった。さまざまな変数を検証したが，重要な予測因子は養育の質のみだった。養育の質が1単位向上すると，子どもがまとまりのある（監訳者注：安定型，回避型，両価型／抵抗型）アタッチメントを形成する確率が29％向上した。分類不能型グループの子どもを未組織型グループに含めて同じ予測因子を適用すると，養育の質が1単位向上するとまとまりのあるアタッチメントを形成する確率が30％向上した。[24]

●施設で生活する子どものアタッチメント形成の度合い

　ルーマニアの施設の子どもと地域社会の子どものアタッチメントパターンには顕著な違いがあるが，パターンの違いだけではこの2つのグループのアタッチメントの違いの深刻さは伝わらない。実際，2つのグループのより大きな違いが，すぐに明らかになった。

アタッチメントの専門家として著名なミネソタ大学のエリザベス・カールソンは，最初にビデオを評価した1人である。彼女は，研究対象がルーマニアの子どもであることしか知らされずに，1人の子どもにつき21分間のストレンジ・シチュエーションを観察した。ところがビデオを評価するうちに，子どもと養育者のアタッチメントが不完全にしか形成されていないことに気づいた。

　カールソンが戸惑ったのは，ビデオに登場する子どもの多くが非常に奇妙な行動を見せ，さらにはまったく優先傾向のない子どもがいたことである。カールソンは，子どもと養育者の間にアタッチメントがどの程度まで形成されているかを評価する，5点制の評点尺度を作った。この尺度は，従来の行動パターンには当てはまらないがアタッチメント形成の度合いや段階を反映すると思われる行動を類型化したものである。[25]

　カールソンの尺度では，評点5は未組織型も含めて従来のアタッチメントパターンと合致するような，十分にアタッチメントが形成された状態を指す。つまり回避型あるいは抵抗型，そして不安定型か未組織型に「分類」されても，アタッチメントが形成されていれば5と評価される。評点4は極端または広範な異常行動（従来の未組織型のコードの範疇を超える）が見られるが，アタッチメント形成の証拠がある場合である。評点3がつくのは，アタッチメント行動は断片的で断続的だが，見知らぬ人よりは養育者に向けられている場合である。次のレベルの評点2では，よく知っている養育者に対しても行動にごくわずかな差しか認められず，アタッチメントのサインや反応はまれに見られる程度である。最後に，アタッチメント行動がまったく認められない子どもは，評点は1になる。カールソンの評点を，もう1人のアタッチメントの専門家，現ミネソタ大学名誉教授のアラン・スルーフの評点と比較すると，アタッチメントパターンについても5段階のアタッチメント形成の評点についても高いレベルで一致していた。

　どのアタッチメント分析でも注意を払ったのは，認知年齢が確実に11カ月に達している子どもだけを被験者にすることである。ストレンジ・シチュエーションの行動の評価は，子どもが親しい大人とそうでない大人を区別し，軽度

のストレスに対して行動を組織化する能力に依拠しているので，アタッチメント行動の評価が可能なぐらいに認知と運動能力が成熟した子どもだけを評価したかった。その結果，施設の子ども136人中95人と地域社会の子ども50人が対象になった。

　分析結果は注目に値するものだった。評価者はどういう子どもについて行動をコード化するのか，事前に知らされていなかったにもかかわらず，地域社会の子ども50人全員をレベル5（十分にアタッチメントが発達し，はっきりとしたアタッチメント行動が認められる）と評価した。一方，施設の子どもでアタッチメントの形成を示す行動が見られたのは，95人中3人だけだった。95人中62人（65％）は評価がレベル3以下でアタッチメントとほぼ関連がない特殊な行動を取った。施設の子どもの10％は，まったくアタッチメント行動が認められなかった。[26]

　施設のような極端な養育環境を踏まえると，それほど驚くような結果ではないが，これまでこうした分析は行われていなかった。その後のウクライナの施設の子どもの研究でも，同じようにアタッチメントの形成不全が報告されている。ただし十分なアタッチメントが形成されたレベル5の例が，BEIPより多かった（BEIPの3％に対し24％）。[27]

　もう1つ興味深いのは，アタッチメント形成レベルの評価とアタッチメントパターンの分類との対比によってわかったことである。まずレベル1（まったくアタッチメントが認められない）の子どもは，9人全員がアタッチメントパターンで「分類不能」と評価された。次にレベル2の子どものうち7人（29％），レベル3の子どものうち7人（24％），レベル4の子どものうち3人（10％）が，安定したアタッチメントに分類された。彼らが見せたわずかなアタッチメント行動は，安定したアタッチメントの行動（分離の際に苦痛を表し，見知らぬ人よりも養育者に慰めを求めるなど）に非常に近かった。とはいえ，地域の子どもの完全に形成された安定したアタッチメントに匹敵すると考えるべきでない。

　アタッチメントが存在しない，あるいは不完全にしか形成されない原因を明らかにするため，いくつかの変数を分析したが，特定できた因子は養育の質の

第10章　社会・情緒的発達　　193

みだった。こうした子どもたちの生活に欠けていたのは，子どもの行動に即した肯定的な社会的相互作用を提供できる，敏感で応答性のある養育者だった。そのような人物がいなかったので，アタッチメントを形成できなかったのである。

●施設で生活する子どものアタッチメント障害

これまで見てきたように，一般的な養育環境ではすべての乳幼児は養育者にアタッチメントを形成する。だが施設などの極端な養育環境では，アタッチメントは深刻なまでに損なわれ，存在しないことさえある。ここまで紹介したアタッチメントパターンの研究は，基本的な発達心理学の伝統から派生したものだが，もう1つのアタッチメント研究の伝統は，やはりジョン・ボウルビィの研究を土台としつつ，施設養育の子どもに関する臨床文献に根ざしたものである。こうした文献は，異常なアタッチメント行動を伴う精神障害を定義している。

反応性アタッチメント障害（RAD）は，社会的なネグレクトや剝奪が原因と思われる異常なアタッチメント行動とその他の社会的異常が見られる障害である。臨床パターンとしては，情緒的引きこもり／抑制型と無差別的社交性／脱抑制型の2つがある（監訳者注：原書は2014年出版）。情緒的引きこもり／抑制型の子どもは，苦痛を感じる時ですらアタッチメント行動をほとんど，あるいはまったく表さない。また慰められることを求めず，あるいは慰められても受け入れず，原因不明の怒りの爆発，恐れ，引きこもりなど感情調整に困難がある。無差別的社交性／脱抑制型の子どもは，よく知らない大人に対する自然な遠慮がなく，なじみのない状況で養育者に確認を求めず，見知らぬ人に喜んで「ついていく」[28]。

アタッチメント障害が系統的に研究されるようになったのは最近のことだが，剝奪された幼児にこの障害があることは半世紀以上も前から記録されてきた。BEIPでは，これまでの研究で検証されてこなかった多くの疑問を新しい方法で検証する機会となった。第一に，現在の施設養育の子どものアタッチメント

障害を，最新の尺度で評価することができた。これまでの研究の大半は20世紀中盤から行われている記述的研究だった。第二に，高リスクサンプルのアタッチメント障害について自然経過を評価することができた。第三に，アタッチメント形成のパターン（安定型，回避型，抵抗型，未組織型）と臨床的なアタッチメント障害の相互関係を検証する絶好の機会を得た。第四に，障害の脆弱性因子として個人の遺伝子の差異（いわゆる多形現象）を調べることができた。第五に，アタッチメントを分類しただけではなく，里親養育（改善された養育と考えられる）が障害されたアタッチメントに有効な介入かどうかを確かめることができた。これまでアタッチメント障害に対する意図的介入研究はされていなかったし，ましてランダム化比較試験は実施されていない。最後に，BEIPの他のアウトカム同様，アタッチメントについても，里親養育のタイミング効果を検証し，タイミングがどの程度関係するかを確かめることができた。こうしたすべての理由によって，アタッチメント障害をBEIP研究の中で重要なアウトカムに含めるのは妥当なことである。

　アタッチメント障害の記述が最初に登場したのは，施設の子どもや被虐待児の研究である。とりわけ大きな影響を与えたのが，1975年に発表された研究である。

　1960年代の終わりから1970年代初頭にかけてのロンドンでは，遺棄された乳幼児は入所型保育施設に収容された。この保育施設は一般の施設よりも小規模で，収容人数は15 〜 25人が1つのユニットに暮らしていた。1つのユニットは，乳児のグループか2 〜 4歳児と就学前児童の年齢混成グループである。施設環境は，それ以前に記録された多くの施設よりも良好だった。概して十分な数のスタッフがいて，適切なおもちゃや本が備えられ，年齢にふさわしい刺激を与える活動スケジュールもあった。実際，子どものIQは3歳までに平均の範囲に入っていた。だが他の施設と同様，スタッフはシフト制で勤務し，さらに重要なことなのだが，公式なレベルで，スタッフが子どもとアタッチメントの絆を作らないようにすることが明示されていた。そのアタッチメント関係が中断された時に，子どもに悪影響を与えるという理由からである。

第10章　社会・情緒的発達　　195

この研究の主任研究者であるロンドンの心理学者，バーバラ・ティザードは，養子縁組と施設養育に関心があった。ティザードは，生後2，3カ月から2歳までに遺棄されて入所型保育施設に入所した65人の子どもを調査した。子どもたちは2歳から4歳半までに，24人が養子縁組され，15人が実の親に引き取られた。残りの26人は生後まもなくから4歳半まで施設で過ごした。

　養育者の評価によると，施設に残った26人のうち18人は，誰に対しても深いアタッチメントを抱いていなかった。その18人のうち8人は感情面で無関心で孤立していると描写されている。この子どもたちは対人的な応答が鈍く，誰にも特別な関心を抱かないが，問題行動は少ない。一方，残りの10人は活き活きとした感情を持ち積極的に人に関わるが，人の注意を引こうとしたり，しがみついて離れなかったり，よく知らない人と過度に親しくしたり，問題行動が多かった。興味深いことに，養育者に「アタッチメントがある」と評価された他の8人は，お気に入りの養育者についてまわり，離れようとすると抗議し，よく知らない人には近づかなかった。[30]

　無関心で孤立して応答性の鈍い8人の子どもは，現在なら情緒的引きこもり／抑制型の反応性アタッチメント障害の兆候があると説明されるだろう。ティザードの画期的な研究の後，他の研究者によって，この障害が施設の子どもや，社会的ネグレクトを経験し里親に初めて委託された時の子どもに同定されやすいことが示されてきた。一方，施設から養子縁組された子どもには，この障害はめったに見られない。

　また，人と関わろうとするが浅い感情やつながりしか持てない10人の子どもは，現在なら，無差別的社交性／脱抑制型の反応性アタッチメント障害（脱抑制型アタッチメント障害）の兆候があるとみなされるだろう。その後の研究によって，この障害が社会的ネグレクトの経験のある里親養育の子どもにも見られることが明らかになった。無差別的社交性／脱抑制型のアタッチメント障害は，情緒的引きこもり／抑制型のアタッチメント障害とは異なり，施設から養子縁組されたグループの中に少数だが無視できない頻度で見られる。実際，高いレベルの無差別的社交性は，施設から養子縁組された子どもで最もよく見ら

れる社会的異常の1つであり，養子縁組から何年も経ってからも目立つことがある。[31]

　BEIPでは，ティザードの研究で描写されたような行動の兆候を，養育者との面接と評価者による反応のコード化によって評価した。施設の子どもは地域社会の子どもに比べて，養育者から，情緒的引きこもり／抑制的な行動と無差別的社交性／脱抑制的な行動の両方が著しく深刻であると評価されていることがわかった。ただし施設の入所期間は，どちらのタイプの反応性アタッチメント障害とも明白な関係はなかった。

　施設の子どもについてのカールソンのアタッチメント形成レベルの継続的評価は，養育者による情緒的引きこもり／抑制型のアタッチメント障害の評価と緩やかな相関関係があったが，無差別的社交性／脱抑制型のアタッチメント障害の評価とは関係がなかった。このことは，情緒的引きこもり／抑制型の反応性アタッチメント障害の子どもは，養育者とのアタッチメント関係がなく，子どもはアタッチメント関係があろうとなかろうとも，高レベルな無差別的社交性が十分に見られることを示唆している。

●施設で生活する子どものアタッチメントの評価尺度の相関関係

　ベースラインでの施設養育の子どもについては，アタッチメント形成のレベルの継続的評価は養育者による情緒的な引きこもり／抑制型の反応性アタッチメント障害の評価と緩やかな相関関係があったが，無差別的社交性／脱抑制型の反応性アタッチメント障害の評価は関係がなかった。このことは，情緒的な引きこもり型の反応性アタッチメント障害ではアタッチメントが形成されていない，あるいはほとんど形成されていないことを明示している。一方，無差別的社交性行動の多発は，安定型・不安定型・未組織型のアタッチメントの子ども，あるいはまったくアタッチメントのない子どもにも観察される。このことは，無差別的社交性／脱抑制型のアタッチメント障害は，ストレンジ・シチュエーション法によって評価されるアタッチメントの分類とは，ほぼ無関係であることを示している。[32]アタッチメント障害のある幼児は，組織化されたアタッ

第10章　社会・情緒的発達　│　197

チメントパターンよりも未組織型あるいは異常なアタッチメントパターンを持つ傾向があるが、アタッチメント障害の2つの構成概念とアタッチメントパターンはまったく異なる指標である。

アタッチメントに対する介入効果

里親家庭への委託は、とくに子どものアタッチメントを強め、アタッチメントの混乱の兆候を緩和することを目的としている。その効果がどの程度あるのかを判断するために、ストレンジ・シチュエーション法によるアタッチメントパターンとアタッチメント障害の兆候の両方を分析した。

●介入効果：アタッチメントパターン

子どもが42カ月になった時に、再びストレンジ・シチュエーション法を実施した。手順は2〜3歳児とほぼ同じだが、コード化の体系が異なる。42カ月時では、養育者への接近や離れる行動をコードすることだけではなく、感情的な距離や親密さを調節する言語の使用も考慮してアタッチメントパターンを評価する。就学前児童の場合、パターンは安定型、回避型、依存型、未組織型、統制型、不安定型／その他である。最後の3つは「非定型的」であり、安定型、回避型、依存型よりも精神病理と関連が深いと考えられている。私たちは安定型とその他すべてのパターンを比較し、また定型的パターン（安定型、回避型、依存型）と非定型的パターン（未組織型、統制型、不安定型／その他）を比較し分析した。また安定の度合いを測る連続的な評価も用いた。ベースラインでの評価と同様、施設の子どもの場合はなついている養育者、該当者がいない時は、その子どもと日常的に関わり、子どもをよく知っている養育者に協力してもらい、評価した。

私たちは、里親養育に委託された子どもは施設養育を続けた子どもよりも、安定したアタッチメントの比率が高く、安定の度合いも高いと予想した。また里親養育の子どものほうが、非定型的パターンが少ないと予想した。

予想通り、42カ月時では施設養育継続グループでアタッチメントが安定して

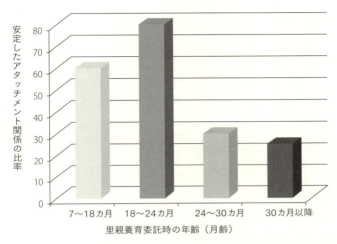

図10.1 42カ月時で安定したアタッチメント関係のある里親養育の子どもの委託時年齢別による比率。24カ月未満で委託されたかなり多くの子どもは、アタッチメントが安定している。

いる子どもはわずか18%だったのに対し、里親養育の子どもは49%、地域社会の子どもは65%だった。安定度の連続的スケール評価では、地域社会の子どもは他の2つのグループよりもはるかに安定しており、BEIPの里親養育の子どもは施設の子どもよりもはるかに安定していた。

　私たちは、里親養育の委託のタイミングがアタッチメントの安定に及ぼす影響を検証することにした。つまりある年齢を過ぎると、安定したアタッチメントが形成される可能性が低くなるかどうかということである。実際、24カ月時までに里親養育に移行した子どもは24カ月以降に移行した子どもよりも、はるかに安定したアタッチメントを形成する傾向が強かった。委託の時期が遅れても里親と安定したアタッチメントを形成できなくなるわけではないが、可能性は低くなる。図10.1が示すように、委託の時点で24カ月以上だった子どものうち、安定したアタッチメントを形成できたのは25%だった。**この調査結果は、非常に厳しい逆境の中で人生を始めた子どもでも、相当な回復力があることを示唆している点で重要である。**さらに第11章で取り上げるように、42カ月時にアタッチメントが安定している子どもはそうでない子どもに比べて、

その後の人生で対人面でも心理面でも順調である。

●介入効果：アタッチメント障害

　アタッチメントパターンに関する調査結果は42カ月時のものしかないが，アタッチメント障害に関する調査結果は，全年齢での養育者の報告と54カ月時および8歳時の観察がある。介入がアウトカムに及ぼす影響は，アタッチメント障害の2つのタイプでそれぞれ異なっていた。

　情緒的引きこもり／抑制型の反応性アタッチメント障害については，最初の評価（30カ月時）でもその後のどの時点の評価でも，里親養育への委託が明らかによい効果をもたらしていた。里親養育グループの子どもは施設養育に残ったグループの子どもに比べて，情緒的引きこもり／抑制型の反応性アタッチメント障害の兆候がずっと少なく，地域の子どもと区別がつかなかった。最も早い評価年齢でもこのアタッチメント障害の兆候がまったく消えていた。里親養育グループの子どもは月齢30カ月時までに，介入時点から1カ月（研究開始時に最も年長の子ども）から23カ月（研究開始時に最も年少の子ども）経過している（平均8カ月）。タイミング効果も見られず，情緒的引きこもり／抑制型の反応性アタッチメント障害の兆候は，里親養育に移行した年齢に関係なく見られなくなっていた。情緒的引きこもり／抑制型の行動はきわめて「可塑的」で，介入によって修正できるようである[34]。

　無差別的社交性／脱抑制型のアタッチメント障害については，介入への反応はもっと複雑であり，同時に非常に興味深い。養育者や親の報告からも，ベースラインから8歳時までのあらゆるデータ時点で見ても，里親養育グループの子どもは施設養育継続グループの子どもに比べて無差別的社交性行動の兆候が少なく，施設養育経験のない子どもよりは多い。さらに里親養育グループと施設養育継続グループでは，回復曲線が異なる。里親養育グループではどの評価時点でも，前より兆候が減少している（例外として42カ月時から54カ月時までは変化がない）。施設養育継続グループでは変化が見られるのは54カ月時から8歳時までの期間だけである[35]。一方，長期的・全体的なグループ間の差異の評価

の統計的優位性はごくわずかであったが，これはそれぞれの介入への反応の不安定さというよりも，無差別的社交性／脱抑制型のパターンへの介入に対する反応の不安定さを示すものである。

　また私たちは，無差別的行動について，養育者の報告を観察による評価尺度によって補うことにした。施設を訪問した人は誰でも，初対面なのに，まるで大好きな遊び友達が来たかのように両手を挙げて近寄ってくる子どもがいるのに気づく。一般的な発達の子どもは7カ月から9カ月までにいわゆる人見知りが始まるので，こうした行動は見られない。人見知りが始まると，その後2, 3年はよく知らない人に対しある程度の遠慮をするようになる。私たちもこの現象を頻繁に観察したが，無差別的行動はルーマニアやその他の国々の施設から養子縁組された子どもについても，最もよく見られる持続的な異常の1つとして報告されている。[36]

　当初，行動の観察では，なじみのない研究助手が研究室を訪れた時に，子どもが「ついていきたがる」かどうかを評価することを考えた。しかし子どもは研究室に来て研究助手の指示に従って実験に参加することに慣れているので，このやり方で私たちが知りたい行動が正確にわかるかどうか確信がなかった。そこで子どもの住まい（アパート，家，施設）で同じようなことをすることにした。

　私たちは，54カ月時に3回の家庭訪問を計画した。1回目の家庭訪問の最後に，母親または養育者に2回目の訪問について教示を与えた。2回目の訪問では，子どもと顔見知りではない研究助手が子どもの家を訪問した。母親（養育者）がドアを開けるとき，子どもと母親（養育者）が一緒にいるようにと教示した。研究助手は子どもを見て「こんにちは，私はフローリンです。あなたのお名前は？」と言う。そして子どもの顔をのぞきこんで「一緒においで。いいもの見せてあげるから」と言う。母親（養育者）は子どもに一切指示を出さないことになっている。私たちは，子どもが顔見知りではない研究助手についていくか拒否するかに注目した。子どもがついていった場合は，2人が少し歩いたところで，前の週に子どもが会った研究助手が「こんにちは，また遊びにき

第10章　社会・情緒的発達　　201

たよ」と言って迎える。この方法は「ストレンジャー・アット・ザ・ドア法」として知られるようになった[37]。

　4歳の子どもが家から離れて知らない人についていくのは普通のことではないと思われるが，実際，地域社会の子どもの反応を見ると28人中1人（4％）しかついていかなかった。対照的に施設養育継続グループの子どもは31人中13人（42％）がついていった。里親養育グループの子どもはその中間で，29人中7人（24％）だった。この方法が開発された時にはすでに54カ月時の評価は始まっていたので，以上の数字にはサンプルの全員が含まれているわけではない。この試験を実施した時に，利用可能なデータが得られたのは88人だけだった。辞退した親や，子どもに指示を出してしまった親も少数いて，それらはデータ分析には含まれていない。グループ間の違いは一見，際立っているようだが，サンプル数が少ないので，施設養育継続グループと里親養育グループの見知らぬ人についていった子どもの比率には統計的意味のある差にはならなかった。一方，両グループとも地域社会の子どもよりはついていく可能性が高かった。重要なのは，子どもの行動に関する養育者の報告とこの手法による観察のコード化はかなり一致しており，同じ現象を測っている可能性が高いということである。

　里親養育への委託のタイミングについては，無差別的社交性／脱抑制型の反応性アタッチメント障害では複雑な結果が出た。早期（24カ月未満）に委託された子どもは，42カ月時と8歳時を除いては一般にスコアが低い。早期委託グループでは，ベースラインから30カ月時にかけてスコアが急減し，その後は安定している。委託が遅かったグループでは，30カ月時から42カ月時にかけて緩やかに減少した後で一時，停滞し，54カ月時と8歳時を比べると再び減少している[38]。

　性別や民族などの人口統計学的要因は，幼児のアタッチメント障害からの回復と関係がない。施設養育継続グループの認知に遅れのある子どもは，情緒的引きこもり／抑制型の反応性アタッチメント障害の兆候があまり改善しないが，これは里親養育グループの子どもには当てはまらない[39]。

こうした分析結果から，里親家庭への委託は情緒的引きこもり／抑制型の反応性アタッチメント障害の兆候を明らかに取り除くが，無差別的社交性／脱抑制型の反応性アタッチメント障害に対する効果は低いことがわかる。それでは無差別的行動への介入には，ほかにどのような要素が必要なのだろうか。たとえば，社会的手がかり（social cues）の読み取りや応答を訓練すると，無差別的行動を減らせるのだろうか。そうした訓練は，無差別的行動の根底にあると思われる社会的／認知的異常の特徴をもっと明らかにすることによって，よりよいものになるかもしれない。

仲間との関係，ソーシャルスキル，ソーシャルコンピテンス

子どもの社会的世界は，年齢とともに家庭から学校・教室・仲間へと広がっていく。またBEIPの子どもも（長く施設に留まった子どもさえも）学校に通うし，施設の中でも社会的相互作用の機会がある。私たちは，彼らが同年齢の仲間とのソーシャルスキルやソーシャルコンピテンス（社会的能力）をどのように形成するかに関心を持った。それを明らかにするため，親や養育者に子どもの社会的行動を報告してもらい，またBEIPの子どもが同性同年齢の子どもと一緒にいる様子を研究室でも観察した。相互作用を構造化してビデオで撮影し，ビデオテープからソーシャルスキルとソーシャルコンピテンスが現れる行動をコード化した。

施設の子どもの仲間の中での社会的行動（ソーシャルスキル，親密な関係，友情など）に関する研究はあまり多くない。ペニー・ロイと共同研究者らは，入所型養育施設で生活する学童年齢の子どもと里親家庭で育った子どもの社会的行動を比較した。[40]養育者の報告を用いたこの研究によると，「選択的な」友人関係がほとんどない，あるいはまったくない子どもは，施設の子どもの5分の1に及ぶのに対し，里親家庭の子どもは1人も当てはまらなかった。ペニー・ロイらは，こうした社会的関係の欠如は特定の養育者との関係の欠如と関係が

あると結論した。同じように，サンドラ・ケイラーとB・J・フリーマンはルーマニアの施設の就学前児童を地域社会のサンプルと比較し，仲間関係があまりないことを報告した。[41] ニーゼ・エロール，ゼイネップ・シムセク，ケリム・ムニールはトルコの養育施設の11〜18歳の少年少女をサンプルとし，社会的行動の自己申告を分析した。[42] この研究では，施設養育の少年少女の養育者や教師は彼らの社会的問題について，地域社会のサンプルに比べて高いスコアをつけていた。以上の研究や他の研究は，施設で育った子どもや思春期の少年少女の社会的困難を報告しているが，友達関係の欠如や社会的困難の理由を解明するためのソーシャルスキルや特定の行動の調査は行っていない。子どもはもともと対人関係に関わる意欲がないのではなく，関係を築くのに必要なスキルがないという可能性もある。

　施設養育が子ども時代の社会的発達に及ぼす影響を理解することは，いくつかの理由から重要である。まず最も重要なことだが，早期の社会的行動は，その後の発達段階でますます増えていく社会的要求や社会的変化とうまく折り合いをつける基盤になる。また社会的拒絶や排除は，思春期の非行やリスク行動を招くことがある。[43] 実際，エロールと共同研究者によると，友人が少なく友人との関係が薄いと自己申告した施設の少年少女は，ユース・セルフレポート（Youth Self-Report）の問題行動の報告のスコアも高かった。[44] また小児期早期の仲間関係の問題は，成人期の適応の困難と関係があるとされている。[45] そうした望ましくないアウトカムを回避するために，里親養育介入によって施設養育の負の社会的影響の一部を修復できる可能性を見極めることが大切である。

社会的発達の評価尺度

　ソーシャルスキルを評価するために，子どもが8歳の時に，主な養育者と教師にソーシャルスキル評価システム（SSRS: Social Skills Rating System）によって報告してもらった。[46] SSRSは養育者向けに55項目，教師向けに57項目が設定され，ソーシャルスキル（下位スコアはコミュニケーション，協力，自己主張，責任感，共感，関与，自己統制）と問題行動（下位スコアは外在化，いじめ，多動／

不注意，内在化，自閉症スペクトラム）を評価し，教師の報告では学業成績（下位スコアは国語の成績，算数の成績，学習意欲）も評価する。

よく知らない同年代の子どもとの相互作用は，実験室での6つの相互作用課題（「テル・ミー」「レゴ」「パズル」「ジェンガ」「ブレインストーミング」「パカリシ」の順序）によって評価した。「テル・ミー」は互いに自分について話し（2分ずつ），「レゴ」と「パズル」は共同作業の課題で，最初にレゴ，次にパズルの組み立てをする。「ジェンガ」は，ブロックを積み上げた塔から，塔が崩れないようにバランスをとりながら順番に1つずつブロックを抜いていくゲームである。「ブレインストーミング」では，2人ともやりたいと思う楽しいことを上から3つ挙げる。「パカリシ」はルーマニアのカード・ゲームである。課題はそれぞれ5分程度である。

子どもの行動はビデオ撮影し，後で複数の別のルーマニアの研究助手のチームが独立してコード化した。コード化された行動は発話時間，協力，課題非従事行動，傍観，会話，そわそわする，社会的参照，肯定的情動，否定的情動などである。とくに注目したのは，セッションで会話が始まるまでの時間と，課題中のギブ・アンド・テイクの量である。前者の行動をスピーチレティセンス（会話へのためらい）と呼び，後者をソーシャルコンピテンス（社会的能力）と呼んだ。

●介入効果：ソーシャルスキル

私たちは3つのグループ——施設養育継続に無作為に割り付けられた子ども（CAUG），里親養育に無作為に割り付けられた子ども（FCG），地域社会の子ども（NIG）——について，養育者と教師の報告に基づいてソーシャルスキルを比較した。その結果，介入終了から3年半後の時点で，子どもの社会的行動に望ましい影響があることがわかった。[47] 里親養育グループの子どもは施設養育継続グループの子どもよりも，養育者からソーシャルスキルを高く評価されていた（教師の評価はそうではない）。興味深いことに，教師は里親養育グループに対しても施設養育継続グループに対しても，実親や里親よりも子どものソー

第10章　社会・情緒的発達　｜　205

シャルスキルを低く評価していた。

　もう1つの重要な発見は，里親養育への委託年齢が，親や養育者の社会的行動の評価に大きく影響していることである。20カ月未満で委託された子どもはそれ以降に委託された子どもよりも，教師によるソーシャルスキルの評価が高かった（教師は子どもが委託された年齢を知らず，施設にいたことすら知らないことが多い）。この結果は，早期の介入が施設の子どものソーシャルスキルによい影響を与えることを浮き彫りにしている。ただし里親養育グループの子どもの評価は地域社会の子どもほど高くはなく，8歳時でも早期の剥奪の発達への影響が続いていることを示唆している。

●介入効果：仲間との関係

　また仲間との行動の観察でも，介入効果が認められた。[48]施設にいた子ども（施設養育継続グループまたは里親養育グループ）が，同性同年齢の地域社会のよく知らない子ども（施設養育経験のないグループ）と相互作用する前述の課題では，望ましい介入効果が見られた。具体的には，里親養育グループの子どもは施設養育継続グループの子どもよりもソーシャルコンピテンスが高く，会話へのためらいが少ないと評価された。施設養育継続グループの子どもは会話へのためらい度合いがかなり強く，里親養育グループの子どもは会話能力がかなり高かった。こうした結果は，社会的要求の高い2つの課題でよく知らない同年代の子どもと交流する時のソーシャルコンピテンスについて，介入が望ましい効果を与えていることをはっきり示している。

　また「アクター・パートナー相互依存モデル」（APIM：Actor-Partner Interdependence Model）を使用して，施設を経験した子どもの特徴（会話へのためらいなど）が施設の経験のない同年代の子どもの行動（会話の能力，社会的関与，社会的引きこもりなどの領域の行動）に影響を与えるか，またその逆はあるかどうかを確かめた。[49]予測因子として会話へのためらいの複合（speech reticence composite）が選ばれた。これが評価の時に最初に取り組む相互作用的課題（テル・ミー）でコード化されているためである。APIM分析では，二者関

係において，一方の子どもがもう一方の子どもに与える影響を知ることができる。

当然ながら，施設養育継続グループの子どもの会話へのためらいが著しいほど，施設養育経験のないグループの子どもの社会的関与は少なかった。一方，施設養育経験のないグループの子どもの会話へのためらいは，施設養育継続グループの子どもの社会的関与に相互影響を与えなかった。里親養育グループと施設養育経験のないグループのペアでは，「ジェンガ」と「パカリシ」の課題において，会話へのためらいは，社会的関与へのアクター中心もしくはパートナー中心への影響も相互作用的な影響も与えなかった。基本的に，里親養育グループの子どもにはよく知らない子どもと相互作用をする社会的スキルとコンピテンスがあり，このグループは地域社会の対照群の行動に影響を与えていなかった。一方，施設養育継続グループの子どもは地域社会の対照群の行動に，望ましくない影響を与えていた。

●社会的発達における脳と行動の関係

第8章で説明したように，8歳時の脳波のアルファ波の出現量（alpha power）には委託年齢によるタイミング効果が見られた。8歳時での教師のソーシャルスキルの評価にも，同様のタイミング効果が見られる。私たちは脳機能と社会的発達の関係を明らかにするため，関係性要因（アタッチメントの安定性）と生物学的要因（アルファ波の出現量）がどのように組み合わさって，小児期中期の教師によるソーシャルスキルの評価に影響を与えているのかを調べることにした。

42カ月時で養育者とのアタッチメント関係が安定している子どもは，8歳時の教師によるソーシャルスキルの評価が高い傾向があることがわかった。だが8歳時のアルファ波の出現量に注目すると，アルファ波の出現量はアタッチメントの安定性とソーシャルスキルの関係を著しく調整するという，統計的相互作用が実証された。アルファ波の出現量の高い子ども（標準偏差が平均より1以上高い）の場合は，安定したアタッチメントは良好なソーシャルスキルの強力

第10章　社会・情緒的発達　│　207

な予測因子だが，アルファ波の出現量の低い子ども（標準偏差が平均を1以上下回る）の場合は，アタッチメントの安定とその後のソーシャルスキルには何の関係もなかった。

　したがって小児期中期の脳機能（指標はアルファ波の出現量）の差は，早期の養育者との体験からくる早期の脳の発達の差を反映しているのかもしれない。とくにアルファ波の出現量の低下は，初対面の同年代の子どもに自分から接触する，争いを解決する，ピア・プレッシャーに対処する，自分の感情を調整するなどのソーシャルスキルに関係するような，注意および感覚処理能力に反映し，影響を与えると考えるのが妥当だろう。早期のアタッチメント関係の安定性が後年の広範なソーシャルスキルの予測因子になるのは，とくに驚くべきことではないが，この保護効果が見られるのは，基本的にアルファ波の出現量が成熟し年齢相応である子どもである。[50]

●8歳時の調査結果のまとめ

　本研究ではいくつかの注目すべき結果が出た（表10.1参照）。まず研究開始から8年経ち，介入完了後4年経っても，社会的行動およびソーシャルコンピテンスへの介入効果を見ることができた。BEIPの他の領域と同様，ITT解析による分析を行ったので，発見した望ましい介入効果は真の効果よりも控えめに推定されている。次に，2歳未満で介入により施設を離れた子どもは2歳以後に介入を受けた子どもよりソーシャルスキルが良好であることから，タイミングが介入効果に重要な意味を持つことがわかった。それでも社会的剥奪への曝露が持続的影響を及ぼすことも明らかだった。グループとして一般的な地域社会の子どもと比較すると，8歳時でも依然としてソーシャルスキルは低かった。最後に，脳機能と社会性の発達を関連づけると，早期の養育体験がその後の発達に重大な影響を与えることが浮き彫りになった。

表10.1　社会的・情緒的発達に対する介入効果とタイミング効果

評価した構成概念	評価								
	42カ月			54カ月			8歳		
	介入効果	タイミング効果	観察されたタイミング	介入効果	タイミング効果	観察されたタイミング	介入効果	タイミング効果	観察されたタイミング
肯定的な感情表出	あり	なし	—		評価せず			評価せず	
アタッチメント									
安定	あり	あり	24カ月		評価せず			評価せず	
組織化	あり	あり	24カ月		評価せず			評価せず	
アタッチメント障害									
抑制型	あり	なし	—	あり	なし	—	あり	なし	—
脱抑制型	あり	あり	24カ月	なし	なし	—	なし	なし	—
ソーシャルスキル									
教師		評価せず			評価せず		あり	なし	20カ月
親		評価せず			評価せず		あり	なし	
仲間関係									
会話のためらい		評価せず			評価せず		あり	なし	—
社会的引きこもり		評価せず			評価せず		なし	なし	—
社会的関与		評価せず			評価せず		なし	なし	—
ソーシャルコンピテンス		評価せず			評価せず		あり	なし	—

第10章　社会・情緒的発達　　209

結論

　本章では，感情的応答性，アタッチメント，小児期中期の社会的発達に関する研究結果に焦点を当てたが，本章の研究結果はBEIPで最も強力で説得力のあるものの1つである。施設養育はこれらの領域にきわめて重大な影響を与えるが，子どもの回復の潜在能力も大きい。里親養育に委託された子どもについて，最も早い時期から完全な回復が見られたのは，社会的・情緒的機能の領域である。「パペット」と「いないいないばあ」の課題では，30カ月時の最初の評価時点から，里親養育の子どもの肯定的な感情的応答性は施設の経験のない子どもに匹敵し，施設に留まった子どもよりもはるかに良好だった。この評価尺度については完全な回復といえるだろう。また反応性アタッチメント障害の兆候も30カ月時までに正常化した。アタッチメントの安定性は4歳まで大きく改善し続け，精神病理と社会的発達の領域に広範に影響を与える予測因子だった。里親への安定したアタッチメントの形成は，深刻な逆境で人生を始めた子どもが適応的な発達軌道に向かって変化するメカニズムや過程に大きく関与している。そして小児期中期の改善は，介入終了から何年も経ってからも機能的な脳の変化に関係している。

　またこうした研究結果は，社会・情緒的な発達領域は認知の領域よりも大きな可塑性があることを示唆している（第7章参照）。社会・情緒的機能は，施設で好ましくない影響を受けても正常な養育環境に移ると著しく回復する。だがこの領域では随所に感受期が見られるので，環境の修正は早いほどよいことも明らかである。最終章では，BEIPが研究対象の子どもたちを超えてどんな貢献ができるかを考えながら，もう一度，これらの問題に触れたい。

　将来は，深刻な剥奪を経験した子どもの思春期への移行の影響を探求してみたい。思春期には一般に社会的要求の複雑さが増し，情緒的問題が多く発生する。彼らにとっては大きな挑戦であり，その時の環境が重要な影響力を持つと

私たちは予想している。ともあれ，ここで実証されたごく早期の経験の影響が，介入から年月を経ても検知できるかどうかは，まだ誰にもわからない。

Psychopathology

第11章

精神病理

> したがって、母親的人物の喪失は単独でも、あるいはまだはっきりと特定されていない他の変数との組み合わせによっても、精神病理にとって大いに関心のある反応や過程を生じうるという結論に達した。
>
> **ジョン・ボウルビィ『アタッチメント』(1969)**

　2010年4月，テネシー州のある女性が，半年前に養子縁組した7歳の少年をたった1人でモスクワ行きの飛行機に乗せた。もうこの子を育てられませんというロシア当局への手紙を添えて。彼女が訴えるには，少年には精神病質傾向や暴力的行動など重大な心理的問題があるのに，少年を育てた孤児院は彼の状態や問題の性質を偽っていたという[1]。そこで養子縁組を解消し，なんとロシアに送り返そうとしたのである。

　もちろんこれは極端な事例だが，ABCニュースによると，1990年代初頭からの15年間で，ロシアの施設から米国の家庭に養子縁組された後，養父母によって殺害された子どもが15人いるという[2]。こうした事件では，養父母は子どもが暴力的で手がつけられないと思っていた。といっても子どもの半数以上は3歳未満だったのだが[3]。

　そこまでの行動はもちろんまれであるとはいえ，すでに実証したように，施設から養子縁組された子どもはさまざまな発達，行動，情緒の問題を抱えてい

212

ることが多い。50年近く前，ジョン・ボウルビィは施設の子どもの心理的問題について，「他者に過剰な要求をし，それが満たされないと動揺して怒る傾向」や「無感情および精神病質パーソナリティに見られるような，深い関係を築く能力の阻害」があることを指摘した。過去15年間，施設養育にまつわる逆境体験と深刻な精神病理の関連性は，ますます指摘されるようになっている。養子縁組の研究では，施設養育の子どもは何らかのタイプの精神病を発症する比率が高いことが明らかになった。たとえば，ラターとイギリス・ルーマニア養子研究グループは，施設収容後症候群（post-institutional syndrome）として，脱抑制型アタッチメント障害，不注意／多動，疑似自閉症（quasi-autism），知的障害を挙げている。その他にも，施設養育の子どもに多い後遺症として，アタッチメント障害，常同行動，内在化と外在化の行動の問題を指摘する研究がある。

　BEIPが開始された頃，施設養育にまつわる精神病理学的アウトカムの系統的研究はほとんど行われていなかった。既存の研究は，施設で人生が始まり国際養子になった子どもを対象としたものが中心だった。こうした研究は養子縁組される以前の施設にいた時の状態を評価していないので，いつ問題が発生したのかがはっきりしない。それ以上に，養子に選ばれる子どもは一握りであるため，養子縁組の研究はその性格上，子ども一般を代表するものとはいえない。

　施設養育の子どもの精神障害に関する既存の研究報告は，たいてい1つの障害のみに焦点を当てていた。破壊的な行動障害は，ADHDを除いて綿密な研究がされていないし，PTSD以外の不安障害もあまり研究されていない。他の研究も，親による行動の問題のチェックリストの報告に留まり，系統的な診断面接は行われていない。精神病理の前駆症状はほとんど注目されておらず，施設養育の子どもに精神病理が発生するメカニズムも手つかずのままである。私たちは施設養育に関係する精神病理の理解のこうした空白部分を考慮に入れて，BEIPを設計した。

第11章　精神病理　│　213

乳児と2～3歳児のベースライン評価

前述のように，本研究の開始時の子どもたちの月齢は6～30カ月であり，ベースラインでの研究対象は，その時点で施設で生活しており，かつ最低でも人生の半分を施設で過ごした136人の子どもだった（第2章参照）。

子どもの年齢が非常に低いため，親／養育者の報告に基づく評価尺度，「乳幼児社会・情緒的評価」（ ITSEA : Infant Toddler Social Emotional Assessment）によって，精神病理の指標となる行動や前駆症状となる行動を特定することにした。ITSEA は195項目からなる質問紙で，養育者／親が生後12カ月以上の子どもの問題行動とコンピテンスを評価する。それぞれの項目の評価の合計によって，**外在化の問題**（多動／衝動性，攻撃／反抗，仲間への攻撃），**内在化の問題**（抑うつ／引きこもり，不安，分離不安，新奇なものへの行動抑制），**調整の不全**（否定的な情動性，睡眠や摂食の問題，感覚過敏），全般的**コンピテンス**（順守，模倣／遊び，注意，習熟への意欲，共感，向社会的な仲間関係）のスコアを算定した。また**不適応行動，社会的関係性，非定型的行動**のスコアも算定した。ITSEA は以前，年齢や性別ごとに規準化されていたので，特定の子どものスコアを同性同年齢の子どものスコアと比較することができた。

ベースラインでの施設の子どもと地域社会の子ども

ベースラインでの養育者の報告では，施設養育の子どもは地域社会の子どもに比べて不適応行動と非定型的行動が多かった。だが意外なことに，外在化，内在化，調整の不全の尺度では，全般的に両グループに差はなかった。対照的に，コンピテンスと社会的関係の尺度では，施設の子どもは地域社会の子どもよりも評価が低かった。

内在化と外在化について施設の子どもと施設の経験がない地域の子どもの間に差がなかったことは，他のほとんどの評価尺度で大きな差があったことを踏

まえると予想外だった。子どもの年齢が低すぎて（ベースラインでは平均22カ月），精神病理の指標となる行動や前駆症状となる行動がまだ出現していなかったか，養育者が気づかなかったためなのかもしれない。

就学前児童の介入効果

54カ月時では，質問紙のチェックリストに代わり精神医学的構造化面接の「就学前年齢精神医学的評価」(PAPA：Preschool Age Psychiatric Assessment）を用いることができた[12]。この評価は以前，ノース・カロライナのプライマリーケアを受診した2〜5歳児の大規模な研究で用いられており，年長の子どもや成人を評価する構造化精神医学的面接と同程度の再テスト信頼性があることが実証されている[13]。

私たちは後に，ブカレストの小児科を受診する子どもの精神病罹患率の研究でもPAPAを使用した[14]。表11.1のように，54カ月時における地域社会サンプルの障害の率は，ブカレストの小児科で数年後に行われた2〜5歳の大規模サンプルよりも概して高い。

私たちは精神病理と障害のデータを適切に収集できるよう，いくつかの段階を踏んだ。まず主要な面接者がPAPAを開発したデューク大のグループでPAPAの実施の研修を受け，それからルーマニアで面接者を訓練した。またルーマニア語に翻訳したPAPAを，もう一度，英語に翻訳し直し，バイリンガルの研究スタッフがステップごとにニュアンスが正しいかどうかを評価した。

面接では養育者および親に，子どもの精神障害の兆候や，その兆候が学校や社会での機能をどの程度損なっているかについて詳細にわたって質問した。実親や里親と生活する子どもについては母親が子どもの行動を報告し，施設で生活する子どもについては養育者が報告した。養育者は，他の評価尺度と同様，子どもがなついているとスタッフの意見が一致する人を選んだ。なついている養育者がいない場合は，定期的にその子どもと関わり，子どもをよく知ってい

第11章　精神病理　│　215

表11.1 ブカレスト疫学研究の2〜5歳児，BEIPの地域社会グループ（54カ月時），BEIPの施設養育経験のあるグループ（54カ月時）の精神障害の比率

	ブカレスト疫学研究のサンプル n=1003	BEIP地域社会サンプル（施設養育経験のないグループ） n=72	BEIP施設養育経験のあるグループ n=111
精神障害	罹患率（%）		
大うつ病障害	0.2	0.0	2.7
不安障害全般	4.4	13.6	30.6
心的外傷後ストレス障害	0.2	0.0	0.0
注意欠如多動性障害	0.4	3.4	20.7
反応性アタッチメント障害（抑制型）	0.0	0.0	4.1
反応性アタッチメント障害（脱抑制型）	2.0	0.0	17.6
感情障害全般	5.4	13.6	32.4
行動障害全般	1.4	6.8	27.0
精神障害全般	10.5	22.0	53.2

る養育者に協力してもらった。面接では，さまざまな精神障害の兆候の頻度，期間，発症日に関して，詳細な質問が行われた。次にアルゴリズムを回答に適用して，個々の子どもが特定の障害の診断基準を満たしているかどうかを判断した。さらに，その症状が家庭，学校，公共の場での機能をどの程度妨げているかについて，養育者や親から聞き取りをした。診断を引き出したのは，本研究の目的に沿って精神障害の罹患率，内在化・外在化・不注意・攻撃などの構成概念に当てはまる症状，機能の障害の程度を調べるためである。

施設養育の経歴

　施設養育の経歴のある4歳半の子どもの過半数（53%）に診断可能な精神障害が見つかったが，施設養育経験のない地域社会の子どもは精神障害の比率が有意に低かった（22%）。さらに，施設養育の経歴のある子どもの52%が2つ

以上の精神疾患があると診断されたが，地域社会の子どもでは20%だった。この結果は，施設養育は精神病理のきわめて強いリスク因子であることを示唆している。表11.1は，施設養育経験のある子ども，地域社会の対照群，ブカレストのより広範な地域社会サンプルを比較したものである。

介入効果

里親養育の効果を検証するため，私たちは里親養育グループの子どもと施設養育継続グループの子どもの障害の有病率に注目した。里親養育の子どもの障害有病率は46%で，施設養育継続グループの子ども（62%）よりずっと低かった。外在化障害についてはグループ間に有意差はないが，内在化障害については明らかな差があった（里親養育グループ22%，施設養育継続グループ44%）。したがって介入は精神病理を緩和しているが，グループ間の差を説明できるのは内在化障害での差だけだった。

里親養育は就学前児童の外在化障害に効果がなく内在化障害の減少に効果があるという選択的効果について理解の助けになるような類似の研究は，残念ながらほとんどない。ただし私たちが確認した里親養育の就学前児童についてのある研究では，出生前の薬物曝露や主な養育者を複数失った経験のある子どもは一貫して攻撃の度合いが強く，里親に集中的な行動療法を提供しても，養育者と信頼のあるつながりを持ちにくいという結果を示していた。[15] BEIPの子どもの多くは，虐待経験のある就学前児童と同じ2つのリスク因子（出生前の薬物やアルコールへの曝露と人生早期の心理社会的剥奪）を抱えている。こうした因子のために，里親介入で外在化障害の兆候を減らすことができないのかもしれない。

介入の調整変数

心理学研究では，調整変数とは独立／予測変数と従属／基準変数の関係の方

第11章　精神病理　│　217

向性や強度に影響を与える変数を指している。ランダム化比較試験では，調整変数は，ある治療がどのような人にどのような条件のもとで効果を発揮するのかを特定する。[16] ほぼすべての介入は一部の人にだけ効果が出るものなので，どのような人が反応し，あるいは反応しないのかを明らかにすることが重要である。以下では，介入に反応して精神病理の兆候が減少する人を定義するのに役立つと思われる変数として，3つの調整変数（性別，里親養育の委託年齢，早期の体験の影響を調整すると思われる特定の遺伝子の個人差）を取り上げる。

性別

54カ月時では，養育環境に関係なく男児は女児よりも精神病理の兆候が目立った。また男児は女児と違って，里親養育に移行しても精神障害の全体的な兆候が減少しなかった。この結果には驚かされた。というのは，これまで性差が表れた結果はほとんどなかったし，PAPAによって就学前児童の精神病理を評価した唯一の他の研究でも，性差は認められなかったからである。[17] 私たちの第一の疑問は，なぜ男児は里親養育に移行しても精神病理の兆候が改善しないのかということだった。

いろいろな説明が考えられた。まず，男児は女児よりも生物学的に脆弱であることが知られている。たとえば出生前および周産期の合併症の有病率は，男児のほうが女児よりも高く，神経発達障害（自閉症など）も多い。[18] 第二に，乳幼児期では男児は女児よりも未熟なので，適応的な行動調整に必要な能力が十分に発達しておらず，剥奪された環境ではより脆弱なのかもしれない。実際，この未熟さは思春期まで続き，思春期になっても男児の脳の発達は女児よりも1，2年遅い傾向がある。地域社会の子どもでも，男児のほうが女児よりも精神病理の兆候や障害が多い。[19] 施設養育の環境は，元来ある顕著な差をますます大きくしているのかもしれない。

第三に，養育者が男児よりも女児のほうを「好む」ということも考えられる。もしそうなら，外在化行動に対する養育者の反応が男児と女児では違うということなのだろうか？　構造化されていない活動を調査しても，男児と女児

で里親との相互作用の違いを示す証拠は認められなかったので，男児の感情調整方略を向上させるには，女児のやり方とは違う養育者との経験が必要なのかもしれない。本章で後述するように，男児は女児に比べて里親と安定したアタッチメント関係を形成しにくく，そのことが施設養育と障害の関係に介在していた。

里親養育の委託のタイミング

BEIPの重要な論点の1つは，里親養育の委託のタイミングが介入効果と関係があるかどうかである。前述のように，IQ, EEG，アタッチメントの安定，言語能力やその他のアウトカムについては，早期の委託が好ましいアウトカムに関係していた。しかし精神疾患の症状，障害，損傷には，タイミング効果はなかった。里親養育への移行は非常に重要だが，その時期は最年少の7カ月であろうと最年長の33カ月であろうと関係はなかった。これは意外な結果だった。介入が行動のアウトカムに影響する感受期を特定できると思っていたからである。

理由はいくつか考えられる。まず私たちの研究では最年少の子どもでも介入の開始時点で生後6カ月だったことである。内在化や外在化の行動のアウトカムの感受期はそれよりも早い時期であるため特定しそこねたのかもしれない。次にこれらのアウトカムは，出生前のアルコール曝露や生物学的家族の遺伝的傾向に関係し，他の領域よりも介入に反応しにくかったのかもしれない。また以下で取り上げるように，子どもの遺伝子構造の個人差が介入のアウトカムの差に関係した可能性もある。

遺伝的多型

発達精神病理学の研究で，今，急成長しているのは，特定の遺伝子のDNA配列における一般的だが機能的な差異の影響に着目した研究である。この研究が脆弱性やレジリエンスや回復の個人差を解明してくれるかもしれない。

遺伝子（生まれ）と経験（育ち）の役割については，かつて熱い議論が交わ

されたが，現在では遺伝子と環境の両方が発達や精神病理のリスクに寄与するということで，大体，意見が一致している。今では，もっと具体的な遺伝子と環境の相互作用や，その相互作用が個人のリスクやレジリエンスに与える影響が注目されるようになっている[20]。

BEIPに不可欠なのは「遺伝子／環境（gene-by-environment）」相互作用の追求である。そこには機能的多型と環境の特定要因との間の実証可能な相互作用が存在する。精神科遺伝学では，遺伝子／環境相互作用の研究が，不利な環境条件の影響を受ける人とそうでない人を定義するために用いられるようになってきた。たとえば精神病理の遺伝的**体質──ストレス・モデル**では，遺伝的多型はリスク因子とされているが，そのリスクを抱える個人が特異的あるいは非特異的なストレス要因を体験した時に，初めて精神病理を発症すると考えられている。

遺伝子／環境相互作用のいくつかの研究は，早期の逆境体験と遺伝子多型の個人差の相互作用が多様なアウトカムをもたらすことを実証している[21]。たとえば遺伝子の異形は，脳のさまざまな回路でセロトニンやドーパミンなどの神経伝達物質の分泌量の調整に関わっている。

過去数年間，私たちは遺伝的多様性における個人差や，その差異が体験と相互作用して特定の行動パターンや精神病理へとつながる過程について関心を深めてきた。BEIPはランダム化比較試験のデザインなので，遺伝子／環境相互作用をより正確に検証することができる。つまり，環境の違いは微妙な遺伝的差異と組み合わさって，アウトカムの違いをもたらす。したがってこの研究デザインでは，遺伝的多様性が種々の精神病理にどう寄与するかを体系的に評価できる。

BEIPでは，調整に関する2つの論点を検証できる。まず遺伝的多様性は精神病理の発症の脆弱性を高めるのかどうか。つまり特定の遺伝的多型があると，ある養育環境で特定の精神病理を発症しやすくなるのか。もう1つは，環境の強化に対する反応は，子どもの遺伝子型によって違いがあるのかどうかである。こうした精神病理のリスクの増大と減少の効果は，配列変異による遺伝

遺伝学入門

ヒトゲノムは個人の遺伝情報の一式であり，人体のほとんどすべての細胞にまったく同じコピーがある。個人のゲノムはデオキシリボ核酸（DNA）の長い鎖に記録されている。DNAは各細胞に何をすべきか，どのタンパク質を作るか，いつ作るかを命じるコードである。この配列，つまり遺伝コードの個体差が，この人とあの人が異なる理由，またヒトが他の動物とは異なる理由を説明している。これらの鎖はタンパク質とともに染色体を構成する。ヒトには父親と母親から受け継いだ23対の染色体（合計46個）があり，精子，卵母細胞，成熟赤血球を除くほぼすべての人体の細胞に存在している。

染色体中のDNAは，ヌクレオチドという単位をつないだ鎖からなる二重らせん構造の分子として配置されている。個々のヌクレオチドは，糖（デオキシリボース），窒素塩基，リン酸基でできており，それらが組み合わさってDNAの二重らせん構造あるいは「骨格」をなしている。2つのDNA鎖は特定のヌクレオチドのペアが電気的に結合し，個人の遺伝情報を構成する。DNAには2つのプリン塩基（アデニン，グアニ

ン）と2つのピリミジン塩基（シトシン，チミン）がある（ACGT）。DNAの相補鎖では，常にアデニンはチミンとペアになり，グアニンはシトシンとペアになる。遺伝子はヌクレオチドの配列によって決まる染色体上の遺伝的形質の機能単位である。ヌクレオチドの個々の配列は，個々のメッセンジャーRNA（リボ核酸）を作るのに必要なコードであり，メッセンジャーRNAは細胞の中心（核）からタンパク質を作る細胞の部分へ移動する。

ヒトには約2万個の遺伝子がある。各遺伝子の特定の配列は各染色体の同じ位置にある。遺伝子が作り出すタンパク質は，個人の特質や傾向に影響を与える。タンパク質合成の過程は2段階からなる。まず転写では，DNAの1つの鎖が鋳型となりメッセンジャーRNA（mRNA）と呼ばれる分子を作る。次の段階は翻訳で，mRNAが鋳型となりタンパク質を作る。個人的特徴，つまり表現型には1つの遺伝子によって決まるものもあるが，身長などの個人的特徴の大半は，複数の遺伝子の組み合わせに影響されることが多い。

遺伝子はDNAの基本的な配列であり，対立遺伝子とはそれぞれの親

第11章　精神病理　221

からもらう2つの遺伝子の片方のことである。実際の遺伝子配列には，小さな違いがあることもあればないこともある。ヒトには1つの染色体につき1つの遺伝子のコピーがある（つまり1つの対立遺伝子）。もし対立遺伝子が互いに同じであればホモ接合体であり，異なっていればヘテロ接合体である。時々，対立遺伝子の違いから観察可能な表現型形質の違いが生じることがあるが，DNA配列のレベルのほとんどのバリエーションは，観察可能な多様性を生じることはほとんどないか，まったくない。すべてのヒトは同じ遺伝子を持っているが，ある人々は特定の対立遺伝子を持っていて，その小さな配列の違いから特定の形質の違いが生じることがある。この配列の違いが集団内である程度共通に見られるものを多型と呼ぶ。多型は親から子へと遺伝し，子どもが親に似る理由の一部を説明する。配列変異にはさまざまな種類があり，大半の多型は遺伝子の機能や調整を変化させないと思われるが，一部の多型変異体は機能的変化と関係があり，大なり小なり遺伝子の機能に影響を及ぼすことがある。

　よくある多型の1つが，単一ヌクレオチド多型（SNP）と呼ばれる

ものである。SNPは1つのヌクレオチド ——A（アデニン），T（チミン），C（シトシン），G（グアニン）——の変異であり，人によって違う。たとえばあるDNA配列がATTGCCAの人とATTGGCAの人がいるとする。2つの配列の違いは1つのヌクレオチドで，グアニンとシトシンが1カ所置き換わっている。遺伝子はペアなので（父親と母親それぞれから受け継いだ染色体），この置き換えは遺伝子の片方または両方の対立遺伝子で起こりうる。

　現在，ゲノムのSNPの広範な遺伝子地図がわかっており，ゲノムの広い領域や特定のアウトカムと関係する遺伝子を確定するのに広く用いられている。SNPはゲノムの特定の領域を示す道路標識のようなものとも考えられる。すべてのSNPが機能的なわけではないし，1つの遺伝子に複数のSNPが存在することもあるし，他の形態の多型も存在する。非機能的なSNPであっても遺伝子と表現型の関係を示すために用いられることがある。それは非機能的なSNPが，その遺伝子が存在するゲノムの特定領域との関連性を示すからなのだが，遺伝子の機能を変えるようなSNPは，さらに強力にこの因果関係を証明している。同様

に他の多型——たとえば反復配列多型（VNTR）は特定のヌクレオチドの配列のブロックを反復するが，配列そのものではなくブロックの数が人によって違う——も機能的であるものもないものもある。

子産物（タンパク質）の機能的差異から生じると推測される。

　遺伝子の精神病理への寄与の検証は興味深く重要な意味を持つが，この領域の当初の盛り上がりは冷めていった。刺激的な研究結果と思われたものにしばしば再現性がなかったことや，研究によって矛盾する結果が出る領域が多かったためである。こうした分析には偶然の発見がかなり混じっていたことに問題があったと思われる（小規模で偏りのあるサンプルも原因の1つ）。そのため，この領域を探求するには，遺伝子がアウトカムの多様性に寄与するという推定に関する健全な神経生理学的仮説が必須である。BEIPでは，テュレーン大学の児童精神科医で分子遺伝学者のステイシー・ドゥルーリーが遺伝的要因の分析の指導にあたった。1つの方法は，研究中のアウトカムにとって重要な特定の神経回路との関わりがすでに実証されている遺伝子多型を検証することだった。最初に調べた領域は抑うつ症状である。

●抑うつ

　カテコール–O–メチルトランスフェラーゼ（COMT）遺伝子は染色体22q11に位置し，とくに海馬と前頭前皮質で遺伝子産物が発現する。COMTは前頭前皮質のドーパミンやその他のカテコールアミンなどの神経伝達物質の分解を主に調節する酵素である。[22]酵素の量や機能的効果に影響が出るCOMT遺伝子の多型が複数ある。

　COMT遺伝子の中で最もよく研究されている多型は，val^{158}または^{108}metアミノ酸置換である。COMT遺伝子の対立遺伝子のペアには，met/met, val/val, met/valのパターンがある。met変異型対立遺伝子が生成するタンパク質は

第11章　精神病理 ｜ 223

COMT酵素活性を4分の1に低下させ，前頭前皮質のドーパミン分解の速度を鈍くする。抑うつの治療にはドーパミン量を持続させる薬が使われるので，逆境における抑うつへの脆弱性や抑うつの防止について調べるのに，ドーパミン量に影響する多型に着目するのは妥当である。met対立遺伝子は酵素活性を低下させるので，この変異のある人はドーパミン量が多く，抑うつの症状が出にくいことが予測される。事実，先行研究では一部に不一致があるものの，概してCOMT^{108}met変異のある人は抑うつになりにくいことが実証されている。そこでBEIPでは，COMT^{108}met変異は抑うつの発症からの保護因子であるという仮説を立てた。またCOMT変異の影響は，施設養育継続グループと里親養育グループでは差があると考えた。施設養育継続グループは，施設という望ましくないストレスの多い環境により長くさらされているので，遺伝的変異の影響がより大きいと考えたのである。

私たちはCOMTval-^{158}metの異なる形が抑うつの症状に及ぼす影響を，2つの方法で確かめた。まず，met対立遺伝子のコピーが最低1つある子ども（met/met, met/val）とval/valのホモ接合体を持つ子どもを比較した。グループと性別を調整しても，met対立遺伝子のコピーが最低1つある子どもは，抑うつの

神経伝達物質

神経伝達物質は，ニューロンからニューロンへとシナプス（複数の神経同士が接続する場所）を通って伝達される化学物質である。神経伝達物質は神経細胞を伝わる電気的刺激に反応して，ニューロンの軸索からシナプス間隙へと放出される。シナプス間隙に放出されると，別のニューロンの樹状突起や細胞体の受容体に取り込まれる。

人間の脳には100種以上の神経伝達物質が存在すると考えられているが，カテコールアミン（ドーパミン，エピネフリン，ノルエピネフリン），セロトニン，グルタミン酸，GABA（ガンマ・アミノ酪酸）は，精神疾患の研究で最も頻出する重要な神経伝達物質である。脳のさまざまな回路に1つあるいは複数の神経伝達物質が豊富に存在している。

兆候がずっと少なかった。つまりmet対立遺伝子は施設養育継続グループでのみ保護因子となり，里親養育グループではそうではない。このことは，対立遺伝子の変異という遺伝的差異は，極端な逆境にさらされ続けた子どもだけに効果があったことを意味する[23]。里親養育グループで，介入に反応し54カ月時の抑うつ障害の兆候が施設養育継続グループの子どもよりも少なかった子どもについては，COMTmet対立遺伝子の保護的な影響は顕著ではなかった。

次に施設養育継続グループで，met対立遺伝子の数の「用量依存」効果があるかどうかを調べた。たしかに効果はあって，met/metの子どもはmet/valの子どもよりも保護され，met/valの子どもはval/valの子どもよりも保護されていた。

以上の結果は，早期の苛酷な社会的剥奪環境における遺伝子／環境相互作用の最初の研究報告である。私たちは，幼児の抑うつへの脆弱性が個人的特徴と不利な環境の両方に存在することを実証した。抑うつの兆候が最も多いのは，COMTval/val対立遺伝子変異があり，施設養育という不利な環境に長期間さらされた子どもだった[24]。

●無差別的行動

次に，施設養育の子どもに最も多い異常の1つである無差別的行動について，遺伝的多型で行動の差異が説明できるかどうかを検証することにした。具体的には，脳由来神経栄養因子（BDNF）の機能的多型とセロトニン・トランスポーター遺伝子（5HTT）の相互作用が，委託グループと相互作用し，無差別的行動の予測因子になるかどうかを調べた。

ここではCOMT分析とは少し異なる論点があった。ジェイ・ベルスキーと共同研究者らは，精神病理や適応に対する遺伝子の寄与について**差次感受性モデル**を打ち出した[25]。このモデルでは，特定の多型はリスクやレジリエンスそれ自体ではなく，環境に対する応答性に差異をもたらすとされている。いわゆる可塑性対立遺伝子や応答性対立遺伝子は，良好な環境でアウトカムを強化するだけではなく，不利な環境で脆弱性を高めると考えられている。感受性や応答

第11章　精神病理　｜　225

性の対立遺伝子変異の少ない人は，アウトカムのばらつきもずっと少ないと考えられる（つまり感受性があまり表れない）。

無差別的行動を他の精神病理よりも里親養育の介入への反応が鈍いアウトカムとして分析すると，可塑性対立遺伝子のある子どもに累積的な差次感受性が見られた（可塑性対立遺伝子は，セロトニン・トランスポーター遺伝子のs/s遺伝子型，またはBDNF遺伝子のval^{66}met多型のmetキャリア）。とくに応答性対立遺伝子を多く持っている子どもほど，施設養育継続グループと里親養育グループで，アウトカムの差異が大きかった。

まだ環境が変化していないベースラインでは，無差別的行動への遺伝的影響は実証できなかった。だが介入の過程で，はっきりとしたパターンが現れた。とくに施設養育継続グループで「感受性」対立遺伝子の多い子どもは，無差別的行動が持続的に最も多く（最も望ましくないアウトカム），同じ「反応性」対立遺伝子のある里親養育グループの子どもは無差別的行動が著しく減少した（最も望ましいアウトカム）。5HTTの長い対立遺伝子またはBDNFのval/val遺伝子型のある子どもは，長期的に見て無差別的行動の量にほとんど差はなく，グループ／遺伝子型の相互作用もなかった。[26] 以上の結果は，無差別的行動に関する遺伝的関連性を報告した最初の調査結果であり，現在，増えつつある，早期の発達の差次感受性モデルを裏づける研究文献に，新たな1ページを加えた。

●外在化障害

外在化障害の兆候は，54カ月時においてまったく介入効果が見られなかった。この結果から，私たちは，以前から知られていた外在化行動と次の遺伝子型の分子間相互作用の証拠の関連性を活用して，神経生物学的基盤のある遺伝子セット（遺伝子の組み合わせ）を用いて差次感受性モデルを分析することができた。（遺伝子型は，ドーパミン・トランスポーター遺伝子VNTR多型変異体［DAT 3'UTR VNTR］，セロトニン・トランスポーター遺伝子多型変異体［5HTT s/l］，脳由来神経栄養因子多型変異体［BDNF val^{66}met］）。私たちは先行研究に基づいて累積的感受性遺伝子型を分類し，こうした遺伝子間に分子的および生物学

的相互作用があることと，それらがすべてストレス関連の精神病理と関係があることを証明した。私たちは性別と民族を調整したうえで，54カ月時に就学前年齢精神医学的評価（Preschool Age Psychiatric Assessment）を用いて，累積的感受性遺伝子型と外在化行動の関係を検証した。

54カ月時では，3つの感受性遺伝子型（DAT3'VNTR10反復多型の10/10同型，5HTTLPR多型のs/s同型，val[66]met多型のBDNF Metキャリア）を持っている子どもは，施設養育継続グループでは外在化の兆候が最も多く，里親養育グループでは兆候が**最も少なかった**。感受性遺伝型がまったくない，または1つしかない子どもについては，2つのグループ間で外在化行動の兆候の差はなかった。[27]

以上の発見は，遺伝的差次感受性の理論を裏づけている。累積的遺伝的因子のある子どもは不利な養育環境に対して最も脆弱だが，質の高い養育環境に置かれると最もよく回復する。

介入の媒介因子

介入研究のもう1つの重要課題は，良好なアウトカムを実現するメカニズムや手段を明らかにすることである。介入のメカニズムが説明できるような因子を媒介変数と呼ぶ[28]。媒介分析は，リスク因子（ここでは里親養育と施設養育）とアウトカム（ここでは内在化障害）をつなぐ経路を調べる統計的分析である。なぜ生後30カ月以内に里親養育に移行すると54カ月時での不安と抑うつの兆候が減少するかを説明するのに，どのような経路が考えられるだろうか。ここでは，これまでのBEIPの研究結果とともに精神病理に関連する潜在的因子を扱った他の研究文献を利用した。

ワシントン大学の臨床心理士で疫学研究者でもあるケイト・マクラフリンは，介入が内在化障害に与える影響の媒介因子としてアタッチメントの安定を検証した。マクラフリンは，幼児が主要な養育者に安定したアタッチメントを形成するのは，養育者との関係が予測可能で，養育者の敏感性が高く，子ども

第11章　精神病理　│　227

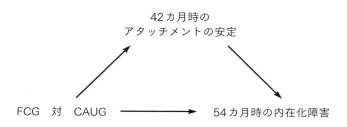

図11.1 アタッチメントの安定は，里親養育委託が内在化障害の減少に及ぼす影響を媒介する。

の欲求に応答的である時だと考えた。BEIPの里親養育介入は，里親が子どもとの信頼のあるアタッチメント関係を築くことを明示的に促しているので，アタッチメントの安定が精神病理の減少に関係するかどうかを分析するのは理にかなっていた。

　施設養育の子どものアタッチメントが著しく損なわれていることは，すでに実証した（第10章参照）。また他のハイリスク・サンプルでは，不安定なアタッチメント，とくに未組織型のアタッチメントが不安障害や大うつなどの精神病理の内在化のリスクと関連があることもわかっていた[29]。

　里親養育グループの女児は施設養育継続グループの女児よりも内在化障害が少ないが，男児には介入効果がないこともわかっていた[30]。42カ月時で，里親養育グループの女児は施設養育継続グループの女児よりもアタッチメントが安定している傾向があったが，男児の場合はグループ間に差が見られなかった[31]。加えてマクラフリンは，アタッチメントの安定は男女ともに内在化障害の比率の低下の予測因子であることを示した[32]。

　こうして媒介分析を行うのに必要な条件がそろった。すなわち，54カ月時で里親養育グループの女児は施設養育継続グループよりも，内在化障害の兆候が少ない。42カ月時では里親養育グループの子どもは施設養育継続グループよりも，アタッチメントが安定している。したがって42カ月時のアタッチメントの安定は，54カ月時の内在化障害の予測因子である。以上の結果により，図11.1のような媒介因子としてのアタッチメントの安定を検証することができ

た。

　アタッチメントの安定という因子を導入すると，委託グループと内在化障害の間の直接的経路はもはや重要な意味を持たない。42カ月時の安定したアタッチメントの形成は，女児の内在化障害に対する介入効果の媒介変数として十分である。言い換えると，里親養育が女児の内在化障害を緩和する理由は，安定したアタッチメントを形成するからである。こうした追加の分析により，42カ月時のアタッチメントの安定は，男女**両方**の内在化障害の発症率の低下の予測因子であることが明らかになった。男児の内在化障害が減少しないのは，42カ月時で男児が安定したアタッチメントを形成する可能性が女児よりもずっと低いからである。以上の結果は，安定したアタッチメントの形成が施設養育を経験した子どもの内在化障害の減少に決定的な役割を果たすという説得力ある証拠である。

　テュレーン大学の発達心理学者ルーシー・マクゴロンも同様の媒介分析を行った。マクゴロンは，30カ月時で観察される養育の質が，54カ月時の精神病理学的アウトカム（内在化障害，外在化障害，RAD［反応性アタッチメント障害］，無差別的行動，常同行動，および全般的な精神的障害の兆候）に及ぼす影響の媒介因子として，アタッチメントの安定を分析した。アタッチメントの安定はどの障害に関しても，養育の質と障害の兆候の関係を媒介していた。マクゴロンは里親養育グループと施設養育継続グループを全体として扱っているので，この分析は介入のメカニズムの検証というより，剥奪を体験した子どもが多かれ少なかれ精神病理を発症しやすくなる重要な経路を明らかにしている。以上の結果は，安定したアタッチメントの形成は後年の精神病理の発症の可能性を減らす非常に重要な手立てになるという点で，施設養育経験のある幼児にとって大きな意味がある。[33]

脳の構造，機能，精神病理

　私たちの当初からの関心の1つは，種々の精神病理における脳の機能を含め，脳と行動の関係を追求することだった。この領域の予備的研究では希望の持てる結果が出ている。

ADHDと脳の構造と機能

　ADHDは遺伝性の強い神経発達障害で，施設養育の経歴のある子どもに非常に多く見られる[34]。BEIPでは，里親養育グループの21%および施設養育継続グループの23%が，54カ月時にADHDと診断されていた。ルーマニアでは遺棄される子どもの大半は出生時に施設に預けられるが，ADHDは乳児期早期にはわかりにくいので，親が子どもにADHDの特徴があることに気づいて遺棄したとは考えにくい。このことは，一般的な養育の子どものサンプルに見られるような通常の遺伝的脆弱性以外にも，ADHDの経路があることを示唆している。

　施設養育の子どもにADHDが多発することについて，少なくとも2つのメカニズムが考えられる。1つは何らかの出生前体験（出生前のアルコール曝露など）が発症に寄与している可能性，もう1つは施設養育の剥奪された環境が何らかの形で病因に関与している可能性である。もっともADHDが遺伝性であることは定説になっているので，この仮説はかなり挑戦的なものである。だが一方で，遺伝率の推定値は集団に特異的なものであり，ADHDの遺伝率推定値は，施設養育の子どもとはかなり異なるサンプルから得られている[35]。先述のように，BEIPの子どもの出生前体験についてはほとんど詳細な情報がない。したがって，この2つの仮説のどちらが施設養育とADHDの関係を説明するのか，判断することは難しい。

　1つ考えられる研究方法は，BEIPの子どもに，ADHDの子どもの臨床サンプ

230

ルに見られたような脳構造の違いがあるかどうかを確かめることである。その
ためにケイト・マクラフリンは，子どもが8歳から10歳の時に撮影したMRI
スキャンを分析した[36]。

　分析の的を絞るため，マクラフリンは，施設の経験のない子どものADHD
に関わる2つの神経発達経路があることを指摘した。1つは前頭前皮質（PFC）
と線条体をつなぐ経路である。前頭前皮質と線条体の容積が小さいことと，と
くに実行機能課題に取り組んでいる時にこれらの部位の間で異常な活性化と機
能的接続が見られることを，多くの証拠が示している[37]。実際，前頭−線条体回
路の異常はADHDの行動の原因と考えられてきた。だが最近，ADHDは前頭
前皮質だけではなく，頭頂皮質や側頭皮質における皮質厚の広範にわたる縮小
も関係することを示唆する証拠が出てきた[38]。

　私たちは，施設養育の子どもは前頭前皮質だけではなく頭頂皮質や側頭皮質
の皮質厚が縮小していることを発見したが，これはADHDの子どもの広範に
わたる皮質の縮小ときわめてよく似ている[39]。一方，施設養育と線条体の容積に
は関係がないこともわかった。先行研究は，ADHDの子どもは健康な対照群と
比べて，線条体，とくに尾状核の構造と機能に大きな違いがあることを示して
いる。そこから私たちは，線条体のADHDの症状への影響は主に遺伝的およ
び出生前の要因を反映し，一方，皮質のメカニズムは出生後の影響を含んでい
ると考えた。この推論は，今後の研究でさらに追求しなくてはならないだろう。

　私たちはさらに分析を進め，施設養育と子どもの行動の媒介因子となる脳構
造を調べた。皮質厚の縮小は広範囲に見られるが，とくに前頭前皮質と頭頂皮
質の皮質厚の縮小は不注意の増大を説明し，前頭前皮質，頭頂皮質，側頭皮質
の皮質厚の縮小は衝動性の増大を説明する。人生早期の心理社会的剥奪は皮質
の発達を阻害し，ADHDのリスクを高めると思われる。

　もしADHDには，環境の事象のタイプやタイミングを正しく予測する能力
や，予測を裏切る体験の後で行動を変更するためのトップダウンの制御を行う
能力の根本的な欠陥がともなうとしたら，施設の剥奪的な社会環境はこうした
弱点に寄与しているかもしれない。施設では，将来の事象を正確に予測できる

第11章　精神病理　　231

ようにするための環境の融通性を学ぶ機会が少ない。何よりスタッフの柔軟性のない対応が，施設を出た後，事象を予測する能力を損なっているのかもしれない。

　脳と行動の関係を調べるのにもう1つ考えられる方法は，ADHDと診断された子どもの脳機能を調べて，連合（association）のメカニズムを探ることである。施設を出た後の子ども（post-institutionalized children）に関する先行研究はADHDにおける脳機能を検証していないので，私たちは脳機能の特徴が不注意や多動の兆候の経路を明らかにするかどうか調べることにした。

　ケイト・マクラフリンは，脳波のさまざまな周波数帯がメンタルヘルスのアウトカムに選択的に介在するかどうかを調べた。果たして，その通りだった。[40] 先に私たちは，施設の子どもはアルファ領域の脳波出現量（alpha-relative power）が著しく低下し，シータ領域の脳波出現量（theta-relative power）が増大している（ともに非定型的パターン）ことを実証し，それが皮質の成熟の遅れと一致することを示した。先行研究では，このことが多動や衝動性の兆候と関係するとされている。[41]

　したがって私たちは，アルファ律動の出現量の低下とシータ律動の出現量の増大（皮質の未成熟を示唆）が施設養育のADHDの兆候への影響を媒介すると推論した。図11.2のように，マクラフリンの分析は，脳波のアルファ律動の出現量とシータ律動の出現量が施設養育の多動への影響の一部を説明することを明らかにした。衝動性についても同様の結果が出たが，不注意の兆候については媒介していなかった。[42]

　重要なことだが，私たちは脳波の出現量（EEG power）が抑うつ，不安，破壊的行動と関係がないことも示した。以上のように，施設の子どもの多動と衝動性の経路は，施設養育に由来する脳機能の変化が部分的に介在していると思われる。

不安と脳波の非対称

　大脳皮質の前頭野では肯定的刺激や否定的刺激を左脳か右脳の片側で処理

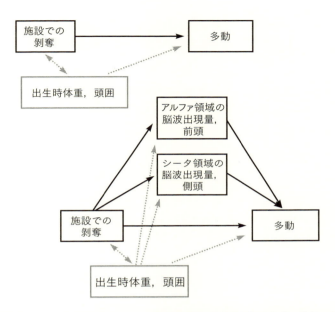

図11.2 脳波のアルファ波出現量とシータ波出現量は，施設養育が多動の兆候に及ぼす影響の一部を説明している。

し，それを基盤として感情的情報に対する行動や表出反応の基盤をなすことは，以前から知られていた。[43] 左前頭部は肯定的な感情刺激によって活性化して接近行動を促進し，右前頭部は否定的な感情刺激によって活性化して退避行動や回避行動の基盤をなす。従来の研究では，子どもの前頭部の脳波の非対称性の発達の特性は明らかになっておらず，不利な養育環境によって発達の軌道が変わるかどうかも評価されていなかった。

そこで私たちは，前皮質の半球の相対的な活性化の個人差（指標は脳波のアルファ波の出現量）と54カ月時の内在化障害の関係を調べることにした。[44] またBEIPは縦断的研究なので，脳波のアルファ律動の出現量の長期的な軌跡を追跡することにした。

施設を経験した子どもも経験していない子どもも，最初は左半球よりも右半球の前頭の脳波活動が増え，その後，右半球よりも左半球の前頭の脳波活動が

第11章　精神病理　│　233

増えた。施設の子どもは，最初の右半球前頭の脳波活動が盛んになる期間が長く，その後の左前頭の脳波活動のリバウンドはあまり顕著ではない。96カ月時までには，地域の子どもは右半球よりも左半球の脳波活動が多く前頭の非対称がかなり顕著に現れていたが（指標は右前頭よりも左前頭のアルファ律動出現量が少ないこと），施設の子どもは左半球よりも右半球の活動のほうが盛んだった。言い換えると，施設養育は，小児期早期における右前頭の非対称性の長期化と小児期中期における左前頭の活性化のリバウンドの鈍さと関係がある。里親養育への委託は発達の軌道の改善と関係があるが，それは24カ月未満で委託された子どもにしか当てはまらない。施設グループの前頭の脳波の非対称性のパターンは，54カ月時の内在化障害の兆候の予測因子であることは重要な発見である。[45]

　こうした発見は，脳の発達の理解にどのような意味があるのだろうか。前頭の非対称性の基盤となる具体的な神経メカニズムはまだよくわかっていないが，リチャード・デビッドソンは，左前頭前皮質が扁桃体を抑制することから，この非対称性は肯定的および否定的な感情表出と関連すると考えた。[46]前頭前皮質，とくに右前頭前皮質は，認知方略の使用による否定的情動反応の調整に関与していることが知られている。[47]

　2歳頃から始まる右前頭皮質の活発化は，子どもが家の外の環境に触れることが増え，主な養育者以外の人との相互作用が増えるにつれて生じる，新奇なものに対する退避傾向という適応的な発達の変化を反映しているのかもしれない。**能動的抑制**（effortful control）と呼ばれる気質概念は——行動の遅延や抑制，運動の鈍化など——この同じ発達時期に著しく増え，前頭前皮質の成熟の反映であると思われる。[48]こうしたパターンは，現在の研究結果とともに，前頭前皮質の発達的変化の媒介による，2〜3歳時の行動抑制の標準的増加を示唆している。

　24カ月未満での里親養育への移行は，前頭の非対称性の軌道によい影響を与える。前頭皮質の半球の脳波活性化パターンの基盤をなす脳回路は，生後24カ月間はそれ以降に比べて環境の差によく反応するようである。このこと

も，施設養育は子どもの脳発達の特定の側面に根本的影響を与えるという見解を裏づけている。

顔表情処理と内在化障害

第8章で論じたように，顔表情処理の能力は効果的で適切な社会的相互作用に大きく影響する。またこの能力は早期の社会的環境に敏感であることもわかっている。虐待や施設養育など人生早期に厳しい逆境にさらされた子どもは，顔表情の神経的処理に混乱が生じている。この混乱は，顔表情の表示に対する行動反応でも事象関連電位（ERP）でも観察された。セス・ポラックとパワン・シンハは，虐待を受けた子どもはそうでない子どもに比べて，怒りの表情に反応する特定のERP成分（P3b）の振幅が大きく，怒りの表情への注意配分が大きいことを実証した。[49]人生早期の逆境は，顔情報の神経的処理に持続的な影響を与えると思われる。不利な養育環境にさらされた子どもの顔表情の神経的処理の混乱は実証されているので，顔表情処理の変化は不利な環境と後年の精神病理の発症を結びつける神経発達因子なのかもしれない。

私たちはERPに現れる顔表情の神経的処理の異常と後年の精神病理に関係があるのかどうか，またこうした顔表情処理の異常が施設養育と精神病理を関連づけるメカニズムなのかどうかを調べた。[50]具体的には，ベースラインでの未知・既知顔課題でのいくつかのERP成分（第8章参照）と54カ月時のメンタルヘルスのアウトカムの関連性を分析した。施設養育の子どもは地域の子どもに比べて，顔刺激に対するP100とP700成分のピークの振幅が小さく，これらのERP成分は施設養育の子どもの精神病理の症状と関連があった。54カ月時の不注意，多動，衝動性，不安の増大は，顔刺激に対するP700のピークの振幅の低下によって，ある程度，説明することができた。だがこれによって施設養育と他の破壊的行動や抑うつとの関係を説明することはできなかった。

施設養育継続グループは施設養育経験のないグループに比べて外在化や不安の症状が多いことは，顔表情や感情的情報に対する神経的処理の異常によって，ある程度，説明できる。施設養育の子どもの精神病理のリスクの増大に関

第11章　精神病理　｜　235

わる具体的な神経発達経路を示唆する研究文献が増えてきたが，この研究結果もその1つである。[51]

結論

先行研究は施設養育とさまざまな精神病理の強い関連性を実証してきたが，BEIPはいくつかの面でそれを発展させた。

第一に，最新の精神科診断面接によって精神病理や障害の有病率を総合的に調査したことである。これは施設養育の経歴のある幼児の精神病理に関する，今日までで最も体系的な研究となった。

第二に，介入の調整変数，具体的には性別，委託のタイミング，遺伝的変異を分析したことである。第7章から第10章までの大半の研究結果とは異なり，精神病理に関しては性別によってアウトカムに大きな差があった。少なくとも精神病理の減少に関しては，女児は男児よりもずっと里親養育の効果が大きかった。一方，委託年齢は精神疾患の症状，障害，損傷にまったく影響を与えていなかった。また抑うつやアタッチメントや外在化行動の基盤をなす主な神経回路の神経伝達を調節するとされる遺伝子の多型変異が，予測された通りに介入効果を調整することが実証された。最も重要なのは，同じ多型（感受性対立遺伝子のより大きなグループの一部の可能性がある）が里親養育の環境では最も好ましいアウトカムと関係し，継続的な施設養育の環境では最も好ましくないアウトカムと関係することを，2つの独立した分析で実証したことである。この検査結果は，一般的でよく研究されている多型の多くはそれ自体よいものでも悪いものでもなく，変化する環境に適応する弁別能力を与えるものであるという，遺伝子の差次感受性モデルの強力な裏づけである。BEIPでは，これは養育環境の変化に対する応答性を意味する。

第三に，介入の媒介因子を分析し，内在化障害を減らす介入効果の強力な媒介因子は安定したアタッチメントであることを発見したことである。この媒介

因子は，女児が男児よりも介入によく反応する理由も説明している。つまり女児のほうが男児よりも安定したアタッチメントを形成しやすいからである。この違いが生じる理由については，さらに追求する必要がある。

　最後は，脳機能と行動面のアウトカムの新たな関係を実証したことである。脳波のアルファ律動出現量とシータ律動出現量（皮質の成熟の指標）は施設養育が多動と衝動性に及ぼす影響を部分的に媒介するが，不注意については媒介因子ではない。また施設養育は，小児期早期の右前頭の非対称の長期化と，小児期中期の左前頭の活性化のリバウンドの鈍化（施設の経験のない子どもの着実な左前頭活性化に比べて）と関連することを示した。里親養育に移行すると左前頭の活性化はもっと着実になるが，それが当てはまるのは24カ月未満で委託された子どもだけである。また施設養育グループの右前頭の脳波の非対称は，54カ月時の内在化障害の兆候の予測因子であった。[52]私たちは，既知顔と未知顔に対する反応をERPによって評価し，施設の子どもは地域社会の子どもに比べて特定のERP成分の振幅が小さいことを実証した。こうしたERP成分は施設養育の子どもの特定の精神病理の症状と関連していたので，これは重要なことである。

Putting the Pieces Together

第12章

ピースをつないで

　まず，本書で提示した根拠（エビデンス）に基づき，人生早期の深刻な心理社会的剥奪への曝露は一般的発達からの逸脱をもたらすという所見から始めたい。なぜそうなるのだろうか。

　脳の最初の構造と配線は，受胎の数日後から出生後早期までに遺伝情報の台本によって組織化される。だが遺伝子が将来の脳の輪郭を作るとはいえ，その中身を満たすのは経験であり，思春期が終わり青年期が始まる頃までに脳は成熟していく。

　経験の構造は，具体的にはどのように脳に組み込まれていくのだろうか。第1章で触れたように，神経科学者ウィリアム・グリーナフは，経験予期型と経験依存型という発達の2つの形態を提唱した。経験予期型の発達は，乳児がその種のすべての者に共通するような環境に出会うことを前提としている。そうした「共有体験」は生存と生殖を確実に成功させ，遺伝子をより効率的に活用させる。具体的に言うと，脳と行動の最終的な形態と機能の詳細を決定するには，約2万の遺伝子のゲノムが必要なわけではなく，むしろもっと限定された遺伝子セットが，経験に依拠しながら脳を最大限に精緻化していくのである。どんな種にも，その種に属する全員が必ずするような経験がある。たとえば，

238

パターン化された光情報が低レベルおよび高レベルの視覚能力（奥行き知覚と顔認知など）の発達を促すことなどである。複雑な聴覚情報が言語知覚の発達を促すことも，その例である。さらに感覚システムから社会的・情緒的発達に範囲を広げると，養育者の身体的・情緒的な利用可能性がアタッチメントの発達を促進することがわかっている。

経験予期型の発達と切り離せないのが，感受期の概念である。発達が正常に進むには，**予測可能な環境**の要素が不可欠であり，脳はその情報を最大限に活用し，みずからを正しく構築していく。だがもしタイミングがずれたら——たとえば特定の環境や経験が得られない，脳や感覚器官に損傷があり経験を活用できないなど——発達は一時的または永久的に軌道から逸脱する。たとえば生まれつき両側性の白内障のある子どもは，白内障の手術をしないと光情報のパターンに接することができない。手術の時期が遅れるほど視覚の問題は深刻になり，一定の時期を過ぎると，生涯，視覚に障害が残りやすい[2]。

経験予期型の発達の対立概念として，経験依存型の発達がある。経験依存型の発達は人によって異なり，環境との相互作用に基づいて，一生の間，新しいシナプス接続を積極的に形成していく。たとえば学習，記憶，語彙の習得などがそれにあたり，どれも時間的制限のない発達事象である（つまり脳が健全である限り，生涯，新しい事柄を学習し記憶することができる）。

どちらの発達の形態についても言えるのは，J・マクビッカー・ハントの言葉を借りると「経験はもろ刃の剣」だということである[3]。つまり経験の性質は，経験時の神経システムの受容性と組み合わさって，発達に有益な方向にも破壊的な方向にも神経的変化に影響する。たとえば，乳幼児の脳は可塑性があるので言語を習得しやすいが，一方でこの可塑性のために，環境中の催奇形物質（水銀や鉛など）への曝露で非定型的発達のリスクが生じる。

ここですぐに付け加えなければならないのが，発達のある側面は経験予期的であると同時に経験依存的でもあるということである。第10章で述べたようにアタッチメントもその一例で，アタッチメントの**形成**は経験予期的プロセスを反映するが，アタッチメントの**質**は経験依存的プロセスを反映する。乳幼児

期に養育者が一貫性のある敏感性の高い応答をしていると，子どもは心理的機能の高い大人になり，他者と有意義で持続的な関係を形成する可能性が高い。一方，施設で育ち，ほとんど食事とオムツの交換しか「世話」を受けなかった子どもは，心理的健康を獲得する可能性がずっと低くなる。

早期の心理社会的剥奪の長期的影響を理解する

なぜ早期の深刻な剥奪が重大な発達の逸脱をもたらし，長期的影響を及ぼすのかを理解するのに，この枠組みはどのように役立つのだろうか。端的にいうと，人生早期の施設生活は，予測可能な環境を破壊する。たとえば，施設の乳幼児は少なくとも生後1年間のほとんどの時間をベビーベッドに寝かされたまま，白い天井（模様がない）をながめて過ごすことが珍しくない。視覚的パターンを目で追うなどの視覚システムへの刺激がほとんどない。これは斜視があると思われる子ども（正式な調査はしていない）が非常に多い理由なのかもしれない。また養育者の数が少ないため，食事やオムツ交換などの基本的ニーズの世話しか受けられず，心理的欲求が満たされない。人の顔や言語に触れることが少ないので，話し言葉を理解する，表情を「読む」などの社会的コミュニケーションの能力の遅れや障害が出ることがある。一部の施設では適切な栄養が与えられずに成長が著しく遅れたり，それよりは目につきにくいが，特定の栄養素の欠乏によって認知機能が低下したりすることもある。また養育者に対する子どもの比率が高いため，全体的に1人ひとりのニーズが満たされにくい。後の発達の土台となる心理的・神経的基盤が脆弱なため，発達目標の達成が難しい（同年代の仲間や大人と関わる能力，他者の視点で世界を見る能力）。たとえていうと，発達はブロックを積み重ねて塔を建てるのに似ている。もし最初のブロックから2つ目のブロックが少しずれ，2つ目のブロックから3つ目のブロックが少しずれ，3つ目のブロックから4つ目のブロックも少しずれていたら，**それぞれのずれはわずかであっても**，最後には，塔は突然，大きく傾き始

めるだろう。

そのように，施設で育つ子どもの発達の土台は最初から損なわれていることが多いうえ，時間の経過と共に，予測可能な環境がさらに破壊されて最初の土台からさらに逸脱し，最終的には一般的発達とはかけ離れた道をたどることになる。

BEIPは，人生早期の深刻な剥奪が心理的・神経的・生物的発達に痛ましい長期的影響を及ぼす可能性を実証した。と言っても，剥奪が有害であることはずっと以前から認識されていたので，それはとくに驚くべきことではない。しかしながら，BEIPは施設の子どもの脳と行動の発達に関する研究の中では最も総合的，体系的で詳細な研究であり，さまざまな不全に関して最も詳細な実証的資料を提供している。私たちは，数少ない例外を除いて，施設の子どもの発達にはほとんどあらゆる側面において不全があることを実証した。分子構造のレベルから複雑な社会的相互作用のレベルまで，また脳構造から脳機能のレベルまで，施設の子どもが不利な条件にあることは疑う余地がない。

介入結果を評価する

しかし，施設養育の子どもに見られる現象のどの程度が施設養育の結果なのだろうか，またどの程度が遺伝的素質や出生前経験など施設養育以前の特徴に由来しているのだろうか。それがわかる唯一の方法は，同じリスク要因（つまり施設入所に至った要因）を抱えながらも異なる出生後経験をした子どもの発達を比較することである。そして，それこそがBEIPの主な目的である。BEIPでは，乳幼児を施設から出して里親養育に委託することで，種々の発達領域の前進が促進されるかどうかを確かめようとした。無作為的な割り付けをしているので，里親養育グループと施設養育を続けたグループとの差異の原因は里親養育介入にあると判断することができる。ただし里親養育への委託は出生時ではなく施設で，7～31カ月養育された後であることを考慮する必要がある。実

第12章　ピースをつないで　　241

際，委託時の平均月齢は22カ月だった。したがって私たちが示した2つのグループの差異には，里親養育グループの子どももすでに施設養育を経験していたという限界がある。

　介入効果の大きさを限定的に解釈すべきもう1つの理由は，ITT解析のアプローチをとったことである。BEIPでは処遇の実態ではなく処遇の**割り付け**を基準にして，データを分析した。たとえば8歳時の追跡調査では，施設養育継続グループの子どもで施設に残っていたのは68人中わずか15人だった。つまりこの時点では施設養育継続グループの大半は家庭で生活していたので，里親養育グループと施設養育継続グループの差は控えめな報告といわなければならない。研究期間の初めから終わりまで施設にいた子どもは，2つの領域（IQと反応性アタッチメント障害）がいっそう悪化していた。[4]

　こうした研究結果から，施設の子どもを家庭に委託することによって，早期の施設養育の望ましくないアウトカムの多く（すべてと言わないまでも）は緩和されること，また家庭への委託の潜在力が低く評価されがちであることが実証された。このことは後で政策的意味を論じる際に，とくに重要な意味を持つ。

　もちろん，施設の子どもはすべての領域において損なわれているわけではないし（未知の大人と既知の大人に対するERP反応など），すべての発達領域が介入に反応するわけでもない（実行機能など）。また里親養育グループが施設養育経験のないグループに匹敵する機能領域はほとんどなく，少なくとも8歳までは完全な回復には達していない。このような研究結果の限界についてすべての概念的枠組みにおいて考慮すべきである。

　マイケル・ラター卿は早期の経験が後年の発達に与える影響に以前から関心を抱いていたが，彼は2つの**発達プログラミング**の異形が早期の施設養育の発達への影響に関係すると提唱した。[5] ラターはグリーナフの研究を土台として，子どもの体験が予測可能な環境の範囲とかけ離れていると（施設など），発達の軌道が逸脱することがあると考えた──これを**経験予期型プログラミング**と呼んだ。一方，**経験適応型プログラミング**はまったく違う現象の反映である。施設内の子どもの行動は，たとえそれ以外の場所ではどれほど異常であろうと，

242

施設という環境では適応的である。たとえば，しばしば施設の子どもの特徴と
みなされている無差別的行動は，大人がほとんど子どもに注意を払わない環境
では適応的と考えることができる。まったく知らない人に抱きついてでも，で
きるだけ多くの注意を大人から引き出さなければならないからである。

　これまで論じてきたように，施設養育は極端な形をとった一種のネグレクト
である。といっても，施設養育の子どもの経験と他のさまざまな児童保護シス
テムの子どもに一般に見られるものとの違いは，質的というより量的なもので
ある可能性が高い──監督の目や構造，必要な社会的相互作用や感情調整，認
知的・言語的刺激，適切な栄養の摂取を欠くなど。ネグレクトは，施設養育に
よる脳の発達の阻害を理解する枠組みになる。

　第1章を振り返ると，深刻なネグレクトが脳の発達にどれほど破壊的な影響
を及ぼすのかがわかる。遺伝子が規定するのは将来の脳の基礎的部分だけであ
り，発達の大部分は経験に依拠するのであれば，その経験ができなかったらど
うなるだろうか。脳は酸素を必要とするのと同じぐらい経験を必要としている。
経験を欠くなら，まったくの自己流で発達の行程を進むしかない。その行程に
はほとんど構造や情報がなく，適切なロードマップもない。ニューロンとシナ
プスは環境からの承認を待ち（「使わなければだめになる」という現象），不確実
な運命にさらされ，ある場合にはシナプスを刈り込みすぎたり，また別の場合
には刈り込みが起こらなかったりする。最終的にはニューロンが少なくニュー
ロン間の接続も少ない脳になるだろう。実際，EEGとMRIのデータはこの仮
説を裏づけている。施設の子どもは施設養育経験のない子どもに比べて頭囲が
小さく，脳波の出現量が低く，灰白質と白質の縮小をはじめとして皮質全体の
容積が小さいことを思い出していただきたい。⁶

　もちろんBEIPの場合，観察されたアウトカムに寄与したのは，ある時点で
の重要な経験の欠如だけではない。経験それ自体が発達に害を与えることがあ
る。たとえば施設の子どもは養育者に食事の世話をしてもらうが，これは人間
という種の子どもの期待と一致する。ところがそれが**どのような**世話かという
と，養育者とのアイコンタクトもなく口の中に食物を放り込まれたりするので

第12章　ピースをつないで　│　243

ある。それは温かい信頼関係を形成できるような経験ではない。

　一言でいうと，施設の子どもにはインプットが不足し，インプット不足が不適応な脳の発達を招く。また受け取るインプットが予測可能な環境を破壊する場合もある——これはただ不適切なだけではなく有害でさえある。インプット不足や誤ったインプットによる害がどの程度，埋め合わされ修正されるかは，剥奪の程度や期間にも左右される。多くの研究が示しているように，早く施設を離れるほどよい。

家庭養育

　BEIPは，早期の剥奪が発達に悪い影響を与えることだけではなく，施設から家庭に移った子どもは施設に留まった子どもよりも，よい経過をたどることを明らかにした。それはなぜなのだろうか。一言でいうと，家庭（少なくともBEIPの介入に参加した家庭）は子どもの予測可能なニーズに応えたからである。子どもは話しかけてもらい，遊んでもらい，必要な時に抱きしめてもらい，関わってもらい，この世界に習熟するよう促され，尊重され，愛されていた。これらは人間という種が期待するようになったものの一部である。個々の家庭は構成も規模も，一貫性のある質の高い世話をする能力にもばらつきがあるかもしれないが，大切なのは**ほとんど**の家庭は程度の差はあれ，こうした基本的ニーズを満たせるということである。養育行動の観察による私たちの評価では，家庭と施設では相当な差があった。当然ながら，家庭で育つ子どもでも発達面や心理面で困難を抱えることがあるが，施設養育の子どもに比べると，意義のある人生を送り社会に貢献する可能性がずっと高い。

　愛情のある大人が子どもにするような投資が，施設に存在しない理由はいくつかある。まず施設の養育者は多くの子どもを担当しており，多くの仕事をこなさなければならない。そのため，一人ひとりの子どものニーズを大切に思えないかもしれない。第二に，施設養育者は正規の教育をほとんど受けていないことが多く（ブカレストの養育者の条件は8年生修了），子どもの発達についてほとんど勉強していない。だからどのように子どものニーズに投資すべきか，よ

くわからないのかもしれない。第三に，養育者は給料が安いので過小評価されていると感じ，ふさわしい人がこの職に就こうとしないことがある。正規の教育やふさわしい給与，発達に関する訓練なしには健全な発達を促進できないといいたいわけではないが，**脆弱な子どもの世話をする状況では**，訓練がアウトカムの改善に貢献することがある[7]。最後に，施設養育は障害のある子どもと関連づけて考えられることが多いが，養育者は，そもそも子どもが施設に預けられるに至った状況によって発達が決定づけられていると思いがちで，担当する子どもにあまり投資しようとしない。

全般的に，家庭の子育てと施設養育とでは根本的な違いがある。家庭養育も施設養育と同じように個々のばらつきはあるが，一般的な家庭であれば，程度の差はあれ，「予測可能なニーズ」を満たすことができる。その点で，家庭で育つことと施設で育つこととには決定的な違いがある。

タイミングの重要性

里親委託のタイミングに関連する効果については，感受期に関する神経科学の文献と完全に一致している。つまりすべての回路が感受期に制御されるわけではないが，制御される回路の感受期の正確なタイミングは領域によって異なる。またアタッチメント，言語，精神病理など私たちが関心を持つ複雑な行動は，おそらく数多くの回路が行動の表出に関与し，回路によって感受期はまちまちである[8]。たとえば私たちの研究では，言語発達を制御する感受期は，知的発達を制御する感受期とは異なることがわかった。言語発達を促進する神経回路は，知的発達や情緒的発達を促進する神経回路とは異なる時点でインプットを必要とするようである。

委託年齢に幅があったことから（7カ月から33カ月），委託のタイミングがアウトカムに与える影響を，評価と追跡調査のそれぞれの年齢で評価することができた。表12.1のように，ある年齢までに家庭に委託された子どもはそれ以降に委託された子どもよりも，すべての領域とはいかないまでも一部の発達領域において良好な経過が見られた。

第12章　ピースをつないで　│　245

表12.1 42カ月時，54カ月時，8歳時の評価において明白な里親養育委託のタイミング効果

	42カ月		54カ月		8歳	
	介入効果	タイミング効果	介入効果	タイミング効果	介入効果	タイミング効果
脳波出現量（EEG power）	なし	なし	適用せず	適用せず	あり	あり
IQ	あり	あり	あり	あり	あり	なし
言語	あり	あり	適用せず	適用せず	あり	あり
常同行動	あり	なし	あり	あり	適用せず	適用せず
ソーシャルスキル	適用せず	適用せず	適用せず	適用せず	あり	あり
選択的アタッチメント	あり	あり	適用せず	適用せず	適用せず	適用せず
身長・体重	あり	あり	適用せず	適用せず	適用せず	適用せず

　発達の早期には，広範囲にわたるアウトカムについて感受期の根拠が見られた。42カ月時では，IQ，表出・理解言語，常同行動，安定，アタッチメントの形成のすべてに効果が見られた。もちろん問題は，こうした効果が発達過程で持続するかどうかである。

　内在化障害の兆候（不安や抑うつ）の減少のように，一部の領域では感受期が見られないのはなぜだろうか。まず，こうした機能は経験依存的であるため，環境の変化のタイミングに関係なく改善するということが考えられる。里親家庭への委託が何歳であっても，不安と抑うつは減少している（ただしここでも慎重に考える必要があるのは，委託の時点で生後33カ月**より年長**の子どもはいなかったことである。それ以降に委託しても同じように改善するかどうかはわからない）。もしタイミングが関係ないとすれば，こうした機能は経験予期型ではなく経験依存型だということである。第二に，内在化障害の症状は家庭に委託すると減るのだが，もっと早期に（生後6か月以内）委託すればさらに大きく改善した可能性は否定できない。つまり，この研究デザインではすべての感受期を検知する感度がなかったことが考えられる。第三の可能性として，この領域の改善は他の領域の改善に付随するものであることが考えられる。たとえば認知機能の向上が不安や抑うつの減少をもたらしたのかもしれない。つまり内在

化障害の症状の変化は，里親養育の委託の直接的な影響ではなく付随的な影響という可能性がある。認知能力の向上が内的精神状態を調整する能力を向上させたと考えるのが妥当かもしれない。

　残念ながら，BEIPの研究デザインには，里親養育への委託の時点で非常に幼い子どもは少なかったという欠点がある。だからタイミングに関して，精度の高い情報は提供することができない。とはいえ，言語，一部の認知領域，アタッチメントの安定などいくつもの領域では，家庭に委託する時期が早いほど，その後，健全な適応が起きる可能性が高いということは確信をもっていえる。これは，剥奪的な施設で養育された子どもに関する他の研究の結果とも一致する。[9]

タイミングは重要だが，
すべての年齢に当てはまるわけではない

　感受期の概念は，特定の時期にある経験をしないと，脳回路とそれに対応する行動は永久的に変わってしまうという前提を伴う。そうした変更が人生早期に起きると，それが後のより複雑な関連行動の基盤になることが考えられる。そうなると複雑な行動にも，先のより単純な行動と同一の感受期効果が表れ続ける。軌道はほかにも考えられる。たとえば，人生早期の感受期の効果の証拠が，後になって初めて検知される場合がある。これは**スリーパー効果**と呼ばれ，早期の特定の感受期の経験の効果が，後の発達段階で初めて効果が表面化するものである。[10] もう1つは，先に回路が形成された感受期と同じ環境条件であっても，以前のような効果が生じない例である。BEIPのデータには，この両方の軌道の証拠がある。

　スリーパー効果の証拠は，EEGと脳画像データに現れている。ベースラインでは施設の子どもは地域社会の子どもに比べて，典型的な脳波の出現量が著しく低かった。介入開始後，30カ月時と42カ月時に脳波の出現量を計測しているが，8歳になって初めて介入効果と感受期がはっきりした。24カ月未満で里

第12章　ピースをつないで　│　247

親養育に委託された子どもは，地域社会の子どもに匹敵する脳波の出現量があることがわかったのである。[11]

もう1つの軌道の例は，8歳時のIQテストの結果に見られる。42カ月時と54カ月時の評価では，24カ月未満で里親養育に委託された子どもはそれ以降に委託された子どもよりもIQが高く，IQの感受期のはっきりとした証拠があった。ところが8歳時では，介入効果は引き続き観察できたとはいえ，もはやタイミング効果は認められなかった。理由はいくつか考えられる。まず生活体験の蓄積が，IQによって評価される複雑な認知プロセスに必要なスキルに徐々に影響を及ぼすようになり，早期の体験を無効化したのかもしれない。BEIPの里親家庭に留まった子どもについては，委託の時期が早いほどIQが高かった。IQを構成する種々の認知能力が主に経験依存的であるなら（つまり生涯を通して発生する学習から影響を受ける），子どもが成長するにつれ，現在の生活環境の影響のほうが早期の体験の影響よりも大きくなるとしても何ら不思議ではない。

すべての領域が介入に反応するわけではない

2, 3の領域では，介入効果は現れなかった。たとえば実行機能はほとんど向上せず，ADHDのような外在化行動の発症率もほとんど減少しなかった。それはなぜなのだろうか。いくつかの理由が考えられる。第一に，委託の時期が遅かったということが考えられる。もっと早期に委託すれば，もっとうまく通常の軌道に戻せたのかもしれない。イギリス・ルーマニア養子研究によると，生後6カ月未満でルーマニアの施設から国際養子縁組された子どもは，イギリスで国内養子縁組された子どもとほとんど区別がつかなかった。[12]第二に，行動（衝動抑制など）の基盤となる神経回路が出生前または生後まもなく損なわれていたため，たとえもっと早期に里親養育に移行しても発達の軌道は修正できなかったのかもしれない。第三に，ほんの数カ月の施設生活でも行動を支える神経回路を混乱させるということも考えられる。その場合，BEIPの里親養育の

ような一般的な良好な養育ではなく集中的で意図的な治療でないと，発達の逸脱を修正できないことがある。たとえば54カ月時では外在化障害が広く見られ，介入にはほとんど反応しない。こうした子どもの発達の軌道を修正するには，「親子相互作用セラピー」（Parent Child Interaction Therapy）のようなエビデンスに基づく特別な外在化行動の治療が必要なのかもしれない。[13]もしこれが経験依存型の回路なら，どのような体験が発達を促進するのかを正確に突き止めることに全力を注ぐべきである。

第四のより楽観的な仮説は，早期の感受期はその後の生活体験によって徐々に上書きされ，修正され，形成され，再構築されるというものである。ちょうど脳卒中や外傷などで脳に損傷を受けた成人に作用する補償プロセスの形をとるのかもしれない。そこでは神経可塑性の原理が働き，脳が自己再構築すると推測される。そうした補償プロセスが早期の発達段階の損傷を無効化できるかどうかは非常に重要な問題だが，答えを出すにはBEIPのサンプルが成人期に入るまで追跡する必要がある。

発達の正常化？

施設養育の子どもが「正常」に見える領域は少ない。たとえば2歳未満で里親養育に委託された子どもはIQが向上しているが，その平均スコアは「平均の下」レベルである（7〜18カ月で里親養育に委託された子どもの54カ月時の平均IQは85）。同様に，里親養育に委託すると不安と抑うつの発症率は大幅に減るが，施設養育経験のない子どものレベルまでには至らない。なぜ介入の効果は不完全なのだろうか。

私たちはいくつかの可能性を考えた。まず里親養育に委託する時期が遅すぎたことである。もし生後数か月で委託していたら，施設養育経験のないグループと見分けがつかないほどまでに回復したかもしれない。第二に，施設に遺棄された子どもと家庭で養育される子どもとでは，微妙な生物学的差異があると

第12章　ピースをつないで　　249

いう可能性もある。たとえば母親は妊婦健診を受けていただろうか，子どもに出生前または出生前後の合併症があったのかどうか。BEIPの記録の精査や小児科医の診察によって，鉛やその他の有害物質への曝露，鉄欠乏性貧血，出生前の薬物曝露などを明らかにできたかもしれない。こうした生物学的な「ブレーキ」が回復を制限することもあると思われる。実際，BEIPの調査でのエビデンスによると，生物学的な損傷の兆候（早産，低体重出生，常同行動，頭囲が小さい）の多い子どもはそうではない子どもよりも障害の程度が大きい。残念ながら，BEIPのサンプルの規模は小さいので，この問題を深く追求して答えを出すことはできない。

　第三に，回復が不完全な原因は，剥奪的環境において発達を制限する傾向のある遺伝子多型（第11章参照）にあるかもしれない。たとえば5HTT（セロトニントランスポーター遺伝子）の短い対立遺伝子型を2つ持っている子どもは，施設養育では不安を発症しやすい傾向がある。こうした遺伝子多型は，家庭に委託されてからの回復の程度に影響を与えるのかもしれない。

　第四に，そもそもすべての領域で完全な回復を期待すべきではないのかもしれない。理由は単純で，発達を促進する力は選択的に作用し，領域によって異なる展開をするからである。それを端的に示すのが，IQは決して完全には回復しないのに対し，社会・情緒的発達は少なくとも2歳未満で里親養育に委託すればほとんど回復することである。

　最後に，BEIPの里親養育はかなり質が高かったとはいえ，ある種の発達の遅れや逸脱を修正できるほど治療的な性格ではなかったことも考慮しなければならない。ベースラインでの観察を踏まえると，子どもの多くは複数の領域で深刻な遅れやハンディキャップを抱えており，結果的には，一部の子どもは（ADHDや認知機能障害の兆候のある子どもなど），もっと的を絞った介入のほうが効果的だったのかもしれない。

政策的意義

　科学と政策の一筋縄ではいかない関係をまず受け入れることから，私たちの研究は始まった。科学者は懐疑的であるよう訓練されているので，たとえ自分の発見であっても新しい発見については，すぐに条件をつけたり限界を指摘したりする。行動科学の論文はしばしば「さらなる研究が必要である」という言葉で結ばれる。それは何も永久に研究を続けたいからではなく，真に重要な問いに対して答えを断言できる研究は1つもない（少なくとも研究者に満足できるレベルで）ことを認識しているからである。一方，政策立案者は白か黒かの結論を要求する。彼らが知りたいのは，ある試みにリソースを投入すべきかどうかである。リソースには限りがあるので，きっぱりと判断する必要がある。それに加えて政策決定には，政治的イデオロギー，経済，文化的価値観，人権，その他の関連領域など科学以外のさまざまな要因が絡んでいる。私たちは，科学が政治に影響を与えることができるのは，投資の潜在領域，とくに望ましい介入の形について，より客観的なデータを提供することにあると考える。

　本章の後半では次の3点に焦点を当てて，BEIPや関連の研究の政策的意義を考えていきたい。①家庭養育が施設養育よりも望ましいのは明らかである。②子どもを家庭に委託する年齢が低いほど，アウトカムは良好な傾向がある。③代替的養育の質は非常に重要である。

施設養育

　世界では200万人から800万人の子どもが施設で養育されていると推定されている。UNICEFや他の組織が施設の存在を記録に残そうとした時に直面した困難を踏まえると，この数は現実を過小評価している可能性があると，私たちは指摘してきた。一部の国の政府は施設数を少なく報告したり，実際には施設であるものを偽って他に分類したりしている。また単にインフラが不足してい

第12章　ピースをつないで　｜　251

る国や，意味あるデータを収集しようとしない国もある。[14] 中米，南米，アジア，中東，アフリカ，そしてヨーロッパの一部でも，孤児や，遺棄・虐待された子どもを施設に収容することは，今なお一般的である。英語で発表された10件の症例対照研究は，4カ国における里親養育の子どもと施設養育の子どもを比較したが，どれも里親養育の子どものほうが望ましい発達をしていることを示している。[15] これは比較的小さなデータベースであり，ほとんど記述中心の限定的な研究も含むが，場所や年代の違いにもかかわらず結果が同じであることは注目に値する。[16] ただし，無作為化された研究は1つも含まれていないので，ハンディキャップのある子どもが里親養育よりも施設に委託されていることが多いという可能性に留意する必要がある。里親養育の子どものアウトカムのほうが良好なのは，委託以前の要因に由来しているかもしれない。

ルーマニアでもこの種の議論を耳にした。たしかに施設の子どもには遅れがあるが，それは施設入所以前からの問題が発達を妨げているのだと。さらには，そうした子どもにはもともと損傷があるのだから，限られたリソースを費やす理由はほとんどないという意見まであった。このような見解は，第3章で取り上げたように欠陥学，つまり内因的異常は介入では修復できないというソビエト流の思潮に端を発している。

BEIPの研究成果は，委託以前の要因が里親養育グループの子どもと施設養育継続グループの子どものすべての違いを説明するという見解への強力な反論である。BEIPでは無作為化によって，養育環境の選択バイアスの可能性は取り除かれている。したがって家庭への委託が施設養育に優ることについて，現在までで最も強力な根拠を提供しているのである。

幼児にとって有益な家庭養育を支援する政策がないのなら策定すべきであるし，十分に実施されていないのなら十分に実施すべきである。しかし，科学研究の結果から直接的に政策が生まれることはまずない。前述のように，世界の大部分ではまだ施設養育がきわめて一般的である。その理由を詳しく分析することは本研究の範囲を超えるが，関連するいくつかの問題に簡単に触れたい。

米国において孤児院運動が盛んになったのは，ちょうど精神疾患のある人の

収容に牢獄や施設が広く利用され始めた時期と重なる。工業化と都市化と不況によって多くのホームレスの大人や子どもが出現した19世紀後半には，こうした施設は画期的で斬新な社会的介入とみなされたのである。[17]

　この新しいモデルは，さまざまな立場から支持された。遺棄された子どもやわがままな子どもの性格的短所には矯正が必要だと考える人々もいた。当局の管理下で厳格に統制された安定した環境で養育すれば，幼児は適切に教育され訓練されるということである。また，問題のある親から生まれたわがままな子どもを視界から（意識から）排除すれば，彼らが社会に及ぼすかもしれない脅威を減らせると考える人々もいた。[18]このように19世紀後半の米国では，矯正と実利が一体化して，子どもの施設養育が支持されたのである。当然ながら，孤児院はいったんシステムとして確立すると，あとは経済的要因によって永続化することになった。孤児院は地域社会に職やその他の便益を提供したので，関係者の必要や副次的利益を基準にして資金が割り当てられた。

　ルーマニアでも，矯正と実利という要因が施設養育を永続化したと思われる。私たちがこの研究に着手した20世紀末には，まだそれが如実に感じられた。チャウシェスク政権の公式見解は，国が訓練した孤児院の職員のほうが，教育水準が低く問題を抱えている親よりも子どもをうまく育てられるというものだった。私たちは施設で働く何人もの職員から，そうした議論を聞かされた。実利的要因は共産主義時代以前から存在し，今なお残っているものである。ラビニア・ミトロイによると，東方正教会には，子どもの身体的な奇形やハンディキャップや障害は，親や家族が犯した罪の表れであり神の罰の物理的証拠であるとみなす伝統があるという。[19]ハンディキャップにまつわる社会的汚名も，子どもを施設に入れる原因になったのかもしれない。

　遺棄された子どもやハンディキャップのある子どもを視界と意識から遠ざけることは，理由はともあれ，チャウシェスク政権下のルーマニアではおおむね成功していた。私たちは，共産主義政権下のルーマニアで働いていた多くの人が，大規模な乳幼児施設の数や，時にはその存在すら知らなかったというのを聞いて，何度も驚かされた。ルーマニアは遺棄された子どもを施設に収容して

第12章　ピースをつないで　　253

視界から遠ざけたため——ほぼすべての人が生活苦にあえいでいた時代だったこともあり——その子どもたちをどうすべきかという厳しい問いに直面せずに済んだのである。

ルーマニア以外の世界の多くの地域でも，幼児の養育施設が持続していることには，当然ながら他にも理由がある。血縁のない子どもを育てるには，里親あるいは養父母になる大人に利他的な精神が必要だが，自分や自分の家族の生活すら見通しが立たない状況では，利他的精神が生まれるのに必要な幸福感は薄い。多くの人が不利な状況にあってリソースがあまり利用できない国では，他人の子どもを育てるという新たな責任を負うのに，自分や自分の家族の経済生活に不安を感じるだろう。このことは，リソースの乏しい国がリソースの豊かな国に比べて，遺棄された子どもの養育を施設に依存しやすい1つの理由を説明している。

家庭への委託のタイミング

早い時期に子どもを家庭に委託することは，多くの発達領域において付加的な利点がある。このことは第7章から第11章までにまとめた多くの検査結果から明らかだが，1970年代から1990年代にかけて行われた養子縁組研究からも明白である[20]。私たちを含めて多くの研究者は，特定の年齢を過ぎると発達の不全が顕著になることを強調してきたが，関連する研究を総合的に見ると，この問題に関するデータが最も明白に裏づけているのは，子どもを施設から離すのは特定のある年齢というよりも「早いほどよい」という原則である[21]。年齢が上がるほど，複数の発達領域にわたって障害が残るリスクが高くなる。

当然のことながら，最初から脳を正しく「形成する」ほうが，ダメージや逆境にさらされてから再形成するよりも容易で効率的である。脳の発達がほぼ完成するまで介入を控えていると，より多くの労力（そして資金）が必要になり，修正が成功する可能性はずっと低くなる。BEIPの研究結果は，不利な条件の子どもに対する介入の縦断研究や動物の神経生物学的研究，早期介入の経済分析とも一致している。エリック・クヌードセンと共同研究者らはこうした多分

野の文献を選択的に検討し，早期の経験は脳構造の発達とスキルの発達に比類のない大きな影響を及ぼすと結論した[22]。またヒトのスキル開発と神経回路の変更能力は人生早期に最も高く，徐々に低下すると提唱した。彼らが引用した研究結果が一致して支持するのは，不利な条件の子どもの環境を小児期早期に強化する投資の必要性である。BEIPの研究もこの結論を全面的に裏付けている。

施設養育の代替選択肢

BEIPの研究結果のもう1つの示唆が，代替的養育の質に注意を払わなければならないということである。前述のように，環境が家庭に近いほど子どもの発達は促進される。血縁の親族が引き取れない時は，里親養育が最も家庭に近い環境である。質の高い里親養育への投資は当然と思われるかもしれないが，**質の高い**里親養育制度を構築することは，単に里親養育制度を構築するよりはるかに難しい。

「平均的な」里親養育に対する「質の高い」里親養育の重要性は，精神病理とIQのデータからも明白である。BEIPのデータによると，54カ月時では，BEIPの里親養育の子どもは政府支援の里親養育の子どもよりも，精神病理の比率が大幅に低かった。また8歳時では，BEIPの里親養育の子どもは政府支援の里親養育の子どもよりも，IQが著しく高かった[23]。これは，取扱件数が各18〜20件の熟練したソーシャルワーカーの担当による，周到に設計された里親養育介入の直接的な比較である。ルーマニア政府の多くのソーシャルワーカーの話によると，彼らは2000年代中盤には80〜100件を担当していた。これでうまくいくはずがないだろう。さらに，BEIPの里親養育では子どもと養育者の健全なアタッチメント関係の促進を重視したが，それは典型的な政府支援の里親養育では考慮すらされていなかった。

だがルーマニア政府の里親養育を批判しようというのではない。1990年代のルーマニアが直面した児童保護の問題は，いまだかつてないほど深刻だった。それから20年以上経過して，さまざまな測定基準で相当な進歩が見られる。それでもなお，私たちを含め多くの研究者が遺棄された子どものために理想と

第12章　ピースをつないで　　255

して掲げたような，発達の知識に基づく子ども中心の制度にはほど遠い。だが
そのような制度はまだ米国ですら存在していないことは明白である。[24]

●国際養子縁組の問題

　第3章で触れたように，ルーマニアは国際養子縁組に反対するEUと国際養子
縁組を支持する米国との論争に巻き込まれた。この対立は現在も続いているが，
ルーマニアは2001年に国際養子縁組を一時的に禁止し，2005年には恒久的に禁
止，2012年には4親等内の親族，子どもの実の親の配偶者，海外に常住する
ルーマニア国民による養子縁組について国際養子縁組を認める法案を可決した。

　国際養子縁組への反対意見のほとんどは，チャウシェスク政権崩壊後の最初
の10年の汚職や買収の蔓延に端を発している。児童保護当局が養子縁組の斡
旋で賄賂を受け取ったり，貧困層の女性が金銭取引で妊娠したり，親に法的権
利がある子どもを養子縁組したり，他にもとんでもないシナリオが横行してい
た。臓器売買や売春や小児性愛を目的とした養子縁組があるという噂も流れた。
チョウとケビン・ブラウンは，国際養子縁組において子どもの権利の侵害が頻
発していると主張し，ハーグ条約（1993）を引用して国際養子縁組は最後の手
段としてのみ考えられるべきだと訴えた。[25]彼らは国際養子縁組の「市場化」や
営利的側面に反対し，「輸出国・輸入国」という激しい言葉で非難した。また
チョウやブラウンは取り上げなかったが，国際養子縁組には，子どもが自分の
文化，言語，アイデンティティの重要な要素を失う危険があるなど，ほかにも
妥当な問題がある。

　一方，米国政府はルーマニアが国際養子縁組を廃止しようとすると，強く反
対した。米国の主張は，ルーマニアで何万人もの子どもが施設で養育され，毎
年，何千人もの子どもが遺棄されている状況では，児童保護の選択肢として国
際養子縁組を廃止する正当な理由はないというものである。また過去15年間
の米国の法律は（公法105-89），養子縁組は永続性という子どもにとって大切
な目標を実現すると強調している。里親養育のほうは，とくに乳幼児の場合，
常に短期的介入を意図していた。そうしたことから，米国は国際養子縁組が望

256

ましいかどうかという問題について，子どもの権利という視点からもEUとは非常に異なる結論を出している。米国は子どもにとっての永続性を重視し，国際養子縁組は最後の手段ではなく，長期間の里親養育や施設養育よりははるかによいとみなしている。実際，ハーグ条約は，施設養育より国際養子縁組のほうを好ましいとしている。

　BEIPはこの議論に3つの点で貢献した。まず，家庭養育は施設養育よりも望ましいことを明確に実証したことである。次に，どの環境でも養育の質が子どもの発達の軌道に大きく関係することを示した。家庭ではより質の高い養育が行われるので，家庭への委託を支援する政策はどの種類の施設養育よりも優先すべきである。最後に，BEIPで観察されたタイミング効果は，子どもを不利な環境から健全な環境に移すに際しては時間が鍵を握るという，児童保護当局への警告とすべきである。

児童保護における施設の役割とは？

　当然ながら，世界には里親養育がまったく行われていない，あるいは近い将来に実施される見込みがない地域もある。たとえばサハラ以南の多くのアフリカ諸国のAIDS孤児は，里親養育を利用できない。そうした環境では，施設に積極的な役割があるのだろうか。私たちは，20世紀後半のルーマニアに広く存在したような大規模施設は児童保護の効果的なシステムに含めることはできないと，十分な証拠に基づいて考えている。現在までの証拠は，子どもの養育環境が家庭に近いほど，脳と行動が健全に発達する可能性が高くなることを示している。さらにルーマニアの例からはっきり言えるのは，いったん国が施設に投資すると，経済的プレッシャーによって自動的にシステムが永続化されるということである。ルーマニアの小さな村では施設職を当てにし，地方自治体あるいは国家機関までもが，施設が養育する子どもの人数に基づいてリソースを配分していた。第3章で述べたように，ルーマニアでは経済的要因が改革の重大な障壁になった。

　遺棄された子どもや孤児を家庭に委託するためにあらゆる努力を払うこと，

第12章　ピースをつないで　┃　257

理想的には永続的な委託をすべきことは疑いもない。永続的な養育が不可能ならば，質の高い里親養育を検討すべきである。それもできない場合は，養育者の入れ替わりを少なくし，1人の子どもを担当する養育者の数を限定した小グループを検討すべきである。異年齢の子ども集団も家庭に似た環境を作り出すだろう。そのようなアプローチを取らない限り，幼い子どものリスクが増大する可能性が高く，投資に値しないと私たちは考える。とくに施設介入は自動的に永続化しやすいことを考慮すると賛成できない。

児童保護の新しい方向性

　ここまで述べてきたことは，ルーマニアや東欧に留まらず広く適用できるものである。「剝奪」は特定の子どもの状況を指すだけではなく，世界各地に存在する不十分な児童保護システムの特徴でもある。私たちは孤児や遺棄・虐待された子どもに効果的に介入しようとする一連の取り組みに注目しているが（1人で路上で生活する子ども，人間的な温かみのない大規模な施設養育，より小規模な「家庭のような（home-like）」グループ，里親養育，機能強化された里親養育など），ほぼすべてが多くの問題を抱えている。世界を見渡しても，満足のいく児童保護の取り組みはほとんど存在しないというのが，誰も共通する実感である。資金不足，スタッフの訓練不足，発達のオリエンテーションの欠如，子どもの最善の利益の無視など，ブカレストでもボストンでも北京でも課題は共通である。

　だが最近，ルーマニア，EU，そして米国でもBEIPの研究結果や他のデータを活用した具体的な対策が始まっている。このことは，児童保護がより組織的で総合的な子ども中心の実践へと変化していることの表れだと思う。

■ ルーマニア政府の取り組み

　過去15年間で，ルーマニアの児童保護政策は目を見張るほどの変化を遂げ

た。クリスチャン・タバカルが指摘するように，1997年以前のルーマニアには基本的に里親家庭は存在しなかったが，現在では何万もの里親家庭がある[26]。脱施設化は長足の進歩を遂げたが，遺棄の防止のほうはあまり進んでいない。2005年にルーマニア政府は，ハンディキャップのない2歳未満の子どもを施設に入所させることを違法とする法律272／2004を決議した。BEIPがこうした政策にどの程度の影響を与えたのかはよくわからないが，私たちが政府に提示した最初の研究結果やBEIPの最初の科学的研究の発表と一致している。

　2000年から2004年までルーマニアの全国児童保護局の責任者を務めたガブリエラ・コーマンは，BEIPの初期の研究結果を認識し影響を受けたことを認めつつも，他の多くの要因も改革に貢献したと述べている[27]。また現在，「SERAルーマニア」の事務局長で「児童NGO連盟（Federation of Non-Governmental Organizations for Children）」の会長でもあるボグダン・シミョンも，BEIPが過去10年間のルーマニアの改革の重要な情報源の1つだったことを認めている[28]。他にも同様の評価をする人々がいる[29]。もちろんBEIPの研究結果はまだ途上の段階だが，今後もルーマニアの政策立案のためにますます有用なデータを提供したいと願っている。

米国政府の取り組み

　2010年にハイチ地震が起きたとき，米国政府は援助を行ったが，調整不足で重複が多く，逆効果なことさえあることにすぐに気づいた。他にも的外れな援助，調整や組織化の不足があったことから，世界の最も脆弱な子どもたちへの支援活動を行う政府機関は，総合的な活動の見直しを開始し，農務省，国防省，保健福祉省，労働省，国務省，平和部隊，米国国際開発庁（USAID）に属する部局がそれに参加した。総括によると，米国政府は2009年に100カ国以上の脆弱な子どもや家族への支援として，約2000件のプロジェクトに20億ドル以上を支出していた[30]。そして総括の結果，介入を行う時は，家庭養育を受けられない脆弱な子どものニーズに効果的に対処する，持続可能な児童保護システムの構築に，より意図的に集中すべきであるという結論が出た[31]。

第12章　ピースをつないで　　259

この総括を受けて，米国政府は政府機関の部門間イニシアチブとして「家庭養育を受けられない子どもの保護」に関する根拠を検討する「エビデンス・サミット」を開催した。2011年12月のこのサミットには，研究者，各国の児童保護の専門家，米国政府関係者が参加し，低・中所得国の家庭養育を受けられない子どもに対する介入や政策に関する入手可能なエビデンスを総合的に評価した。米国の国際援助のための情報として，さらにどのようなエビデンスが必要なのかを判断することに主眼が置かれたが，BEIPは効果的な政策立案に不可欠なエビデンスの1つとして突出していた[32]。最近，米国政府は家庭養育を受けられない孤児や脆弱な子どものために，十分な知識に基づく「ベスト・プラクティス」を推進するという戦略を発表した[33]。

EUの取り組み

2012年6月，欧州議会は「施設の子どもに関する展示と円卓会議」（Exhibition and a Roundtable on Children in Institutions）を開催した。この会議ではアイルランドの欧州議員マルリード・マクギネスが議長を務め，子どもの権利，BEIPおよび施設養育が発達に及ぼす影響，施設の経済的側面，改革の実際的意義について発表が行われた。

ARK（Absolute Return for Kids：子どもの絶対的帰還）やユーロチャイルド（Eurochild）などのNGOも協賛し，EU域内での児童保護の手段としての施設を廃止することに対するEUの関心を浮き彫りにした。過去10年の調査により，東欧諸国だけではなく多くの西欧諸国でも，遺棄された幼児の施設養育が一般化していることが明らかになったことから，これは注目に値する展開といえる[34]。この会議の総意の1つは，EU内の恵まれない国々に提供する「構造的資金」を施設養育に代わるシステム構築への支援として用いることだった。

政策的結論

　1909年の第1回「子どもに関するホワイトハウス会議」から，1989年の国連子どもの権利条約や1993年のハーグ条約に至るまで，子どもを家庭に委託することの重要性は，基本的指針として提唱されてきた。この主張は主に価値観に由来するものだったが，BEIPおよび関連の研究は，この見解に対し堅固なエビデンスによる基盤を築いた。

　最初から脳を正しく「形成する」ほうがダメージを受けたり逆境にさらされたりした後に再形成するよりも容易で効率的であることは，入念な科学的研究によって決定的に実証された。脳がある程度，発達するまでに介入しないと，より多くの努力とリソースが必要になり，良好なアウトカムの可能性が低下する。剥奪的環境で育った幼児への早期介入を支援する政策が有効であることは，BEIPや類似の研究によって明確に実証された。

　また経験に重点を置くBEIPは，米国の約50万人の里親養育の子どもにとっても意味がある。BEIPのアウトカムは早期の経験に依拠しているが，その後の経験もまた重要である。往々にして忘れられがちなのは，里親養育が虐待された子どものための介入であることである。米国の児童保護の取り組みは家族の再統合に力を注いでおり，それは正しいことなのだが，里親養育期間の子どもの体験があまりに軽視されている。私たちの研究は，里親養育での経験とアウトカムの非常に重要な関連性を指摘した。BEIPは脳と行動の発達がさまざまな形で経験と結びついていることを明らかにしたが，BEIPや他の研究を活用して，単に政治的理由や正義感からだけではなく，「脳−経験」のインターフェイスの知見に基づく児童保護システムを創出するべきである。

剥奪，脳の発達，回復への取り組み

　本書は，種にとって非定型的（species atypical）な深刻な逆境を体験した子どもを10年以上にわたって追跡したプロジェクトの報告である。外的操作によって半数の子どもを家庭に委託して2つのグループが生まれたが，それぞれのグループは異なる発達の軌道をたどっていった。BEIPからの教訓（少なくとも最初の8年間で）がいくつかある。第一に，施設で養育される子どもの発達は著しく損なわれていることである。遺伝的要因や出生前後の不利な経験など施設経験以前からのものもあるかもしれないが，異常の多くは施設養育に原因があることが，BEIPや他の研究からわかっている。第二に，里親養育に委託された子どものグループでは，早期の委託はいくつもの（すべてではない）評価尺度の良好な結果と有意な関係があった。これは本研究で最も重要な発見の1つであり，人生早期に逆境を体験する世界各地の子どもにも大きな意味がある。第三に家庭への委託は，すべてではないにしろいくつもの発達の異常を緩和する。これまで強調してきたように，BEIPでは治療効果の分析と報告に保守的なアプローチをとってきた。そのため介入効果を過小評価した可能性もあるが，科学的見地からは適切だと思っている。最後に，最も早期の経験の影は明らかに残り続ける。つまり，最初のサンプルの中で，施設養育経験のない子どもに遜色ないほど回復した例は少なくとも8歳まで，ほとんどなかった。損なわれたものの大きさを踏まえると，思春期の神経的再組織化をもってしても，これは変わらないと思われる。

　本研究の舞台はルーマニアであり，これまで明らかにしたような特殊な歴史的・文脈的特徴がある。とはいえ，私たちが研究したルーマニアの子どもと，深刻な剥奪経験をした他の国の子どもの類似点は，相違点よりも大きな意味がある。臨床・発達・脳科学の根拠（エビデンス）が理解されて，総合的かつ持続的で，発達の知見に基づく，文化的に適切な養育を提供する児童保護システ

ムが構築されることを期待したい。その時初めて，深刻な剥奪による困難に立ち向かい，子どもの回復への取り組みを促進することができるだろう。

第12章　ピースをつないで　　｜　　263

謝辞

　ブカレスト早期介入プロジェクト（BEIP）のような複雑な取り組みは，多くの人と組織の幸運や懸命な努力，多大な貢献なしに実現できなかった。

　BEIP を設置・維持するための研究ネットワークを支援し，プロジェクト初期段階を通じて援助を提供してくれたジョン・D＆キャサリン・T・マッカーサー財団に深く感謝する。この援助により柔軟性が確保されたおかげで，私たちはプロジェクトの成功に不可欠な形で調整や適応を行うことができた。その後，同財団はブカレストを拠点とする児童発達研究所の設立資金を提供してくれた。この研究所では，ルーマニア全土で子どもたちにサービスを提供する専門家を養成している。それ以外に次の団体，個人も，長年に及びこのプロジェクトを広い心で支援してくれた。ジェームズ・S・マクドネル財団，アーヴィング・ハリス財団，米国国際開発庁（USAID），バインダー家族財団，ヘルプ・ザ・チルドレン・オブ・ルーマニア，米国国立衛生研究所（MH091363），ハーバード大学児童発達センター，シネーヴ家族財団，リチャード＆メアリー・スコット，およびプロジェクトに快く資金を提供してくれた匿名の篤志家といった方々である。

　プロジェクト発足以来，BEIP への参加を続けた子どもと家族の皆様に感謝したい。BEIP に代表される，縦断的な児童発達研究の伝統がほとんどない環境で，彼らが長年私たちに協力してくれたのは驚くべきことだ。彼らに最大限の感謝を捧げたい。

　ダナ・ジョンソンは，このプロジェクトのもととなる着想を与えてくれた。彼は，厳密な研究を通じて，施設で養育された子どもの人生に関わる重要な政策上の疑問を解決することの重要性を十分理解していた。ダナは，施設で暮らした子どもの評価に豊富な経験を持つニューロサイコロジスト，ロナルド・フェデリッチが主催した1998年のルーマニアへの医療ミッションに私たちを

参加させてくれた。ダナは当初，小児科看護師のメアリー・ジョー・スペンサーとともに，研究に参加する可能性がある子ども全員のスクリーニングを行った。その後も，貴重な共同研究者としてプロジェクトに関与している。

　ルーマニア国内の多くの専門家が，長年に及びプロジェクトを支援してくれた。中でも次の3人は，プロジェクトの成功に欠かせなかった。ルーマニア初の児童保護大臣で後にSERAルーマニア事務局長を務めた，クリスチャン・タバカルは，1999年にプロジェクト実施のため私たちを招き，長期的に貴重な支援，助言，援助を提供してくれた。現在SERAルーマニアを統括するボグダン・シミオンは，新旧のBEIP研究室の建設を監督し，プロジェクト開始以来，信頼できる同僚にして貴重な協力者としてすべての側面に関与した。彼ら2人は，このプロジェクトとその成功に大きな影響を与え続けてきた。最後にセバスチャン・コガは，医科大学を休学し2000～2004年までブカレストでプロジェクト責任者を務めた。その後，復学して大学課程を修了し，脳神経外科の研修医になった。初代プロジェクトコーディネーターを務めた彼は，細部に入念な注意を払う一方で全体像の把握も忘れなかった。これが，プロジェクト立ち上げと初期の成功に大きな役割を果たした。脳波計の修理，スタッフ採用，駐ルーマニア米国大使との会談など，セバスチャンは卓越した才能を発揮して大小さまざまな課題を乗り切った。

　BEIPの発足・継続に貢献した他のルーマニア人スタッフとして，プロジェクト専任小児科医を務め，後にデータ安全性モニタリング委員会のメンバーとなったミハイ・イオルダチェスク，ブカレストの母子保健研究所を率いた小児科医のアリン・スタネスク，国家児童保護局内から私たちを支援し，後にプロジェクト支持者を経てデータ安全性モニタリング委員会のメンバーとなったガブリエラ・コーマンが挙げられる。ブカレスト市セクター1局長のダヌット・フリーカは，必要に応じてセクター内の子どもたちの生活に関する情報を喜んで提供し，彼らとの接触を可能にしてくれた。プロジェクト開始時にセントキャサリン養護センター所長だったアディナ・コドレスは，施設への出入りを認め支援を提供してくれた。アンカ・ニコラは，初期のデータ収集に協力し，

プロジェクト開始時にスタッフを教育してくれた。加えて，SERA ルーマニアの他のスタッフ，アグスティナ・ロチディとステファン・パスク（人事），クリスチャン・ニストル（労働安全），エミリア・ポパとダナ・シルブ（会計）も長年にわたり助けてくれた。最後に，ブカレスト大学の3人のかけがえない同僚，ミハイ・アニテイ，ニコラ・ミトロファン，ミルシア・ドミトルにとくに謝意を表する。

　ブカレストのスタッフも，誰にも負けない仕事ぶりを見せている。アンカ・ラドゥレスク（2000年〜現在）は出会った当時，その後私たちの拠点となったセントキャサリン養護センターで心理士として働いていた。彼女は，私たちが採用した最初の研究助手となり，以来欠かせない存在である。プロジェクトに参加した子どもと家族，ブカレストの児童保護制度に関する彼女の知識や，常に前向きな姿勢は，計り知れないほど貴重なものとなった。フロリン・ティブは54カ月目のアセスメントを監督し（2003 〜 2007年），いったん職場を離れて心理学博士号を取得した後，BEIP に復帰して12歳時点でのアセスメントを実施した（2010年〜現在）。彼のプロジェクト目標に対する深い理解，目標達成に協力するスキル，あらゆる作業を積極的に支援する姿勢に，私たちは大いに助けられた。ニコレッタ・コーラン（2001年〜現在）とナディア・ラドゥ（2002年〜現在）は，ほぼ開始当初から忠実なパートナーとして，プロジェクトの多くの側面に貴重な貢献をした。アレクサンドラ・カーセル（2010年〜現在）が参加したのは比較的最近のことだが，新たな手順を効率的，効果的に習得して，すぐにプロジェクトの成功に不可欠な存在となった。ユリアナ・ドブレ（2001年〜現在）は，プロジェクト助手から出発して現在は会計補佐を務めるなど，多くの重要な役割を明るく熱心にこなしてくれた。米国からブカレストへの長旅を終えた私たちの食事に気を配り，プロジェクトに参加するためブカレスト市街から訪れた複数の家族に，宿泊先を手配してくれたのも彼女である。

　発足当初にソーシャルワーク・チームとして活動したアリーナ・ロス（2001 〜 2004年），ベロニカ・イバスカヌ（2001 〜 2005年, 2010 〜 2012年），アメリ

ア・グラサヌ（2001〜2008年）は，里親養育の伝統がなかったブカレストで里親家庭ネットワークの募集・研修・支援を敢然と実施した。後から加わったカルメン・イウガ（2008年〜現在）とマリアナ・ミツ（2013年〜現在）は，効果的な支援を継続的に提供してプロジェクトに参加した家族の権利を擁護し，高い水準を維持してくれた。

　プロジェクトの途上でその実現を支援する重要な貢献を行ってくれた，他のスタッフにも感謝する。カルメン・カランチェア（2000〜2001年），ロクサーナ・ネデルク（2001〜2003年），アデラ・アペトロヤ（2001〜2004年），アディナ・アングレヌ（2002〜2006年）らが，研究助手として参加した。ラルカ・マンディ（2001年）は，マグダ・ブラド（2002〜2005年）とともにプロジェクトマネージャー補佐を務めた。カリン・グリゴリ（2007〜2008年）は，後に副プロジェクトマネージャーを務めた。モニカ・チオバヌ（2001〜2005年），ジョルジアナ・カルステア（2004〜2008年），エミリア・ポパ（2003年〜現在）は，会計業務を担当した。ダナ・グロザフ（2003〜2006年）とカタリン・カルサル（2003〜2004年）は，心理学専攻のブカレスト大学大学院生マリア・マグダレナ・スタン，アンカ・マテイ，ダニエラ・カセラ，ダイアナ・クレマー・コスメシュとともに，データのコード化を行った。子どもたちと家族を，アセスメントのため何百回も研究室まで運んでくれた運転手のガブリエル・カリン（2001〜2003年），フロリン・ドブレ（2002〜2003年），マタチュ・ローレンチュ（2003〜2004年），ユリアン・ペトリア（2004〜2008年），ニコライ・ラドイ（2008〜2010年）にも感謝する。

　ヘルミ・ウッドワードとマーシー・レイは，1997〜2005年までマッカーサー財団ネットワーク管理者を務め，プロジェクト初期の企画・運営段階で貴重な役割を果たした。エリザベス・ファータド（2005年〜現在）は，企画・交渉・忍耐・洞察・主任研究員3人の突飛な行動に対する寛容性などの面で卓越したスキルが求められる，プロジェクトコーディネーターという職務につき，高い評価を得て重要な役割を果たし続けている。そんなエリザベスに，今後も変わらぬ感謝を捧げたい。

また私たちは幸いにも，米国の多くの研究者から協力を得ることができた。スーザン・パーカー（ランドルフ・メイコン大学），ジェニファー・ウィンザー（ミネソタ大学），マーガレット・モルソン（ライアソン大学），アリッサ・ウェスターランド（ボストン子ども病院），カレン・ボス（サンマテオ郡精神保健課），エイプリル・レヴィン（ボストン子ども病院，ハーバード医科大学），ケイト・マクローリン（ワシントン大学），マーガレット・シェリダン（ボストン子ども病院，ハーバード医科大学），アンナ・スマイク，メアリー・マーガレット・グリーソン，ステイシー・ドラリー，ルーシー・マクゴロン，ゾーイ・ブレット，ケイト・ハンフレイ（以上6人，テュレーン大学）ピーター・マーシャル（テンプル大学），アリサ・アルマス（ブリティッシュコロンビア大学），ロス・ヴァンダーワート（ボストン子ども病院，ハーバード医科大学），ケイト・デグナン（メリーランド大学），ジェニファー・マクダーモット（マサチューセッツ大学），コニー・ラム（ニューオーリンズ大学），ソニヤ・トロラー・レンフレリー，メグ・ウッドバリー，カール・レジュー（以上3人，メリーランド大学），カタリナ・コペッツ（ウェイン州立大学），ヘレン・エッガー（デューク大学），ベサニー・リーブ・サザーランド（フロリダ国際大学）などの面々である。ハナ・ジェオン，オードリー・ヤング，ウィニー・リン，ノラ・コヴァル（ハーバード・カレッジ）をはじめ，プロジェクトに協力してくれた学部生の方々にも感謝したい。

　ジュリー・ラリュー，タミー・クーツ，ヴァレリー・ワジダ・ジョンソンは，プロジェクト初期段階で貴重なトレーニングとスーパービジョンを実施してくれた。ジョアナ・サンタマリアはWISCに関するスタッフ研修を行い，デヴィ・ミロン（テュレーン大学）は，高年齢でのWISC評価についてブカレストで相談に応じてくれた。ロクサナ・マレン（ミネソタ大学）とラヴィニア・ミトロイ（ハーバード・カレッジ）は，BEIPチーム用に文書を翻訳し，私たちが用いた評価尺度の一部をコード化する上で貴重な役割を果たした。診断アルゴリズムを策定したマイケル・シアリンガ，DISCに関し私たちを支援してくれたプルーデンス・フィッシャーにも感謝する。最後にキャサリン・オバウェ

イジャーは，本書の参考文献・図表をまとめるのに協力してくれた。

グウェン・ゴードン，後にはジスン・ジャン，キンバリー・チン，リリー・チェンが，拡大し続ける複雑なデータセットの管理を行った。ドン・ガスリーは，引退するまでBEIPの統計専門家として活躍し，その後はマット・グレガスを経て，現在はケイト・デグナンとカテリナ・スタムリスが，貴重な統計学的情報を提供してくれた。アディナ・キリタは，ブカレストでMRI画像を撮影するのに協力してくれた。

私たちは全員，世界中の多数の同僚（その多くが本書のテーマに精通している）との議論から多くを学んだ。個々に名前を列挙することはしないが，彼らはさまざまな形で私たちに異論を提示し，刺激やヒントを与えてくれた。

米国のメアリー・ランドリュー上院議員，議会養子縁組連合のキャサリン・ストロットマン理事長は，プロジェクト開始直後に私たちに大きな支援を提供し，以後も引き続き力を貸してくれている。駐ルーマニア米国大使のマイケル・ゲスト，後にはマーク・ギテンシュタイン大使も，私たちの取り組みを重要なこととして支援してくれた。

最後に，ロックフェラー財団に感謝する。財団のおかげで，私たちは2011年夏にベラージオセンターで1カ月の滞在型プログラムを実施できた。あのとき時間を確保できていなければ，私たちがこの研究をやり遂げるのがはるかに困難になっていただろう。研究に集中できるセンターの刺激的な環境のおかげで，私たちは最初の草案を作成し，この題材をめぐり互いに，あるいはセンターの他の研究員と活発な議論を交わすことができた。イタリア，コモ湖のほとりに広がる村々はいつまでも私たちの記憶に留まるだろう。私たちはあの場所で，欠くことのできない重要な支援を受けた。

本書は，人と人との関係が持つ力について扱っている。本書を通じて私たち相互の関係，及び多くの人との関係は，まさに想像を超えた，計り知れないほど豊かなものになった。

監訳者あとがき

　本書はハーバード大学出版局から2014年に出版された*ROMANIA'S ABANDONED CHILDREN: Deprivation, Brain Development, and the Struggle for Recovery* の邦訳である。社会的養護下の子どもの8〜9割が施設ケアに置かれてきたわが国の特異な状況について，どうとらえ取り組むべきかいくつもの示唆を与えてくれる本書を，日本の読者に提供すべくチームを組み監訳を進めてきた。当初の予定よりも時間を要したものの，最近の社会的養護の動向をみると時宜を得た出版になったのではないかと考えている。

　この間わが国では2016年に改正された児童福祉法によって，子どものパーマネンシー保障実現のために家庭養育優先原則が明示され，翌年には「新しい社会的養育ビジョン」でその具現化に向けた数値目標や期限が掲げられた。そして，2018年7月には各都道府県における実現に向けた計画策定要領やガイドラインが具体的に提示され，わが国の社会的養護が大きく変わり始めた。

　本書第5章にBEIPチームが導入した里親養育システムについて詳細が記載されている。包括的に一貫して里親をサポート・スーパーバイズする機関（フォスタリング機関）やそこで役割を果たす専門性の高いソーシャルワーカーの養成等も含めて，新たな里親養育システムを導入したうえで施設ケアと比較したことが研究結果に大きく影響したと考えられる。BEIPで実践された里親養育とその支援は今後の日本においても必要とされるものである。「新しい社会的養育ビジョン」が求める質の高い里親養育も，このような支援・システムによって実現されるものであり，今後各都道府県で計画を策定し実現すべきものとされている。本研究によれば，このような質の高い里親養育によって養育者との間に安定したアタッチメントを形成できることこそが重要であり，単純に里親養育に移行すればよいということではない。これから家庭養育への移行を進めていくわが国にとって重要な示唆である。

謝辞　│　271

ところで，社会的養護システム再構築に際しては，これまでの取り組みがどのような結果をもたらしているのか評価したうえで改善を図っていくべきであるが，わが国の社会的養護が子どもの発達にどのような影響を与えているのか明らかにした実証的研究はほとんどない。他国での研究成果とはいえ，通常の家庭ではあたり前に得られる経験の欠如によって子どもの発達がどれほどの影響を受けるのか，また，それはどの程度回復可能なものなのか明らかにした本研究の成果は，わが国の社会的養護のあり方を検討するにあたり大きな意義をもつ。子どものニーズを満たすケアの個別化の程度や，子どもが感じ・経験している養育環境はそれぞれ異なる。したがって本書で明示された子どもの発達への影響については「他国の施設での結果でしかない」とは考えずに，子ども一人一人が現在置かれた状況，子どもが感じ・経験している状況を再度慎重に評価し，同様の影響の可能性に十分留意して改善に向けた実践を展開する必要がある。これは逆境的環境を生きてきた子どもに安全安心な生活の場を提供することを約束した大人の責任であると考える。

　1960－70年代の英国においてもティザードらの研究によって，それまで質を高めてきた施設ケアの子どもの発達に与える影響が明らかにされ，家庭養育への移行が施設機能の転換や高機能化を通して進められた。その後も新しい取り組みが想定された通り子どもの最善の利益をもたらしているか評価が続けられてきた。社会的養護システムの移行期にあるわが国においても，新たなシステムによって子どもにどのような成果がもたらされるのか，実証的な評価研究を続けていく必要がある。

　2018年7月に国が示したガイドラインにも，施設がこれまでの方法にとらわれず，個々の子どものニーズに合わせ家庭養育優先原則に基づいた多機能化や機能転換の可能性を各々で吟味し変わっていく必要性が示されている。すでにこのような実践に取り組み始めた施設もあり，国のガイドラインにも今後のモデルとして提示されている。本書を通して，権利主体である子どものニーズを第一に「ほどほど」ではなく「最善」の利益を保障すべく，これまでの実践や考えを評価・再考する必要があることを理解していただけるのではないだろうか。

本書の出版にあたってお世話になったすべての方々に感謝申し上げたい。著者であるハーバード大学チャールズ・A・ネルソン教授，メリーランド大学ネイサン・A・フォックス教授，テュレーン大学チャールズ・H・ジーナー教授，そしてBEIPチームの研究に関与し，参加された方々すべてに感謝の意を表したい。この研究で示された成果は，今後わが国における社会的養護システム再構築に大きな示唆を与えてくれるものである。また，ルーマニアにBEIPチームを訪問し関係を築き来日講演を実現し，本監訳書出版の貴重な機会を与えてくださった日本財団の高橋恵里子氏に特段の謝意を表したい。原著に示された内容の広さと深さから，それぞれの分野でご活躍の先生方に監訳協力をお願いしたが，出版時期がずれ込む中最後まで御尽力いただいた。この監訳チームなくして本書の出版は果たせなかった。監訳チームの皆様にもこの場を借りて心よりお礼申し上げたい。また，今回も監訳出版の計画をお話ししたところご快諾いただいた福村出版宮下基幸代表取締役社長，そして途中交代もある中出版までご対応いただいた編集部の榎本統太氏，さらに広範な専門領域にわたる内容を正確にわかりやすく翻訳してくださった門脇陽子氏と森田由美氏にも深く感謝申し上げたい。

　わが国の社会的養護における施策と実践の歯車がかみ合い連動し始めた今，研究の歯車をさらにしっかりしたものとし，実践，施策と連動させていくことが関係する研究者に求められている。本書の出版を機に，わが国でもこの領域の実証的研究が盛んになり，これまで聞き取られることのなかった子どもの声を聴くための重要な方法の一つとして発展し，子どもの最善の利益の保障に貢献できるようになることを切に願う。

監訳者を代表して
上鹿渡和宏

2018年10月

原注

第1章　旅の始まり

1. たとえばBlack et al., 1998, Greenough et al., 1987を参照。
2. Fox et al., 2010を参照。
3. Rauscher et al., 1993を参照。
4. 早期発達に関する研究をメディアがどう報じたか，詳しくはThompson and Nelson, 2001を参照。
5. Bruer, 1998を参照。
6. 研究ネットワークにはこの他にDavid Amaral, Ph.D., Judy Cameron, Ph.D., B. J. Casey, Ph.D., Allison Doupe, M.D., Ph.D., Eric Knudsen, Ph.D., Pat Levitt, Ph.D., Susan McConnell, Ph.D., Jack Shonkoff, Ph.D., 故Marian Sigman, Ph.D.らが参加した。
7. Spitz, 1945.
8. 児童発達全米科学協議会のレポートを参照（http://developingchild.harvard.edu/resources/reports_and_working_papers/）。Shonkoff and Phillips, 2000も参照。
9. たとえばWeaver et al., 2004を参照。
10. Francis and Meaney, 1999を参照。
11. Weaver et al., 2004.
12. Szyf et al., 2007.
13. Rosapepe, 2001.
14. Rosenberg et al., 1992.
15. Harlow, 1958, 1962を参照。
16. Chisholm et al., 1995; Chisholm, 1998; Rutter and the English and Romanian Adoptees Study Team, 1998; O'Connor et al., 2000.

第2章　研究デザイン，研究開始

1. Smyke et al., 2007.

第3章　ルーマニアの施設養育の歴史

1. Jarriel, 1990.
2. チャウシェスク時代の児童養育施設の設置と出産奨励政策について，詳しくはKligman, 1998を参照。革命後10年間の児童保護制度の改革の概要，およびその取り組みの評価については，Greenwell, 2003, Popa-Mabe, 2010の研究を参照。
3. Zeanah et al., 2006c.
4. Viazzo et al., 2000.
5. Zeanah et al., 2006c.
6. Bachman, 1991.
7. Greenwell, 2003.

8. Crenson, 1998; Hacsi, 1997.
9. Boswell, 1988.
10. ルソー『エミール』（岩波書店）第2編。
11. Crenson, 1998; Smith and Fong, 2004.
12. Spitz, 1945; Goldfarb, 1943, 1945a, 1945b, Chapin, 1915.
13. Bowlby, 1951.
14. Zeanah et al., 2006c.
15. アメリカ児童福祉協会，2004年。
16. Browne and Hamilton-Giachritsis, 2004.
17. Popa-Mabe, 2010.
18. Greenwell, 2003.
19. Popa-Mabe, 2010.
20. Popa-Mabe, 2010.
21. Kligman, 1998.
22. 国連開発計画－ルーマニア，2002年。
23. Kligman, 1998.
24. Greenwell, 2003.
25. Kligman, 1998; Greenwell, 2003.
26. Greenwell, 2003.
27. Greenwell, 2003.
28. Greenwell, 2003; Kligman, 1998.
29. Kligman, 1998.
30. Kligman, 1998.
31. Kligman, 1998.
32. Greenwell, 2003; Kligman, 1998.
33. Greenwell, 2003.
34. Greenwell, 2003.
35. Johnson et al., 1992.
36. Rosenberg et al., 1992.
37. Zamfir, 1998.
38. Tobis, 2000.
39. Skeels, 1966.
40. Stern ,1985.
41. Johnson et al., 1992.
42. Zaknun et al. 1991（Johnson et al., 1992中に引用）
43. Lie and Murarasu, 2001; Rosenberg et al., 1992.
44. Kline et al., 2007.
45. Novotny et al., 2003.
46. Dente and Hess, 2006.

47. Kligman, 1998.
48. Rosenberg et al., 1992.
49. Norris, 2009; Greenwell, 2003; Popa-Mabe, 2010.
50. Greenwell, 2003.
51. Zamfir, 1998.
52. Human Rights Watch, 1999, p.420.
53. G. Koman（2011年1月のインタビュー）。
54. Greenwell, 2003.
55. Brodzinksky and Schecter, 1990.
56. Hunt, 1991; Kligman, 1998.
57. Hunt, 1991.
58. Greenwell, 2003.
59. Greenwell, 2003.
60. Greenwell, 2003.
61. Greenwell, 2003.
62. たとえばKuddo, 1998（Tobis, 2000中に引用）を参照。
63. Tobis, 2000.
64. Greenwell, 2003.
65. Greenwell, 2003.
66. Tobis, 2000.
67. C. Tabacaru（2011年3月28日のインタビュー）。
68. Sandu, 2006.
69. Scheffel, 2005.
70. Roy, 2010.
71. Rosapepe, 2001.
72. Roy, 2010.

第4章　倫理的配慮

1. このプロジェクトの倫理的問題については，当初から検討し執筆してきた。以下の学術誌のおかげで過去の刊行論文の調査を進めることができた。*Science* 318（オンライン補足資料）；*Infant Mental Health Journal* 27: 559-576, 581-583; *Journal of Nervous and Mental Disease* 200: 243-247. 本章の情報は他の論評からも得ている。Miller, 2009; Millum and Emanuel, 2007; *Nature Neuroscience*, 2008; Rid, 2012; Wassenaar, 2006を参照。
2. Zeanah et al., 2006c.
3. Rosapepe, 2001.
4. Zeanah et al., 2006c.
5. IRB Procedures, 1991, p.6.
6. 児童局, 2009年。

原注　｜　277

7. Zeanah et al., 2006b を参照。

8. Ainsworth et al., 1978.

9. Emanuel et al., 2000; Miller, 2009; Millum and Emanuel, 2007; Rid, 2012.

10. Miller, 2009（Beecher, 1966を引用）。

11. Miller, 2009; Rid, 2012.

12. Boothby et al., 2012.

13. MacKenzie, 1999 を参照。

14. Miller and Brody, 2003; p.25 を引用。

15. アメリカ児童福祉協会, 2007年。

16. 全国児童保護・養子縁組局, 2004年, アメリカ児童福祉協会, 2007年。

17. 国際医学団体協議会, 2002年。

18. Nelson et al., 2007（オンライン補足資料）

19. 2011年1月のインタビュー。

20. Groza et al., 2011.

21. Browne et al., 2006; Walker et al., 2011.

22. Millum and Emanuel, 2007.

23. 国際連合, 1989年。

24. Adina Codres へのインタビュー（2011年1月）。

25. Bogdan Simion へのインタビュー（2011年1月）。

26. Miller, 2009; Millum and Emanuel, 2007; *Nature Neuroscience*, 2008; Rid, 2012; Wassenaar, 2006。ただし Loue, 2004 を参照。

第5章　里親養育による介入

1. Larrieu and Zeanah, 1998 を参照。

2. 以下の学術誌のおかげで, 過去の刊行論文の詳細な調査を進めることができた。 *Science* 318（オンライン補足資料）; *Child and Adolescent Psychiatric Clinics of North America* 18: 721-734; *Enhancing early attachments: Theory, research, intervention and policy* (New York: Guilford Press), 195-216. 本章の情報の大部分は, 上記の記述から得ている。

3. Tobis, 2000; Browne et al., 2006; Walker et al., 2011 を参照。

4. Tobis, 2000 を参照。

5. Dickens and Groza, 2004.

6. Tobis, 2000.

7. Simion et al., 2011.

8. Bogdan Simion へのインタビュー（2011年）。

9. Groza, 2001.

10. Marin Mic からの私信（2011年3月3日）。

11. Adina Codres へのインタビュー（2011年）。

12. Dickens and Groza, 2004.

13. Tobis, 2000.

14. 個別エンパワーメントや強みに基づく診療などの概念を，1990年代のルーマニアに紹介する取り組みに関してはDickens and Groza, 2004を参照。

15. Larrieu and Zeanah, 1998; Zeanah et al., 2001.

16. Dozier et al., 2006; Zeanah et al., 2011を参照。

17. 全米評議会および米国医学研究所，2000；Zeanah and Smyke, 2005.

18. Heller et al., 2002; Smyke et al., 2009.

19. Dozier et al., 2006.

20. Gilkerson, 2004.

21. Smyke et al., 2009.

22. Christian Tabacaruへのインタビュー（2011年4月）。

23. Craciun, 2011を参照（1月18日，http://www.evz.ro/detalii/stiri/abandonati-si-de-parinti-si-de-mamele-sociale-918471.html，2011年6月22日ダウンロード）。

第6章　施設養育に伴う発達上の有害性（ハザード）

1. Pinheiro, 2006.

2. Bowlby, 1944.

3. Goldfarb, 1943, 1944, 1945a, 1945b.

4. Freud and Burlingham, 1943.

5. Spitz, 1952.

6. Bowlby, 1951.

7. Skeels and Skodak, 1965. 養育者から刺激を受けることなく施設で育った子どもは，知能に大幅な遅れを示すことを，Goldfarb(1943)が初めて記述し，次いでアメリカでProvence and Lipton(1962)，イギリスでTizard and Rees(1974)がこれを裏づけた。

8. http://rmc.library.cornell.edu/homeEc/cases/apartments.html

9. Greenough et al., 1987.

10. たとえばYarrow et al., 1962; Rheingold, 1961。

11. Gleason et al., 2011.

12. Dennis and Najarian, 1957; Goldfarb, 1945a, 1945b; Provence and Lipton, 1962; Spitz, 1945.

13. Provence and Lipton, 1962.

14. Hunt et al., 1976; Provence and Lipton, 1962.

15. Levy, 1947; Tizard, 1977.

16. Dennis and Najarian, 1957.

17. Provence and Lipton, 1962.

18. Sonuga-Barke et al., 2008.

19. Sonuga-Barke et al., 2008.

20. van IJzendoorn et al., 2008.

21. van IJzendoorn et al., 2008.

原注　｜　279

22. Goldfarb, 1945a, 1945b; Spitz, 1945; 後には Provence and Lipton, 1962。
23. Kaler and Freeman, 1994.
24. Dobrova-Krol, van IJzendoorn et al., 2010.
25. Dobrova-Krol, van IJzendoorn et al., 2010.
26. Sparling et al., 2005.
27. Tizard and Hodges, 1978; Tizard and Rees, 1974; Hodges and Tizard, 1989a.
28. Tizard and Rees, 1974.
29. Tizard and Rees, 1974.
30. Tizard and Hodges, 1978.
31. Hodges and Tizard, 1989a.
32. Goldfarb, 1945a, 1945b.
33. Vorria et al., 2003.
34. たとえば Rutter et al., 1999; Ames and Carter, 1992; Gunnar and Kertes, 2003; Pollak et al., 2010。
35. van den Dries et al., 2010.
36. van IJzendoor, et al., 2008.
37. Ames and Carter, 1992.
38. Rutter et al. 1998.
39. Rutter et al. 1998.
40. Beckett et al., 2006.
41. Tizard and Hodges, 1978.
42. Sonuga-Barke et al., 2008.
43. Pollak et al., 2010.
44. Colvert, Rutter, and Kreppner et al., 2008.
45. Dennis and Najarian, 1957; Goldfarb, 1945a; Provence and Lipton, 1962; Spitz, 1945.
46. Brodbeck and Irwin, 1946.
47. Brodbeck and Irwin, 1946.
48. Gindis, 2000.
49. Stromswold, 1995; Tarabulsy et al., 1996.
50. Hough, 2000.
51. Provence and Lipton, 1962.
52. Goldfarb, 1943; Lowrey, 1940.
53. Goldfarb, 1943; Provence and Lipton, 1962.
54. Tizard and Rees, 1974.
55. Vorria et al., 2003.
56. Juffer et al., 2005.
57. Macrovitch et al., 1997; Chisholm, 1998; O'Conner et al., 2003.
58. たとえば Doolittle, 1995; Goldfarb, 1944; Roy et al., 2000; Wiik et al., 2011。
59. Goldfarb, 1943.

60. Doolittle, 1995; Kreppner et al., 2001; Roy et al., 2000; Rutter et al., 2001.
61. Roy et al., 2000.
62. Goldfarb, 1944.
63. Lowrey, 1940; Tizard and Rees, 1974.
64. Rutter et al., 1999.
65. Chugani et al., 2001.
66. Eluvathingal et al., 2006.
67. Chugani et al., 2001.
68. Tottenham and Sheridan, 2009; Tottenham et al., 2011.
69. Tottenham and Sheridan, 2009.
70. Tottenham et al., 2011.
71. Adolphs and Spezio, 2006.
72. Mehta et al., 2009.

第7章　認知と言語

1. Binet and Simon, 1904, 1916; Terman and Merrill, 1937.
2. Bayley, 1993.
3. Wechler, 1989; Wechsler, 2004.
4. Smyke et al., 2007.
5. NICHD Early Child Care Research Network, 1996.
6. Nelson et al., 2007.
7. Rutter, 1996.
8. Fox et al., 2010.
9. たとえば，Ramey and Campbell, 1984 を参照。
10. たとえば，Zelazo et al., 2003, Nelson and Luciana, 2008, Blair et al., 2005 を参照。
11. たとえば，Sanchez et al., 2001, Liston et al., 2009, Parker et al., 2005a を参照。
12. Huttenlocher, 1979, 1984; Huttenlocher and de Courten, 1987; Huttenlocher and Dabholkar, 1997; Sowell et al., 1999. レビューとして Nelson and Jeste, 2008参照。経験依存的な微調整の感度については，たとえば，Black et al., 1998 を参照。
13. Nelson, 1998; Champagne et al., 2008; Hill and McEwen, 2010.
14. Curtis et al., 2002.
15. Loman et al., 2013; Nelson, 2007; Nelson et al., 2007; Pollak et al., 2010.
16. Zelazo et al., 2003.
17. たとえば，Luciana and Nelson, 1989, Curtis et al., 2002, Luciana and Nelson, 2002 を参照。
18. Kochanska et al., 1998.
19. Cragg and Nation, 2008. Casey et al., 1997, Durston et al., 2002, Hwang et al., 2011 も参照。
20. Colvert, Rutter, Kreppner, et al., 2008; Pollak et al., 2010.

原注　│　281

21. Beckett et al., 2007.

22. Loman et al., 2009.

23. McDermott et al., 2012を参照。

24. Bunge and Zelazo, 2006; Casey et al., 1997; Bunge and Wright, 2007.

25. Falkenstein et al., 1991.

26. Coles, 2001; Hermann et al., 2005; Roger et al., 2010; van Veen and Carter, 2002.

27. Loman et al., 2013.

28. McDermott et al., 2013.

29. Luciana and Nelson, 1998, Luciana and Nelson, 2002を参照。

30. Bos et al., 2009を参照。

31. Hart and Risley, 1995; Noble et al., 2017.

32. Windsor et al., 2007, 2011を参照。

33. Windsor et al., 2007.

34. Windsor et al., 2011.

35. Werker and Tees, 2005.

第8章　早期の施設養育と脳の発達

1. 発達研究のEEGの使用のチュートリアルについては，de Haan, 2007を参照。

2. Marshall et al., 2002.

3. Barry et al., 2003.

4. Marshall et al., 2004.

5. Marshall et al., 2008.

6. Vanderwert et al., 2010.

7. 発達の文脈でのERP文献のレビューとして，Nelson and Monk, 2001とNelson and McCleery, 2008を参照。

8. de Haan et al., 2002を参照。

9. Zeanah et al., 2003でレビュー。

10. Parker et al., 2005a。年長児のERPについてはMoulson, Fox et al., 2009を参照。Moulson, Westerlund, et al., 2009.

11. Righi and Nelson, 2013.

12. Nelson, 2001.

13. たとえば，Fries et al., 2004とPollak, 2005。

14. Parker et al., 2005bを参照。

15. Moulson, Fox, et al., 2009; Moulson, Westerlund et al., 2009.

16. たとえば，de Haan and Nelson, 1997。

17. Nelson et al., 2006; Jeon et al., 2010.

18. 詳しくは，Nelson et al., 2013を参照。

19. 一般に思春期。Thomas et al., 2007を参照。

20. 前述のMoulson, Fox et al., 2009。

21. de Haan and Nelson, 1997 を参照。
22. Sheridan et al., 2012 を参照。
23. 扁桃体の拡大については，Tottenham et al., 2010 と Mehta et al., 2009 を参照。変化がないことについては，Gunnar and Fisher, 2006 を参照。
24. Huttenlocher, 2002.

第9章　成長，運動，細胞に関する検査結果

1. Johnson et al., 1992; Albers et al., 1997; Miller and Hendrie, 2000.
2. Powell et al., 1967.
3. Johnson, 2011.
4. 詳しくは，Johnson et al., 2010 を参照。
5. Sheridan et al., 2012.
6. これは，Cermak and Daunhauer, 1997 と Harris et al., 2008 で報告されている。
7. Fisher et al., 1997; Smyke et al., 2002.
8. Bos et al., 2010.
9. Bos et al., 2010.
10. Loman et al., 2009.
11. 第2版，短縮版：Bruininks and Bruininks, 2005.
12. Levin et al., 2014.
13. McEwen, 1998; Phillips et al., 2005.
14. Gilley et al., 2008.
15. Fitzpatrick et al., 2007; Martin-Ruiz et al., 2006.
16. Epel et al., 2004; Kananen et al., 2010; Simon et al., 2006; Damjanovic et al., 2007. Lung et al., 2007; Parks et al., 2009.
17. Drury et al., 2011.
18. Barker et al., 1989.

第10章　社会・情緒的発達

1. Zeanah et al., 2006c および第6章を参照。
2. Robertson and Robertson, 1989 を参照。
3. 社会的異常については，Chisholm et al., 1995, Chisholm, 1998, Marcovitch et al., 1997, O'Connor et al., 1999 を参照。情緒的異常については，Sloutsky, 1997, Fries and Pollak, 2004 を参照。
4. 詳しくは，Ghera et al., 2009, Smyke et al., 2007 を参照。
5. Goldsmith and Rothbart, 1999.
6. Ghera et al., 2008.
7. Harlow and Suomi, 1970.
8. Bowlby, 1969, 1973, 1980.
9. Ainsworth et al., 1978.

10. Ainsworth et al., 1978.
11. van IJzendoorn et al., 1992 を参照。
12. Main and Solomon, 1990.
13. Carlson et al., 1989.
14. Cyr et al., 2010; van IJzendoorn et al., 1999.
15. Cassidy et al., 1992.
16. Green and Goldwyn, 2002.
17. DeKlyen and Greenberg, 2008.
18. De Wolff and van IJzendoorn, 1997.
19. DeKlyen and Greenberg, 2008; Green and Goldwyn, 2002; Zeanah et al., 2006c.
20. Zeanah et al., 2005.
21. Vorria et al., 2003.
22. Dobrova-Krol, Bakermans-Kranenburg, et al., 2010.
23. Tizard and Rees, 1975.
24. Zeanah et al., 2005.
25. Zeanah et al., 2005.
26. Zeanah et al., 2005.
27. Dobrova-Krol, Bakermans-Kranenburg, et al., 2010.
28. Gleason et al., 2011.
29. Tizard and Rees, 1975.
30. Tizard and Rees, 1975.
31. Hodges and Tizard, 1989b; Rutter et al., 2007; Rutter et al., 2009; Tizard and Hodges, 1978.
32. Zeanah et al., 2005.
33. Smyke et al., 2010.
34. Smyke et al., 2012.
35. Smyke et al., 2012.
36. Chisholm, 1998; Hodges and Tizard, 1989b, Rutter et al., 2007.
37. Gleason et al., 2014.
38. Smyke et al., 2012.
39. Smyke et al., 2012.
40. Roy et al., 2004.
41. Kaler and Freeman, 1994.
42. Erol et al., 2010.
43. Erol et al., 2010.
44. Erol et al., 2010.
45. Parker et al., 2006 をレビューとして参照。
46. Gresham and Elliot, 1990.
47. Almas et al., 2012.

48. Almas et al., 2015.

49. Kashy and Kenny 1999; Kenny, 1996.

50. Almas et al., 2012.

第11章　精神病理

1. Netter and Magee, 2010.

2. Netter and Magee, 2010.

3. http://adoption.about.com/od/adoptionrights/p/russian_children_murdered_by_adoptive_parent.htm

4. Bowlby, 1969, pp.xiii-xiv.

5. Rutter et al., 2010.

6. アタッチメント障害についてはChisholm et al., 1995とRosenberg et al., 1992を参照、常同行動についてはCermak and Daunhauer., 1997とMarcovitch et al., 1997，内在化と外在化の行動の問題についてはFisher et al., 1997とMarcovitch et al., 1997を参照。

7. たとえば，Hoeksbergen et al., 2003, O'Connor et al., 1999, Roy et al., 2004を参照。

8. Fisher et al., 1997; Marcovitch et al., 1997.

9. Carter et al., 2003.

10. Carter et al., 2003.

11. Smyke et al., 2007.

12. Egger et al., 1999, version 1.3.

13. Egger et al., 2006.

14. Gleason et al., 2011.

15. Fisher et al., 1999.

16. Kraemer et al., 2002.

17. Egger et al., 2006.

18. Volkmar et al., 2007.

19. Zeanah et al., 2009.

20. 精神病理における遺伝子と環境の役割については，Moffitt et al., 2006に要約されている。

21. Moffitt et al., 2006.

22. Gogos et al., 1998; Karoum, Chrapusta, and Egan, 1994.

23. Drury et al., 2010を参照。

24. Drury et al., 2010.

25. Belsky et al., 2007; Belsky and Pluess, 2009.

26. Drury et al., 2012.

27. Drury et al., 2012.

28. Kraemer et al., 2002.

29. 精神病理の内在化についてはAllen et al., 1998, Lee and Hankin, 2009, Lyons-Ruth et al., 1997, McCartney et al., 2004，不安障害と大うつについては，Abela et al., 2005,

原注　│　285

Warren et al., 1997.
30. Zeanah et al., 2009.
31. Smyke et al., 2010.
32. McLaughlin et al., 2012.
33. McGoron et al., 2012.
34. Kreppner et al., 2001; Rutter et al., 2010; Stevens et al., 2008; Zeanah et al., 2009.
35. Moffitt et al., 2006.
36. McLaughlin et al., 2010.
37. Casey et al., 1997; Konrad et al., 2006; Castellanos et al., 1996; Mostofsky et al., 2002; Rubia et al., 1999; Halperin and Schultz, 2006.
38. Narr et al., 2009; Shaw et al., 2006.
39. Narr et al., 2009; Shaw et al., 2006; Shaw and Sharp, 2007.
40. McLaughlin et al., 2010.
41. Marshall et al., 2004。第8章も参照。
42. McLaughlin et al., 2010.
43. Davidson and Fox, 1982.
44. McLaughlin et al., 2012を参照。
45. McLaughlin et al., 2011.
46. Davidson, 2000.
47. Banks et al., 2007.
48. Kochanska et al., 2000; Miller, 2000.
49. 行動反応についてはParker and Nelson, 2004, ERPについてはMoulson, Fox et al., 2009とMoulson, Westerlund et al., 2009を参照。
50. Pollak and Sinha, 2002.
51. Slopen et al., 2012.
52. McLaughlin et al., 2011.

第12章　ピースをつないで

1. Greenough et al., 1987.
2. Le Grand et al., 2001.
3. William Greenough, 私信。
4. Fox et al., 2011; Smyke et al., 2012.
5. Rutter et al., 2004.
6. Sheridan et al., 2012; Vanderwert et al., 2010.
7. St. Petersburg-USA Orphanage Researh Team, 2008, Berument, 2013を参照。
8. Knudsen, 2004.
9. Zeanah et al., 2011を参照。
10. Maurer et al., 2006; Vanderwert et al., 2010.
11. Vanderwert et al., 2010.

12. Rutter et al., 2010.
13. Brestan and Eyberg, 1998.
14. Williamson and Greenberg, 2010; Save the Children, 2009.
15. Ahmad et al., 2005; Dennis and Najarian, 1957; Goldfarb, 1943, 1944, 1945a, 1945b; Harden, 2002; Levy, 1947; Provence and Lipton, 1962; Roy et al. 2000.
16. Zeanah et al., 2006c.
17. Crenson, 1998; Smith and Fong, 2004.
18. Crenson, 1998; Hacsi, 1997.
19. Mitroi, 2012.
20. Tizard and Rees, 1975; Rutter et al., 2009.
21. Zeanah et al., 2011.
22. Knudsen et al., 2006.
23. Fox et al., 2011.
24. Gelles, 2011; Smyke and Breidenstine, 2009; Zeanah et al., 2011.
25. Chou and Browne, 2008；ハーグ条約, 1993年。
26. Christian Tabacaruへのインタビュー（2011年3月28日）。
27. Gabriella Komanへのインタビュー（2011年1月）。
28. Bogdan Simionへのインタビュー（2011年1月）。
29. Groza et al., 2011 を参照。
30. PL 109-95 第4回議会年次報告書, 2010年。
31. Boothby et al., 2012.
32. Boothby et al., 2012.
33. Boothby et al., 2012.
34. Browne and Hamilton-Giachritsis, 2004.

文献

Abela, J. R. Z., B. L. Hankin, E. A. P. Haigh, T. Vinokuroff, L. Trayhern, and P. Adams. 2005. Interpersonal vulnerability to depression in high-risk children: The role of insecure attachment and reassurance seeking. *Journal of Child and Adolescent Psychology* 34: 182–192.

Adolphs, R., and M. L. Spezio. 2006. Role of the amygdala in processing visual social stimuli. *Progress in Brain Research* 156: 363–378.

Ahmad A., J. Qahar, A. Siddiq, A. Majeed, J. Rasheed, F. Jabar, and A. L. von Knorring. 2005. A 2-year follow-up of orphans' competence, socio-emotional problems and post-traumatic stress symptoms in traditional foster care and orphanages in Iraqi Kurdistan. *Child Care Health and Development* 31: 203–215.

Ainsworth, M. D., M. C. Blehar, E. Waters, and S. Wall. 1978. *Patterns of attachment: A psychological study of the Strange Situation.* Hillsdale, NJ: Erlbaum.

Albers, L., D. E. Johnson, M. Hostetter, S. Iverson, M. Georgieff, and L. Miller. 1997. Health of children adopted from the former Soviet Union and Eastern Europe: Comparison with pre-adoptive medical records. *Journal of the American Medical Association* 278: 922–924.

Allen, J. P., C. Moore, G. Kupermine, and K. Bell. 1998. Attachment and adolescent psychosocial functioning. *Child Development* 69: 1406–1419.

Almas, A. N., K. A. Degnan, A. Radulescu, C. A. Nelson, C. H. Zeanah, and N. A. Fox. 2012. The effects of early intervention and the moderating effects of brain activity on institutionalized children's social skills at age 8. *Proceedings of the National Academy of Sciences* 109: 17228–17231.

Almas, A. N., K. A. Degnan, O. L. Walker, A. Radalescu, C. A. Nelson, C. H. Zeanah, and N. A. Fox. 2015. The effects of early institutionalization and foster care intervention on children's social behaviors at age 8. Social development 24(2): 225-239.

Ames, E. W., and M. Carter. 1992. Development of Romanian orphanage children adopted to Canada. *Canadian Psychology* 99 (6): 444–453.

Bachman, R. D., ed. 1991. *Romania: A country study.* Washington, DC: Library of Congress, Federal Research Division. Available at http://lcweb2.loc.gov/frd/cs/rotoc.html.

Bakermans-Kranenburg, M. J., M. H. van Ijezdoorn, and F. Juffer. 2008. Earlier is better: A meta-analysis of 70 years of intervention improving cognitive development in institutionalized children. *Monographs for Society in Research of Child Development* 73 (3): 279–293.

Banks, S. J., K. T. Eddy, M. Angstadt, P. J. Nathan, and K. L. Phan. 2007. Amygdala-frontal connectivity during emotion regulation. *Social and Affective Neuroscience* 2: 303–312.

Barker, D. J., G. Osmond, J. Golding, D. Kuh, and M. E. Wadsworth. 1989. Growth in utero, blood pressure in childhood and adult life and mortality from cardiovascular disease. *British Medical Journal* 298 (6673): 564–567.

Barker, D. J., P. D. Winter, C. Osmond, B. Margetts, S. J. Simmonds. 1989. Weight in infancy and death from ischaemic heart disease. *Lancet* 2 (8663): 577–580.

Barry, R. J., A. R. Clarke, and S. J. Johnstone. 2003. A review of electrophysiology in attention-deficit/hyperactivity disorder. I: Qualitative and quantitative electroencephalography. *Clinical Neurophysiology* 114: 171–183.

Barry, R. J., A. R. Clarke, S. J. Johnstone, R. McCarthy, and M. Selikowitz. 2009. Electroencephalogram theta/beta ratio and arousal in attention-deficit/hyperactivity disorder: Evidence of independent processes. *Biological Psychiatry* 66: 398–401.

Bauer, P. M., J. L. Hanson, R. K. Pierson, R. J. Davidson, and S. D. Pollak. 2009. Cerebellar volume and cognitive functioning in children who experienced early deprivation. *Biological Psychiatry* 66 (12): 1100–1106.

Bayley, N. 1969. *Bayley Scales of Infant Development.* New York: Psychological Corporation.

Bayley, N. 1993. *Bayley Scales of Infant Development,* 2nd ed. New York: Psychological Corporation.

Beckett, C., B. Maughan, M. Rutter, J. Castle, E. Colvert, C. Groothues, A. Hawkins, J. Kreppner, T. G. O'Connor, S. Stevens, and E. J. Sonuga-Barke. 2007. Scholastic attainment following severe early institutional deprivation: A study of children adopted from Romania. *Journal of Abnormal Child Psychology* 35: 1063–1073.

Beckett, C., B. Maughan, M. Rutter, J. Castle, C. Colvert, C. Groothues, J. Kreppner, S. Stevens, T. G. O'Connor, and E. J. Sonuga-Barke. 2006. Do the effects of early severe deprivation on cognition persist into early adolescence? Findings from the English and Romanian adoptees study. *Child Development* 77 (3): 696–711.

Beecher, H. K. 1966. Ethics and clinical research. *New England Journal of Medicine* 274: 1354–1360.

Belsky, J., M. J. Bakermans-Kranenburg, and M. H. van IJzendoorn. 2007. For better and for worse: Differential susceptibility to environmental influences. *Current Directions in Psychological Science* 6: 300–304.

Belsky, J., and M. Pluess. 2009. The nature (and nurture?) of plasticity in early human development. *Perspectives on Psychological Science* 4: 345–351.

Berument, S. K. 2013. Environmental enrichment and caregiver training to support the development of birth to 6-year-olds in Turkish orphanages. *Infant Mental Health Journal* 34: 189–201.

Binet, A., and T. Simon. 1904. Méthodes nouvelles pour le diagnostic du niveau intellectuel des anormaux. *L'Année psychologique* 11: 191–244.

Binet, A., and T. Simon. 1916. *The development of intelligence in children.* Baltimore: Williams and Wilkins; reprinted New York: Arno Press, 1973; Salem, NH: Ayer, 1983.

Black, J. E., T. A. Jones, C. A. Nelson, and W. T. Greenough. 1998. Neuronal plasticity and the developing brain. In *Handbook of child and adolescent psychiatry,* vol. 6: *Basic psychiatric science and treatment,* edited by N. E. Alessi, J. T. Coyle, S. I. Harrison, and S. Eth, 31–53. New York: John Wiley and Sons.

Blair, C., P. D. Zelazo, and M. T. Greenberg. 2005. The measurement of executive function in early childhood. *Developmental Neuropsychology* 28 (2): 561–571.

Blizzard, R. M., and A. Bulatovic. 1996. Syndromes of psychosocial short stature. In *Pediatric endocrinology,* edited by F. Lifshitz, 3rd ed., 83–93. New York: Marcel Dekker.

Boothby, N., R. L. Balster, P. Goldman, M. G. Wessells, C. H. Zeanah, G. Huebner, and J. Garbarino. 2012. Coordinated and evidence-based policy and practice for protecting children outside of family care. *Child Abuse and Neglect* 36: 743–751.

Bos, K. J., N. Fox, C. H. Zeanah, and C. A. Nelson. 2009. Effects of early psychosocial deprivation on the development of memory and executive function. *Frontiers in Behavioral Neuroscience,* vol. 3, art. 16: 1–7.

Bos, K., C. H. Zeanah, N. A. Fox, and C. A. Nelson. 2010. Stereotypies in children with a history of early institutional care. *Archives of Pediatrics and Adolescent Medicine* 164 (5): 406–411.

Boswell, J. 1988. *The kindness of strangers: The abandonment of children in western Europe from late antiquity to the Renaissance.* New York: Pantheon Books.

Bowlby, J. 1944. Forty-four juvenile thieves: Their characters and home-life. *International Journal of Psychoanalysis* 25: 19–52, 107–128.

Bowlby, J. 1951. Maternal care and mental health. *Bulletin of the World Health Organization* 3: 355–534. Available at http://libdoc.who.int/publications/9241400021_part1.pdf (to p. 63) and http://libdoc.who.int/publications/9241400021_part2.pdf (pp. 64–194).

Bowlby, J. 1969. *Attachment.* New York: Basic Books.

Bowlby, J. 1973. *Separation.* New York: Basic Books.

Bowlby, J. 1980. *Loss.* New York: Basic Books.

Brestan, E.V., and S. M. Eyberg. 1998. Effective psychosocial treatments for children and adolescents with disruptive behavior disorders: 29 years, 82 studies, and 5272 kids. *Journal of Clinical Child Psychology* 27: 179–188.

Brodbeck, A. J., and O. C. Irwin. 1946. The speech behaviour of infants without families. *Child Development* 17: 145–156.

Brodzinsky, D., and M. Schechter. 1990. *The psychology of adoption.* New York: Oxford University Press.

Browne, K., and C. Hamilton-Giachritsis. 2004. Mapping the number and characteristics of children under three in institutions across Europe at risk of harm. European Union, Daphne Programme—Year 2002: Final report, project no. 2002/017/C. Available at http://ec.europa.eu/justice_home/daphnetoolkit/files/projects/2002_017/01_final_report_2002_017.doc.

Browne, K. D., C. E. Hamilton-Giachritsis, R. Johnson, and M. Ostergren. 2006. Overuse of institutional care for children in Europe. *British Medical Journal* 332: 485–487.

Bruer, J. T. 1998. The brain and child development: Time for some critical thinking. *Public Health Reports* 113 (5): 388–397.

Bruininks, R. H., and B. D. Bruininks. 2005. *Bruininks-Oseretsky Test of Motor Proficiency,* 2nd ed. Minneapolis: NCS Pearson.

Bunge, S. A., and S. B. Wright. 2007. Neurodevelopmental changes in working memory and cognitive control. *Current Opinion in Neurobiology* 17 (2): 243–250.

Bunge, S. A., and P. D. Zelazo. 2006. A brain-based account of the development of rule use in childhood. *Current Directions in Psychological Science* 15 (3): 118–121.

Carlson, V., D. Cicchetti, D. Barnett, and K. Braunwald. 1989. Disorganized/disoriented attachment relationships in maltreated infants. *Developmental Psychology* 25: 525–531.

Carter, A. S., M. J. Briggs-Gowan, S. M. Jones, and T. D. Little. 2003. The

Infant-Toddler Social and Emotional Assessment (ITSEA): Factor structure, reliability, and validity. *Journal of Abnormal Child Psychology* 31: 495–514.

Casey, B. J., F. X. Castellanos, J. N. Giedd, et al. 1997. Implication of right frontostriatal circuitry in response inhibition and attention-deficit/hyperactivity disorder. *Journal of the American Academy of Child and Adolescent Psychiatry* 36: 374–383.

Casey, B. J., R. J. Trainor, J. L. Orendi, et al. 1997. A developmental functional MRI study of prefrontal activation during performance of a Go-No-Go task. *Journal of Cognitive Neuroscience* 9 (6): 835–847.

Cassidy, J., R. S. Marvin, and the MacArthur Working Group on Attachment. 1992. Attachment organization in preschool children: Coding guidelines, 4th ed. Unpublished manuscript, University of Virginia.

Castellanos, F. X., J. N. Giedd, W. L. Marsh, et al. 1996. Quantitative brain magnetic resonance imaging in attention-deficit hyperactivity disorder. *Archives of General Psychiatry* 53: 607–616.

Cermak, S. A., and L. A. Daunhauer. 1997. Sensory processing in the post-institutionalized child. *American Journal of Occupational Therapy* 51: 500–507.

Champagne, D. L., R. C. Bagot, F. van Hasselt, G. Ramakers, M. J. Meaney, E. R. de Kloet, M. Joëls, and H. Krugers. 2008. Maternal care and hippocampal plasticity: Evidence for experience-dependent structural plasticity, altered synaptic functioning, and differential responsiveness to glucocorticoids and stress. *Journal of Neuroscience* 28 (23): 6037–6045.

Chapin, H. D. 1915. Are institutions necessary for infants? *Journal of the American Medical Association* 64: 1–3.

Chapin, H. D. 1926. Family vs. institution. *Survey* 55: 485–488.

Chapman, D. P., C. L. Whitfield, V. J. Felitti, S. R. Dube, V. J. Edwards, and R. F. Anda. 2004. Adverse childhood experiences and the risk of depressive disorders in adulthood. *Journal of Affective Disorders* 82: 217–225.

Children's Bureau. 2009. *Child Maltreatment 2009*. Washington, DC: U.S. Department of Health and Human Services, Administration for Children and Families, Administration on Children, Youth and Families, Children's Bureau. Available at http://archive.acf.hhs.gov/programs/cb/pubs/cm09/cm09.pdf.

Child Welfare League of America. 2007. Children in group homes and institutions by age and state, 2004. *Special Tabulation of the Adoption and Foster Care Analysis Reporting System*. Washington, DC: Author.

Chisholm, K. 1998. A three-year follow-up of attachment and indiscriminate friendliness in children adopted from Romanian orphanages. *Child Development* 69: 1092–1106.

Chisholm, K., M. C. Carter, E. W. Ames, and S. J. Morison. 1995. Attachment security and indiscriminately friendly behavior in children adopted from Romanian orphanages. *Development and Psychopathology* 7: 283–294.

Chou, S., and K. Browne. 2008. The relationship between institutional care and the international adoption of children in Europe. *Adoption and Fostering* 32: 40–48.

Chugani, H. T., M. E. Behen, O. Musik, C. Juhasz, F. Nagy, and D. C. Chugani. 2001. Local brain functional activity following early deprivation: A study of postinstitutionalized Romanian orphans. *NeuroImage* 14: 1290–1301.

Coles, E. M. 2001. Note on objectives of psychological assessment procedures and the value of multidimensional questionnaires and inventories. *Psychological Reports* 88: 813–816.

Colvert, E., M. Rutter, C. Beckett, J. Castle, C. Groothues, A. Hawkins, J. Kreppner, T. J. O'Connor, S. Stevens, and E. J. Sonuga-Barke. 2008. Emotional difficulties in early adolescence following severe early deprivation: Findings from the English and Romanian adoptees study. *Development and Psychopathology* 20: 547–567.

Colvert, E., M. Rutter, J. Kreppner, C. Beckett, J. Castle, C. Groothues, A. Hawkins, S. Stevens, and E. J. Sonuga-Barke. 2008. Do theory of mind and executive function deficits underlie the adverse outcomes associated with profound early deprivation? Findings from the English and Romanian adoptees study. *Journal of Abnormal Child Psychology* 36 (7): 1057–1068.

Council for International Organizations of Medical Sciences (CIOMS) in collaboration with the World Health Organization. 2002. *International ethical guidelines for biomedical research involving human subjects.* Geneva: CIOMS. Available at http://www.cioms.ch/publications/layout_guide2002.pdf.

Crăciun, O. 2011, January 18. Abandonaţi şi de părinţi, şi de mamele sociale. Available at http://www.evz.ro/detalii/stiri/abandonati-si-de-parinti-si-de-mamele-sociale-918471.html#ixzz1kn9lJXmz EVZ.ro.

Cragg, L., and K. Nation. 2008. Go or no-go? Developmental improvements in the efficiency of response inhibition in mid-childhood. *Developmental Science* 11 (6): 819–827.

Crenson, M. A. 1998. *Building the invisible orphanage: A prehistory of the American welfare system.* Cambridge, MA: Harvard University Press.

Curtis, W. J., L. L. Lindeke, M. K. Georgieff, and C. A. Nelson. 2002. Neurobehavioral functioning in neonatal intensive care unit graduates in late childhood and early adolescence. *Brain* 125 (7): 1646–1659.

Cyr, C., E. M. Euser, M. J. Bakermans-Kranenburg, and M. H van IJzendoorn. 2010. Attachment security and disorganization in maltreating and high-risk families: A series of meta-analyses. *Development and Psychopathology* 22: 87–108.

Damjanovic, A. K., Y. Yang, R. Glaser, J. K. Keicolt-Glaser, H. Nguyen, B. Laskowski, Y. Zou, D. Q. Beversdorf, and N. P. Weng. 2007. Accelerated telomere erosion is associated with a declining immune function of caregivers of Alzheimer's disease patients. *Journal of Immunology* 179 (6): 4249–4254.

Davidson, R. J. 2000. Affective style, psychopathology, and resilience: Brain mechanisms and plasticity. *American Psychologist* 55: 1196–1214.

Davidson, R. J., and N. A. Fox. 1982. Asymmetrical brain activity discriminates between positive and negative stimuli in human infants. *Science* 218: 1235–1237.

de Haan, M. 2007. *Infant EEG and event-related potentials.* London: Psychology Press.

de Haan, M., K. Humphreys, and M. H. Johnson. 2002. Developing a brain specialized for face perception: A converging methods approach. *Developmental Psychobiology* 40 (3): 200–212.

de Haan, M., and C. A. Nelson. 1997. Recognition of the mother's face by 6-month-old infants: A neurobehavioral study. *Child Development* 68 (2): 187–210.

DeKlyen, M., and M. T. Greenberg. 2008. Attachment and psychopathology in childhood. In *Handbook of attachment: Theory, research, and clinical applications,* 2nd ed., edited by J. Cassidy and P. Shaver, 637–665. New York: Guilford.

Dennis, W., and P. Najarian. 1957. Infant development under environmental handicap. *Psychological Monographs: General and Applied* 71: 1–13.

Dente, K., and J. Hess. 2006. Pediatric AIDS in Romania: A country faces its epidemic and serves as a model of success. *Medscape General Medicine* 8 (2): 11.

De Wolff, M. S., and M. H. van IJzendoorn. 1997. Sensitivity and attachment: A meta-analysis on parental antecedents of infant attachment. *Child Development* 68: 571–591.

Dickens, J., and V. Groza. 2004. Empowerment in difficulty: A critical appraisal of international intervention in child welfare in Romania. *International Social Work Journal* 47: 469–487.

Dobrova-Krol, N. A., M. J. Bakermans-Kranenburg, M. H. van IJzendoorn, and F. Juffer. 2010. The importance of quality of care: Effects of perinatal HIV infection and early institutional rearing on preschoolers' attachment and indiscriminate friendliness. *Journal of Child Psychology and Psychiatry* 51: 1368–1376.

Dobrova-Krol, N. A., M. H. van IJzendoorn, M. J. Bakermans-Kranenburg, and F. Juffer. 2010. Effects of perinatal HIV infection and early institutional rearing on physical and cognitive development of children in Ukraine. *Child Development* 81 (1): 237–251.

Doolittle, T. 1995. The long term effects of institutionalization on the behavior of children from Eastern Europe and the former Soviet Union: Research, diagnoses, and therapy options. Parent Network for Post-Institutionalized Children. Retrieved July 17, 2004, from http://www.mariaschildren.org/english/ babyhouse/ effects.html.

Dozier, M., E. Peloso, O. Lindhiem, M. K. Gordon, M. Manni, S. Sepulveda, J. Ackerman, A. Bernier, and S. Levine. 2006. Preliminary evidence from a randomized clinical trial: Intervention effects on foster children's behavioral and biological regulation. *Journal of Social Issues* 62: 767–785.

Drury, S. S., K. P. Theal, A. T. Smyke, B. J. B. Keats, H. L. Egger, C. A. Nelson, N. A. Fox, P. J. Marshall, and C. H. Zeanah. 2010. Modification of depression by COMT val[158]met polymorphism in children exposed to early psychosocial deprivation. *Child Abuse and Neglect* 34: 387–395.

Drury, S. S., K. Theall, M. M. Gleason, A. T. Smyke, I. De Vivo, J. Y. Y. Wong, N. A. Fox, C. H. Zeanah, and C. A. Nelson. 2011. Telomere length and early severe social deprivation: Linking early adversity and cellular aging. *Molecular Psychiatry* 17 (7): 719–727.

Dube, S. R., R. F. Anda, V. J. Felitti, D. P. Chapman, D. F. Williamson, and W. H. Giles. 2001. Childhood abuse, household dysfunction, and the risk of attempted suicide throughout the life span: Findings from the adverse childhood experiences study. *Journal of the American Medical Association* 286: 3089–3096.

Durston, S., K. M. Thomas, M. S. Worden, Y. Yang, and B. J. Casey. 2002. The effect of preceding context on inhibition: An event-related fMRI study. *Neuroimage* 16 (2): 449–453.

Early Child Care Research Network. 1997. The effects of infant child care on infant-mother attachment security: Results of the NICHD study of early child care. *Child Development* 68: 860–879.

Edwards, V. J., G. W. Holden, V. J. Felitti, and R. F. Anda. 2003. Relationship between multiple forms of childhood maltreatment and adult mental health in community respondents: Results from the adverse childhood experiences study. *American Journal of Psychiatry* 160: 1453–1460.

Egger, H. L., B. H. Ascher, and A. Angold. 1999. The Preschool Age Psychiatric Assessment: Version 1.1. Durham, NC: Duke University Health System, Center for Developmental Epidemiology. Information available at http://devepi.duhs.duke.edu/papa.html.

Egger, H. L., A. Erkanli, G. Keeler, E. Potts, B. K. Walter, and A. Angold. 2006. Test-retest reliability of the Preschool Age Psychiatric Assessment (PAPA). *Journal of the American Academy of Child and Adolescent Psychiatry* 45: 538–549.

Ellis, B. H., P. A. Fisher, and S. Zaharie. 2004. Predictors of disruptive behavior, developmental delays, anxiety, and affective symptomatology among institutionally reared Romanian children. *Journal of the American Academy of Child and Adolescent Psychiatry* 43: 1283–1292.

Eluvathingal, T. J., H. T. Chugani, M. E. Behen, C. Juhász, O. Muzik, M. Maqbool, D. C. Chugani, and M. Makki. 2006. Abnormal brain connectivity in children after early severe socioemotional deprivation: A diffusion tensor imaging study. *Pediatrics* 117: 2093–2100.

Emanuel, E. J., D. Wendler, and C. Grady. 2000. What makes clinical research ethical? *Journal of the American Medical Association* 283: 2701–2711.

Emanuel, E. J., D. Wendler, J. Killen, and C. Grady. 2004. What makes clinical research in developing countries ethical? The benchmarks of ethical research. *Journal of Infectious Diseases* 189: 930–937.

Epel, E. S., E. H. Blackburn, J. Lin, F. S. Dhabhar, N. E. Adler, J. D. Morrow, and R. M. Cawthon. 2004. Accelerated telomere shortening in response to life stress. *Proceedings of the National Academy of Science* 101 (49): 17312–17315.

Erol, N., Z. Simsek, and K. Münir. 2010. Mental health of adolescents reared in institutional care in Turkey: Challenges and hope in the twenty-first century. *European Journal of Child and Adolescent Psychiatry* 19: 113–124.

Ethical neuroscientist, The. 2008. *Nature Neuroscience* 11: 239.

Fagiolini, M., and T. K. Hensch. 2000. Inhibitory threshold for critical-period activation in primary visual cortex. *Nature* 404 (6774): 183–186.

Falkenstein, M., J. Hohnsbien, J. Hoormann, and L. Blanke. 1991. Effects of crossmodal divided attention on late ERP components. II. Error Processing in choice reaction tasks. *Electroencephalography and Clinical Neurophysiology* 78 (6): 447–455.

First White House Conference on the Care of Dependent Children. 1909. Available at http://www.libertynet.org/edcivic/whoukids.html.

Fisher, L., E. W. Ames, K. Chisholm, and L. Savoie. 1997. Problems reported by parents of Romanian orphans adopted to British Columbia. *International Journal of Behavioral Development* 20 (1): 67–82.

Fisher, P. A., B. H. Ellis, and P. Chamberlain. 1999. Early intervention foster care: A model of preventing risk in young children who have been maltreated. *Children's Services: Social Policy, Research, and Practice* 2: 159–182.

Fitzpatrick, A. L., R. A. Kronmal, J. P. Gardner, B. M. Psaty, N. S. Jenny, R. P. Tracy, J. Walston, M. Kimura, and A. Aviv. 2007. Leukocyte telomere length and cardiovascular disease in the cardiovascular health study. *American Journal of Epidemiology* 165 (1): 14–21.

Fox, N. A., A. N. Almas, K. A. Degnan, C. A. Nelson, and C. H Zeanah. 2011. The effects of severe psychosocial deprivation and foster care intervention on cognitive development at 8 years of age: Findings from the Bucharest Early Intervention Project. *Journal of Child Psychology and Psychiatry* 52 (9): 919–928.

Fox, S. E., P. Levitt, and C. A. Nelson. 2010. How the timing and quality of early experiences influence the development of brain architecture. *Child Development* 81 (1): 28–40.

Francis, D. D., and M. J. Meaney. 1999. Maternal care and the development of stress responses. *Current Opinions in Neurobiology* 9 (1): 128–134.

Freedman, B. 1987. Equipoise and the ethics of clinical research. *New England Journal of Medicine* 317: 141–145.

Freud, A., and D. T. Burlingham. 1943. *War and children.* New York: Medical War Books.

Fries, A. B., and S. D. Pollak. 2004. Emotion understanding in postinstitutionalized Eastern European children. *Development and Psychopathology* 16: 355–369.

Gelles, R. J. 2011. *The third lie: Why government programs don't work—and a blueprint for change.* Walnut Creek, CA: Left Coast Press.

Ghera, M. M., P. J. Marshall, N. A. Fox, C. H. Zeanah, C. A. Nelson, A. Smyke, and D. Guthrie. 2009. The effects of foster care intervention on socially deprived institutionalized children's attention and positive affect: Results from the BEIP study. *Journal of Child Psychology and Psychiatry* 50: 246–253.

Gilkerson, L. 2004. Irving B. Harris distinguished lecture: Reflective supervision in infant-family programs: Adding clinical process to non-clinical settings. *Infant Mental Health Journal* 25: 424–439.

Gilley, D., B. Herbert, N. Huda, H. Tanaka, and T. Reed. 2008. Factors impacting human telomere homeostasis and age-related disease. *Mechanisms of Ageing and Development* 129 (1–2): 27–34.

Gindis, B. 2000. Language-related problems and remediation strategies for internationally adopted orphanage-raised children. In *International adoption: Challenges and opportunities,* 2nd ed., edited by T. Tepper, L. Hannon, and D. Sandstrom, 89–97. Meadow Lands, PA: Parent Network for the Post-Institutionalized Child.

Gleason, M. M., N. A. Fox, S. Drury, A. T. Smyke, H. L. Egger, C. A. Nelson, M. G. Gregas, and C. H. Zeanah. 2011. The validity of evidence-derived criteria for reactive attachment disorder: Indiscriminately social/disinhibited and emotionally withdrawn/inhibited types. *Journal of the American Academy of Child and Adolescent Psychiatry* 50: 216–231.

Gleason, M. M., N. A. Fox, S. S. Drury, A. Smyke, C. A. Nelson, and C. H. Zeanah. 2014. Indiscriminate behaviors in previously institutionalized young children. Pediatrics 133(3): e657-665.

Gogos, J. A., M. Morgan, V. Luine, M. Santha, S. Ogawa, D. Pfaff, and M. Karayiorgou. 1998. Catechol-O-methyltransferase-deficient mice exhibit sexually dimorphic changes in catecholamine levels and behavior. *Proceedings of the National Academy of Sciences* 95: 9991–9996.

Goldfarb, W. 1943. Infant rearing and problem behavior. *American Journal of Orthopsychiatry* 13: 249–265.

Goldfarb, W. 1944. Infant rearing as a factor in foster home replacement. *American Journal of Orthopsychiatry* 14: 162–173.

Goldfarb, W. 1945a. Effects of psychological deprivation in infancy and subsequent stimulation. *American Journal of Psychiatry* 102: 18–33.

Goldfarb, W. 1945b. Psychological privation in infancy and subsequent adjustment. *American Journal of Orthopsychiatry* 15: 247–255.

Goldsmith, H. H., and M. K. Rothbart. 1999. *The Laboratory Temperament Assessment Battery* (Locomotor version 3.1). Madison: University of Wisconsin.

Green, J., and R. Goldwyn. 2002. Attachment disorganization and psychopathology: New findings and their potential implications for developmental psychopathology in childhood. *Journal of Child Psychology and Psychiatry* 43: 679–690.

Greenough, W. T., J. E. Black, and C. S. Wallace. 1987. Experience and brain development. *Child Development* 58 (3): 539–559.

Greenwell, K. 2003. The effects of child welfare reform on levels of child abandonment and deinstitutionalization in Romania, 1987–2000. Ph.D. diss., University of Texas.

Gresham, F., and S. Elliot. 1990. *Social Skills Rating System Manual.* Minneapolis: Pearson.

Groza, V., and the American and Romanian Research Teams, in cooperation with Romanian Children's Relief/Fundatia Inocenti. 2001, November. A study of Romanian foster families. Available at http://msass.case.edu/downloads/vgroza/Final_Report_English.pdf.

Groza, V. K., K. M. Bunkers, and G. N. Gamer. 2011. Children without permanent parents: Research, practice and policy. VII: Ideal components and current characteristics of alternative care options for children outside of parental care in low-resource countries. *Monographs of Research in Child Development* 76 (4): 163–189.

Gunnar, M. R., and P. A. Fisher. 2006. Bringing basic research on early experience and stress neurobiology to bear on preventive interventions for neglected and maltreated children. *Developmental Psychopathology* 18 (3): 651–677.

Gunnar, M. R., and D. A. Kertes. 2003. Early risk factors and development of internationally adopted children: Can we generalize from the Romanian case? Paper presented at the Society for Research in Child Development, Tampa, FL.

Hacsi, T. A. 1997. *Second home: Orphan asylums and poor families in America.* Cambridge, MA: Harvard University Press.

Hague Convention on Protection of Children and Co-operation in Respect of Intercountry Adoption. 1993. Available at www.hcch.net/index_en.php?act=conventions.pdfandcid=69.

Halperin, J. M., and K. P. Schulz. 2006. Revisiting the role of the prefrontal cortex in the pathophysiology of attention-deficit/hyperactivity disorder. *Psychological Bulletin* 132: 560–581.

Harden, B. J. 2002. Congregate care for infants and toddlers: Shedding new light on an old question. *Infant Mental Health Journal* 23: 476–495.

Harlow, H. F. 1958. The nature of love. *American Psychologist* 13: 673–685.

Harlow, H. F. 1962. The heterosexual affectional system. *American Psychologist* 17: 1–10.

Harlow, H., and S. Suomi. 1970. Nature of love: Simplified. *American Psychologist* 25: 161–168.

Harris, K. M., E. M. Mahone, and H. S. Singer. 2008. Nonautistic motor stereotypies: Clinical features and longitudinal follow-up. *Pediatric Neurology* 38 (4): 267–272.

Hart, B., and T. R. Risley. 1995. *Meaningful differences in the everyday experience of young American children.* Baltimore: Brookes.

Heller, S. S., A. T. Smyke, and N. W. Boris. 2002. Very young foster children and foster families: Clinical challenges and interventions. *Infant Mental Health Journal* 23: 555–575.

Hermann, M. J., A. C. Ehlis, H. Elgring, and A. J. Fallgatter. 2005. Early stages (P100) of face perception in humans as measured with event-related potentials (ERPs). *Journal of Neural Transmissions* 112 (8): 1073–1081.

Hill, M. N., and B. S. McEwen. 2010. Involvement of the endocannabinoid system in the neurobehavioural effects of stress and glucocorticoids. *Progress in Neuro-Psychopharmacology and Biological Psychiatry* 34 (5): 791–797.

Hodges, J., and B. Tizard. 1989a. IQ and behavioral adjustment of ex-institutional adolescents. *Journal of Child Psychology, Psychiatry, and Allied Disciplines* 30: 53–75.

Hodges, J., and B. Tizard. 1989b. Social and family relationships of ex-institutional adolescents. *Journal of Child Psychology, Psychiatry, and Allied Disciplines* 30: 77–97.

Hoeksbergen, R. A. C., J. ter Laak, C. van Dijkum, S. Rijk, K. Rijk, and F. Stoutjesdijk. 2003. Posttraumatic stress disorder in adopted children from Romania. *American Journal of Orthopsychiatry* 73: 255–265.

Hough, S. D. 2000. Risk factors for the speech and language development of children adopted from Eastern Europe and the former USSR. In *International adoption: Challenges and opportunities,* 2nd ed., edited by T. Tepper, L. Hannon, and D. Sandstrom, 99–119. Meadow Lands, PA: Parent Network for the Post-Institutionalized Child.

Human Rights Watch. 1999. *Human Rights Watch world report 1999: Events of December 1997–November 1998,* 420. New York: Human Rights Watch.

Human Rights Watch. 2004. *Children's rights: Orphans and abandoned children.* Retrieved July 13, 2004, from http://www.hrw.org/topic/childrens-rights/orphans-and-abandoned-children.

Hunt, J. M., K. Mohandessi, M. Ghodssi, and M. Akiyama. 1976. The psychological development of orphanage-reared infants: Interventions with outcomes. *Genetic Psychology Monographs* 94: 177–226.

Hunt, K. 1991, March 24. The Romanian baby bazaar. *New York Times,* Magazine. Available at http://www.nytimes.com/1991/03/24/magazine/the-romanian-baby-bazaar.html?pagewanted=allandsrc=pm.

Huttenlocher, P. R. 1979. Synaptic density in human frontal cortex: Developmental changes and effects of aging. *Brain Research* 163 (2): 195–205.

Huttenlocher, P. R. 1984. Synapse elimination and plasticity in developing human cerebral cortex. *American Journal of Mental Deficiency* 88 (5): 488–496.

Huttenlocher, P. R. 2002. *Neural plasticity: The effects of environment on the development of the cerebral cortex.* Cambridge, MA: Harvard University Press.

Huttenlocher, P. R., and A. S. Dabholkar. 1997. Regional differences in synaptogenesis in human cerebral cortex. *Journal of Comparative Neurology* 387 (2): 167–178.

Huttenlocher, P. R., and C. de Courten. 1987. The development of synapses in striate cortex of man. *Human Neurobiology* 6 (1): 1–9.

Hwang, H. J., K. H. Kim, Y. J. Jung, D. W. Kim, Y. H. Lee, and C. H. Im. 2011. An EEG-based real time cortical functional connectivity imaging system. *Medical and Biological Engineering and Computing* 49 (9): 985–995.

IRB Procedures. 1991, June 18. Office for Protection from Research Risks, United States Department of Health and Human Services. Available at http://www.csc.vsc.edu/researchguidelines/procedures.pdf.

Jarriel, T. 1990, October 5. Inside Romanian orphanages. Produced by J. Tomlin. *20/20,* ABC.

Jeon, H., C. A. Nelson, and M. Moulson. 2010. The effects of early experience on emotion recognition: A study of institutionalized children in Romania. *Infancy* 15 (2): 209–221.

Johnson, D. 2011. Children without permanent parents: Research practice, and policy. IV: Growth failure in institutionalized children. *Monographs of the Society for Research in Child Development* 76 (4): 92–106.

Johnson, D. E., D. Guthrie, A. T. Smyke, S. F. Koga, N. A. Fox, C. H. Zeanah, and C. A. Nelson. 2010. Growth and relations between auxology, caregiving environment and cognition in socially deprived Romanian children randomized to foster vs. ongoing institutional care. *Archives of Pediatrics and Adolescent Medicine* 164 (6): 507–516.

Johnson, D. E., L. C. Miller, S. Iverson, W. Thomas, B. Franchino, K. Dole, M. T. Kiernan, M. K. Georgieff, and M. K. Hostetter. 1992. The health of children adopted from Romania. *Journal of the American Medical Association* 268 (24): 3446–3451.

Johnson, R., K. Browne, and C. Hamilton-Giachritsis. 2006. Young children in institutional care at risk of harm. *Trauma, Violence, and Abuse* 7: 34–59.

Juffer, F., M. J. Bakermans-Kranenburg, and M. H. van IJzendoorn. 2005. The importance of parenting in the development of disorganized attachment: Evidence from a preventive intervention study in adoptive families. *Journal of Child Psychology and Psychiatry* 46: 263–274.

Kaler, S. R., and B. J. Freeman. 1994. Analysis of environmental deprivation: Cognitive and social development in Romanian orphans. *Journal of Child Psychiatry and Psychology* 35: 769–781.

Kananen, L., I. Surakka, S. Pirkola, J. Suvisaari, J. Lönnqvist, L. Peltonen, S. Ripatti, and I. Hovatta. 2010. Childhood adversities are associated with shorter telomere length at adult age both in individuals with an anxiety disorder and controls. *PLoS ONE* 5 (5): e10826.

Karoum, F., S. J. Chrapusta, and M. F. Egan. 1994. 3-Methoxytyramine is the major metabolite of released dopamine in the rat frontal cortex: Reassessment of the effects of antipsychotics on the dynamics of dopamine release and metabolism in the frontal cortex, nucleus accumbens, and striatum by a simple two pool model. *Journal of Neurochemistry* 63: 972–979.

Karoum, F., M. F. Egan, and R. J. Wyatt. 1994. Selective reduction in dopamine turnover in the rat frontal cortex and hypothalamus during withdrawal from repeated cocaine exposure. *European Journal of Pharmacology* 254: 127–132.

Kashy, D. A., and D. A. Kenny. 1999. The analysis of data from dyads and groups. In *Handbook of research methods in social psychology,* edited by H. T. Reis and C. M. Judd. New York: Cambridge University Press.

Kenny, D. A. 1996. Models of non-independence in dyadic research. *Journal of Social and Personal Relationships* 13: 279–294.

Kenny, D. A., and D. A. Kashy. 2010. Dyadic data analysis using multilevel modeling. In *The handbook of advanced multilevel analysis,* edited by J. Hox and J. K. Roberts. London: Taylor and Francis.

Kligman, G. 1998. *The politics of duplicity: Controlling reproduction in Ceausescu's Romania.* Berkeley: University of California Press.

Kline, M. W., S. Rugina, M. Ilie, R. F. Matusa, A. M. Schweitzer, N. R. Calles, and H. L. Schwarzwald. 2007. Long-term follow-up of 414 HIV-infected Romanian children and adolescents receiving lopinavir/ritonavir-containing highly active antiretroviral therapy. *Pediatrics* 119: e1116–1120.

Knox, N. 2004, June 15. Romania to ban international adoptions permanently. *USA Today.* Available at http://usatoday30.usatoday.com/news/world/2004-06-15-romania-adoptions_x.htm.

Knudsen, E. 2004. Sensitive periods in the development of the brain and behavior. *Journal of Cognitive Neuroscience* 16: 1412–1425.

Knudsen, E. I., J. J. Heckman, J. L. Cameron, and J. P. Shonkoff. 2006. Economic, neurobiological, and behavioral perspectives on building America's future workforce. *Proceedings of the National Academy of Sciences* 103: 10155–10162.

Kochanska, G., K. C. Coy, T. L. Tjebkes, and S. J. Husarek. 1998. Individual differences in emotionality in infancy. *Child Development* 69 (2): 375–390.

Kochanska, G., K. T. Murray, and E. T. Harlan. 2000. Effortful control in early childhood: Continuity and change, antecedents, and implications for social development. *Developmental Psychology* 36: 220–232.

Konrad, K., S. Neufang, C. Hanisch, G. R. Fink, and B. Herpertz-Dahlmann. 2006. Dysfunctional attentional networks in children with attention deficit/hyperactivity disorder: Evidence from an event-related functional magnetic resonance imaging study. *Biological Psychiatry* 59: 643–651.

Kraemer, H. C., G. T. Wilson, C. Fairburn, and W. S. Agras. 2002. Mediators and moderators of treatment effects in randomized clinical trials. *Archives of General Psychiatry* 59: 877–883.

Kreppner, J. M., T. G. O'Connor, M. Rutter, and the English and Romanian Adoptees Study Team. 2001. Can inattention/overactivity be an institutional deprivation syndrome? *Journal of Abnormal Child Psychology* 29: 513–528.

Larrieu, J. A., and C. H. Zeanah. 1998. An intensive intervention for infants and toddlers in foster care. In *Custody: Child and adolescent psychiatric clinics of North America,* edited by K. Pruett and M. Pruett, 357–371. Philadelphia: Williams and Wilkins.

Larrieu, J. A., and C. H. Zeanah. 2003. Treating infant-parent relationships in context of maltreatment: An integrated, systems approach. In *Treatment of infant-parent relationship disturbances,* edited by A. Sameroff, S. McDonough, and K. Rosenblum, 243–264. New York: Guilford.

Lee, A., and B. L. Hankin. 2009. Insecure attachment, dysfunctional attitudes, and low self-esteem predicting prospective symptoms of depression and anxiety during adolescence. *Journal of Clinical Child and Adolescent Psychology* 38: 219–231.

Le Grand, R., C. J. Mondloch, D. Maurer, and H. P. Brent. 2001. Neuroperception: Early visual experience and face processing. *Nature* 410: 890.

Leiden Conference on the Development and Care of Children without Permanent Parents. 2012. The development and care of institutionally reared children. *Child Development Perspectives* 6: 174–180.

Leppänen, J. M., and C. A. Nelson. 2009. Tuning the developing brain to social signals of emotion. *Nature Reviews Neuroscience* 10 (1): 37–47.

Leppanen, J. M., and C. A. Nelson. 2013. The emergence of perceptual preferences for social signals of emotion. In *Navigating the social world,* edited by M. Banaji and S. Gelman. Oxford: Oxford University Press.

Leuner, B., E. R. Glasper, and E. Gould. 2010. Parenting and plasticity. *Trends in Neurosciences* 33: 465–473.

Levin, A. R., C. H. Zeanah, Jr., N. A. Fox, and C. A. Nelson. 2014. Motor outcomes in children exposed to early psychosocial deprivation. Journal of Pediatrics 164(1): 123-129.

Levy, R. J. 1947. Effects of institutional vs. boarding home care on a group of infants. *Journal of Personality* 15: 233–241.

Lie, N., and D. Murarasu. 2001. A follow-back of men and women who grew up in Romanian orphanages. *Journal of Preventative Medicine* 9 (2): 20–31.

Liston, C., B. S. McEwen, and B. J. Casey. 2009. Psychosocial stress reversibly disrupts prefrontal processing and attentional control. *Proceedings of the National Academy of Science* 106 (3): 912–917.

Loman, M. M., A. E. Johnson, A. Westerlund, S. D. Pollak, C. A. Nelson, and M. R. Gunnar. 2013. The effect of early deprivation on executive attention in middle childhood. *Journal of Child Psychology and Psychiatry* 54: 37–45.

Loman, M. M., K. L. Wiik, K. A. Frenn, S. D. Pollak, and M. R. Gunnar. 2009. Postinstitutionalized children's development: Growth, cognitive, and language outcomes. *Journal of Developmental and Behavioral Pediatrics* 30 (5): 426–434.

Loue, S. 2004. Ethical issues in research: A Romanian case study. *Revista Romana de Bioetica* 2: 16–27.

Lowrey, L. G. 1940. Personality distortion and early institutional care. *American Journal of Orthopsychiatry* 10: 576–585.

Luciana, M., and C. A. Nelson. 1998. The functional emergence of prefrontally guided working memory systems in four- to eight-year-old children. *Neuropsychologia* 36 (3): 273–293.

Luciana, M., and C. A. Nelson. 2002. Assessment of neuropsychological function through use of the Cambridge Neuropsychological Testing Automated Battery: Performance in 4- to 12-year-old children. *Developmental Neuropsychology* 22 (3): 595–624.

Lung, F. W., N. C. Chen, and B. C. Shu. 2007. Genetic pathway of major depressive disorder in shortening telomeric length. *Psychiatric Genetics* 17 (3): 195–199.

Lyons-Ruth, K., M. A. Easterbrooks, and C. D. Cibelli. 1997. Infant attachment strategies, infant mental lag, and maternal depressive symptoms:

Predictors of internalizing and externalizing problems at age 7. *Developmental Psychology,* 33: 681–692.

Mackenzie, E. J. Review of evidence regarding trauma system effectiveness resulting from panel studies. *Journal of Trauma,* 47(3 Suppl): S34–41.

Main, M., and J. Solomon. 1990. Procedures for identifying infants as disorganized/disoriented during the Ainsworth Strange Situation. In *Attachment in the preschool years: Theory, research and intervention,* edited by M. T. Greenberg, D. Cicchetti, and E. M. Cummings, 121–160. Chicago: University of Chicago Press.

Marcovitch, S., L. Cesaroni, W. Roberts, and C. Swanson. 1995. Romanian adoption: Parents' dreams, nightmares and realities. *Child Welfare* 74: 936–1032.

Marcovitch, S., S. Goldberg, A. Gold, J. Washington, C. Wasson, K. Krekewich, and M. Handley-Derry. 1997. Determinants of behavioral problems in Romanian children adopted in Ontario. *International Journal of Behavioral Development* 20: 17–31.

Marshall, P. J., Y. Bar-Haim, and N. A. Fox. 2002. Development of the EEG from 5 months to 4 years of age. *Clinical Neurophysiology* 113 (8): 1199–1208.

Marshall, P. J., N. A. Fox, and the Bucharest Early Intervention Project Core Group. 2004. A comparison of the electroencephalogram between institutionalized and community children in Romania. *Journal of Cognitive Neuroscience* 16 (8): 1327–1338.

Marshall, P. J., B. Reeb, N. A. Fox, C. A. Nelson, and C. H. Zeanah. 2008. Effects of early intervention on EEG power and coherence in previously institutionalized children in Romania. *Development and Psychopathology* 20: 861–880.

Martin-Ruiz, C., H. O. Dickinson, B. Keys, E. Rowan, R. A. Kenny, and T. von Zglinicki. 2006. Telomere length predicts poststroke mortality, dementia, and cognitive decline. *Annals of Neurology* 60 (2): 174–180.

Maurer, D., C. J. Mondloch, and T. L. Lewis. 2006. Sleeper effects. *Developmental Science* 10: 40–47.

McCartney, K., M. T. Owen, C. L. Booth, A. Clarke-Stewart, and D. L. Vandell. 2004. Testing a maternal attachment model of behavior problems in early childhood. *Journal of Child Psychology and Psychiatry* 45: 765–778.

McDermott, J. M., A. Westerlund, C. H. Zeanah, C. A. Nelson, and N. A. Fox. 2012. Early adversity and neural correlates of executive function: Implications for academic adjustment. *Developmental Cognitive Neuroscience* 2S: S59–S66.

McDermott M., D. L. Noordsy, and M. Traum. 2013. Neuroleptic malignant syndrome during multiple antipsychotic therapy. *Community Mental Health Journal* 49 (1): 45–46.

McEwen, B. 1998. Protective and damaging effects of stress mediators. *New England Journal of Medicine* 338 (3): 171–179.

McEwen, B. S. 2007. Physiology and neurobiology of stress and adaptation: Central role of the brain. *Physiological Reviews* 87 (3): 873–904.

McGoron, L., M. M. Gleason, A. T. Smyke, S. S. Drury, C. A. Nelson, N. A. Fox, and C. H. Zeanah. 2012. Recovering from early deprivation: Attachment mediates effects of caregiving on psychopathology. *Journal of the American Academy of Child and Adolescent Psychiatry* 51: 683–693.

McLaughlin, K. A., N. A. Fox, C. H. Zeanah, and C. A. Nelson. 2011. Adverse rearing environments and neural development in children: The development of frontal electroencephalogram asymmetry. *Biological Psychiatry* 70: 1008–1015.

McLaughlin, K. A., N. A. Fox, C. H. Zeanah, M. A. Sheridan, P. J. Marshall, and C. A. Nelson. 2010. Delayed maturation in brain activity explains the association between early environmental deprivation and symptoms of attention-deficit/hyperactivity disorder (ADHD). *Biological Psychiatry* 68 (4): 329–336.

McLaughlin, K. A., M. A. Sheridan, W. Winter, N. A. Fox, C. H. Zeanah, and C. A. Nelson. Forthcoming. Widespread reductions in cortical thickness following severe early-life deprivation: A neurodevelopmental pathway to ADHD. *Biological Psychiatry.*

McLaughlin, K. A., C. H. Zeanah, N. A. Fox, and C. A. Nelson. 2012. Attachment security as a mechanism linking foster care placement to improved mental health outcomes in previously institutionalized children. *Journal of the American Academy of Child and Adolescent Psychiatry* 53 (1): 46–55.

Meaney, M. J. 2001. Maternal care, gene expression, and the transmission of individual differences in stress reactivity across generations. *Annual Review of Neuroscience* 24: 1161–1192.

Mehta, M. A., N. I. Golembo, C. Nosarti, E. Colvert, A. Mota, S. C. Williams, M. Rutter, and E. J. Sonuga-Barke. 2009. Amygdala, hippocampal and corpus callosum size following severe early institutional deprivation: The English and Romanian adoptees study pilot. *Journal of Child Psychology and Psychiatry* 50 (8): 943–951.

Miller, E. K. 2000. The prefrontal cortex and cognitive control. *Nature Reviews Neuroscience* 1: 59–65.

Miller, F. G. 2009. The randomized controlled trial as a demonstration project: An ethical perspective. *American Journal of Psychiatry* 166: 743–745.

Miller, F. G., and H. Brody. 2003. A critique of clinical equipoise: Therapeutic misconception in the ethics of clinical trials. *Hastings Center Report* 33: 19–28.

Miller, L. C., and H. W. Hendrie. 2000. Health of children adopted from China. *Pediatrics* 105: e76–81.

Millum, J., and E. J. Emanuel. 2007. The ethics of international research with abandoned children. *Science* 318: 1874–1875.

Mitroi, L. 2012. From the orfanotrofia to the institutions for irrecoverables: Tracing the origins of institutional care for orphaned and abandoned children in Romania. B.A. Honors thesis, History of Science Department, Harvard University.

Moffitt, T. E., A. Caspi, and M. Rutter. 2006. Measured gene-environment interactions in psychopathology: Concepts, research strategies, and implications for research, intervention, and public understanding of genetics. *Perspectives on Psychological Science* 1: 5–27.

Monk, C. S., and C. A. Nelson. 2002. The effects of hydrocortisone on cognitive and neural functions: A behavioral and event-related potential investigation. *Neuropsychopharmacology* 26 (4): 505–519.

Mostofsky, S. H., K. L. Cooper, W. R. Kates, M. B. Denckla, and W. E. Kaufman. 2002. Smaller prefrontal and premotor volumes in boys with attention–deficit/hyperactivity disorder. *Biological Psychiatry* 52: 785–794.

Moulson, M. C., N. A. Fox, C. H. Zeanah, and C. A. Nelson. 2009. Early adverse experiences and the neurobiology of facial emotion processing. *Developmental Psychology* 45: 17–30.

Moulson, M. C., A. Westerlund, N. A. Fox, C. H. Zeanah, and C. A. Nelson. 2009. The effects of early experience on face recognition: An event-related potential study of institutionalized children in Romania. *Child Development* 80 (4): 1039–1056.

Najjar, S. S., A. K. Khachadurian, M. N. Ilbawi, and R. M. Blizzard. 1971. Dwarfism with elevated levels of plasma growth hormone. *New England Journal of Medicine* 284 (15): 809–812.

Narr, K. L., R. P. Woods, J. Lin, et al. 2009. Widespread cortical thinning is a robust anatomical marker for attention-deficit/hyperactivity disorder. *Journal of the American Academy of Child and Adolescent Psychiatry* 48: 1014–1022.

National Authority for Child Protection and Adoption. 2004. *Protectia co-*

pilului: Intre rezultate obtinute si prioritati pentru viitor. Bucharest: Government of Romania.

Nelson, C. A. 1997. The neurobiological basis of early memory development. In *The development of memory in childhood,* edited by N. Cowan, 41–82. Hove, East Sussex, UK: Psychology Press.

Nelson, C. A. 1998. The nature of early memory. *Preventive Medicine* 27: 172–179.

Nelson, C. A. 2001. The development and neural bases of face recognition. *Infant and Child Development* 10: 3–18.

Nelson, C. A. 2007. A neurobiological perspective on early human deprivation. *Child Development Perspectives* 1: 13–18.

Nelson, C. A., E. A. Furtado, N. A. Fox, and C. H. Zeanah. 2009. The deprived human brain. *American Scientist* 97: 222–229.

Nelson, C. A., and S. Jeste. 2008. Neurobiological perspectives on developmental psychopathology. In *Textbook on child and adolescent psychiatry,* 5th ed., edited by M. Rutter, D. Bishop, D. Pine, S. Scott, J. Stevenson, E. Taylor, and A. Thapar, 145–159. London: Blackwell.

Nelson, C. A., and M. Luciana, eds. 2008. *Handbook of developmental cognitive neuroscience,* 2nd ed. Cambridge, MA: MIT Press.

Nelson, C. A., and J. P. McCleery. 2008. The use of event-related potentials in the study of typical and atypical development. *Journal of the American Academy of Child and Adolescent Psychiatry* 47 (11): 1252–1261.

Nelson, C. A., and C. Monk. 2001. The use of event-related potentials in the study of cognitive development. In *Handbook of developmental cognitive neuroscience,* edited by C. A. Nelson and M. Luciana, 125–136. Cambridge, MA: MIT Press.

Nelson, C. A., S. W. Parker, D. Guthrie, and the Bucharest Early Intervention Project Core Group. 2006. The discrimination of facial expressions by typically developing infants and toddlers and those experiencing early institutional care. *Infant Behavior and Development* 29 (2): 210–219.

Nelson, C. A., A. Westerlund, J. M. McDermott, C. H. Zeanah, and N. A. Fox. 2013. Emotion recognition following early psychosocial deprivation. *Developmental Psychopathology* 25: 517–525.

Nelson, C. A., C. H. Zeanah, N. A. Fox, P. J. Marshall, A. T. Smyke, and D. Guthrie. 2007. Cognitive recovery in socially deprived young children: The Bucharest Early Intervention Project. *Science* 318 (5858): 1937–1940, and supplemental online material.

Netter, S., and Z. Magee. 2010, April 9. Tennessee mother ships adopted son back to Moscow alone. ABC World News with Diane Sawyer.

http://abcnews.go.com/WN/anger-mom-adopted-boy-back-russia/
story?id=10331728#.

NGO Working Group on Children without Parental Care. 2006. Development of international standards for the protection of children deprived of parental care. Child Rights, the Role of Families and Alternative Care: Policies Developments, Trends and Challenges in Europe. International Conference, Bucharest, 2–3 February. Available at http://www.crin.org/docs/Bucharest%20Conference%20Presentation.doc.

NICHD Early Child Care Research Network. 1996. Characteristics of infant child care: Factors contributing to positive caregiving. *Early Childhood Research Quarterly* 11: 269–306.

Nigg, J. T., and B. J. Casey. 2005. An integrative theory of attention-deficit/hyperactivity disorder based on the cognitive and affective neurosciences. *Development and Psychopathology* 17: 785–806.

Noble, K. G., B. D. McCandliss, M. J. Farah. 2007. Socioeconomic gradients predict individual differences in neurocognitive abilities. *Developmental Science* 10 (4): 464–480.

Norris, C. L. 2009. The banning of international adoption in Romania: Reasons, meaning and implications for child care and protection. Ph.D. diss., Boston University.

Novotny, T., D. Haazen, and O. Adeyi. 2003. *HIV/AIDS in Southeastern Europe: Case studies from Bulgaria, Croatia, and Romania.* Washington, DC: World Bank.

O'Connor, T. G., D. Bredenkamp, M. Rutter, and the English and Romanian Adoptees Study Team. 1999. Attachment disturbances and disorders in children exposed to early and severe deprivation. *Infant Mental Health Journal* 20: 10–29.

O'Connor, T. G., R. S. Marvin, M. Rutter, J. T. Olrick, P. A. Brittner, and the English and Romanian Adoptees (ERA) Study Team. 2003. Child-parent attachment following severe early institutional deprivation. *Development and Psychopathology* 15: 19–38.

O'Connor, T. G., M. Rutter, and the English and Romanian Adoptees Study Team. 2000. Attachment disorder behavior following early severe deprivation: Extension and longitudinal follow-up. *Journal of the American Academy of Child and Adolescent Psychiatry* 39: 703–712.

Ollendick, T. H., M. D. Weist, M. C. Borden, and R. W. Greene. 1992. Sociometric status and academic, behavioral, and psychological adjustment: A five-year longitudinal study. *Journal of Consulting and Clinical Psychology* 60: 80–87.

Parker, S. W., C. A. Nelson, and the Bucharest Early Intervention Project

Core Group. 2005a. The impact of early institutional rearing on the ability to discriminate facial expressions of emotion: An event-related potential study. *Child Development* 76 (1): 54–72.

Parker, S. W., C. A. Nelson, and the Bucharest Early Intervention Project Core Group. 2005b. An event-related potential study of the impact of institutional rearing on face recognition. *Development and Psychopathology* 17: 621–639.

Parker, J., K. Rubin, X. Erath, J. Wojslawowicz, and A. Buskirk. 2006. Developmental psychopathology: Risk, disorder, and adaptation. In *Developmental psychopathology,* 2nd ed., edited by D. Cicchetti and D. Cohen, 419–493. New York: John Wiley and Sons.

Parks, C. G., D. B. Miller, E. C. McCanlies, R. M. Cawthon, M. E. Andrew, L. A. DeRoo, and D. P. Sandler. 2009. Telomere length, current perceived stress, and urinary stress hormones in women. *Cancer Epidemiology Biomarkers and Prevention* 18 (2): 551–560.

Participants in the 2001 Conference on Ethical Aspects of Research in Developing Countries. 2002. Fair benefits for research in developing countries. *Science* 298 (5601): 2133–2134.

Phillips, N., C. Hammen, P. Brennan, J. Najman, and W. Bor. 2005. Early adversity and the prospective prediction of depressive and anxiety disorders in adolescents. *Journal of Abnormal Child Psychology* 33 (1): 13–24.

Pinheiro, P. S. 2006. *World report on violence against children.* Geneva: United Nations. Available at http://www.unicef.org/lac/full_tex(3).pdf.

Pollak, S. D. 2005. Early adversity and mechanisms of plasticity: Integrating affective neuroscience and developmental approaches to psychopathology. *Developmental Psychopathology* 17 (3): 725–752.

Pollak, S. D., L. L. Holt, and A. B. Wismer Fries. 2004. Hemispheric asymmetries in children's perception of nonlinguistic human affective sounds. *Developmental Science* 7 (1): 10–18.

Pollak, S. D., C. A. Nelson, M. F. Schlaak, B. J. Roeber, S. S. Wewerka, K. L. Wiik, K. A. Frenn, M. M. Loman, and M. R. Gunnar. 2010. Neurodevelopmental effects of early deprivation in postinstitutionalized children. *Child Development* 81 (1): 224–236.

Pollak, S. D., and P. Sinha. 2002. Effects of early experience on children's recognition of facial displays of emotion. *Developmental Psychology* 38: 784–791.

Popa-Mabe, M. C. 2010. "Ceausescu's orphans": Narrating the crisis of Romanian international child adoption. Ph.D. diss., Bryn Mawr College. Available from ProQuest Dissertations and Theses database, UMI no. 3402968.

文献 | 311

Powell, G. E., J. A. Brasel, and R. M. Blizzard. 1967. Emotional deprivation and growth retardation simulating idiopathic hypopituitarism. I. Clinical evaluation of the syndrome. *New England Journal of Medicine* 276: 1271–1278.

Provence, S., and R. C. Lipton. Preface by M. J. E. Senn. 1962. *Infants in institutions: A comparison of their development with family-reared infants during the first year of life.* New York: International Universities Press.

Puscasu, G., and B. Codres. 2011. Nonlinear system identification and control based on modular neural networks. *International Journal of Neural Systems* 21 (4): 319–334.

Ramey, C. T., and F. A. Campbell. 1984. Preventive education for high-risk children: Cognitive consequences of the Carolina Abecedarian Project. *American Journal of Mental Deficiency* 88 (5): 515–523.

Rauscher, F. H., G. L. Shaw, and K. N. Ky. 1993. Music and spatial task performance. *Nature* 365: 611.

Rheingold, H. L. 1961. The effect of environmental stimulation upon social and exploratory behavior in the human infant. In *Determinants of infant behavior,* edited by B. M. Foss, 143–177. London: Methuen.

Rid, A. 2012. When is research socially valuable? Lessons from the Bucharest Early Intervention Project. *Journal of Nervous and Mental Disease* 200: 248–249.

Righi, G., and C. A. Nelson. 2013. The neural architecture and developmental course of face processing. In *Neural circuit development and function in the brain,* edited by J. Rubenstein and P. Rakic, 331–350. San Diego: Academic Press.

Robertson, J., and J. Robertson. 1989. *Separation and the very young.* London: Free Association Books.

Roger, C., C. G. Bénar, F. Vidal, T. Hasbroucq, and B. Burle. 2010. Rostral cingulate zone and correct response monitoring: ICA and source localization evidences for the unicity of correct- and error-negativities. *NeuroImage* 51(1): 391–403.

Rosapepe, J. C. 2001. *Half way home: Romania's abandoned children ten years after the revolution.* Report to Americans from the U.S. Embassy, Bucharest, Romania.

Rosenberg, D. R., K. Pajer, and M. Rancurello. 1992. Neuropsychiatric assessment of orphans in one Romanian orphanage for "unsalvageables." *Journal of the American Medical Association* 268 (24): 3489–3490.

Rousseau, J.-J. (1781) 1953. *The confessions.* Harmondsworth, UK: Penguin Books.

Rousseau, J.-J. (1762) 1980. *Emile.* Meppel: Boom.

Roy, Chaitali B. 2010, October 4. Child trafficking new form of slavery. *Arab Times.* Available at http://www.arabtimesonline.com/NewsDetails/tabid/96/smid/414/ArticleID/160266/reftab/36/t/Child-trafficking-new-form-of-slavery/Default.aspx.

Roy, P., M. Rutter, and A. Pickles. 2000. Institutional care: Risk from family background or pattern of rearing? *Journal of Child Psychology and Psychiatry* 41: 139–141.

Roy, P., M. Rutter, and A. Pickles. 2004. Institutional care: Associations between over-activity and a lack of selectivity in social relationships. *Journal of Child Psychology and Psychiatry* 45: 866–873.

Rubia, K., S. Overmeyer, E. Taylor, et al. 1999. Hypofrontality in attention deficit hyperactivity disorder during higher-order motor control: A study with functional MRI. *American Journal of Psychiatry* 156: 891–896.

Rutter, M. 1996. Connections between child and adult psychopathology. *European Child and Adolescent Psychiatry* 5 Suppl 1: 4–7.

Rutter, M., L. Andersen-Wood, C. Beckett, D. Bredenkamp, J. Castle, C. Groothues, J. Kreppner, L. Keaveney, C. Lord, T. G. O'Connor, and the English and Romanian Adoptees Study Team. 1999. Quasi-autistic patterns following severe early global privation. *Journal of Child Psychology and Psychiatry* 40: 537–549.

Rutter, M., E. Colvert, J. Kreppner, C. Beckett, J. Castle, C. Groothues, A. Hawkins, T. G. O'Connor, S. E. Stevens, E. J. Sonuga-Barke. 2007. Early adolescent outcomes for institutionally-deprived and nondeprived adoptees. I: Disinhibited attachment. *Journal of Child Psychology and Psychiatry* 48: 17–30.

Rutter, M., and the English and Romanian Adoptees Study Team. 1998. Developmental catch-up, and deficit, following adoption after severe global early privation. *Journal of Child Psychology and Psychiatry* 39: 465–476.

Rutter, M., J. M. Kreppner, and T. O'Connor. 2001. Specificity and heterogeneity in children's responses to profound institutional privation. *British Journal of Psychiatry* 179: 97–103.

Rutter, M., J. Kreppner, and E. Sonuga-Barke. 2009. Emanuel Miller Lecture: Attachment insecurity, disinhibited attachment, and attachment disorders: Where do research findings leave the concepts? *Journal of Child Psychology and Psychiatry* 50: 529–543.

Rutter, M., T. G. O'Connor, and the English and Romanian Adoptees (ERA) Study Team. 2004. Are there biological programming effects for psychological development? Findings from a study of Romanian adoptees. *Developmental Psychology* 40: 81–94.

Rutter, M., and E. J. Sonuga-Barke. 2010. X. Conclusions: Overview of findings from the era study, inferences and research implications. *Monographs of the Society for Research in Child Development* 75 (1): 212–229.

Rutter, M., E. J. Sonuga-Barke, C. Beckett, J. Castle, J. Kreppner, R. Kumsta, W. Schlotz, S. E. Stevens, C. A. Bell, and M. R. Gunnar. 2010. Deprivation-specific psychological patterns: Effects of institutional deprivation. *Monographs of the Society for Research in Child Development* 75 (1, serial no. 295).

Sanchez, M. M., C. O. Ladd, and P. M. Plotsky. 2001. Early adverse experience as a developmental risk factor for later psychopathology: Evidence from rodent and primate models. *Developmental Psychopathology* (13) 3: 419–449.

Sandu, A. I. 2006. Poverty, institutions and child health in a post communist rural Romania: A view from below. Ph.D. diss., Department of Public Administration, Syracuse University. Available at http://surface.syr.edu/ppa_etd/11/.

Save the Children. 2009. Institutional care: The last resort. Policy brief. London. http://www.savethechildren.org.uk/resources/online-library/keeping-children-out-of-harmful-institutions-why-we-should-be-investing-in-family-based-care.

Scheffel, J. K. 2005. Beyond death towards solicitude in Bulgaria and Romania: A critical hermeneutic inquiry of home among orphaned and abandoned children. Ed.D. diss., School of Education, University of San Francisco. Available from ProQuest Dissertations and Theses database, UMI no. 3167896.

Shaw, P., K. Eckstrand, W. Sharp, et al. 2007. Attention-deficit/hyperactivity disorder is characterized by a delay in cortical maturation. *Proceedings of the National Academy of Sciences* 104: 19649–19654.

Shaw, P., J. P. Lerch, D. Greenstein, et al. 2006. Longitudinal mapping of cortical thickness and clinical outcome in children and adolescents with attention-deficit/hyperactivity disorder. *Archives of General Psychiatry* 63: 540–549.

Sheridan, M. A., N. A. Fox, C. H. Zeanah, K. McLaughlin, and C. A. Nelson. 2012. Variation in neural development as a result of exposure to institutionalization early in childhood. *Proceedings of the National Academy of Sciences* 109 (32): 12927–12932.

Shonkoff, J. P., and D. A. Phillips, eds. 2000. From neurons to neighborhoods: The science of early childhood development. Washington, DC: National Academy Press.

Simion, F., E. Di Giorgio, I. Leo, and L. Bardi. 2011. The processing of social stimuli in early infancy: From faces to biological motion perception. *Progress in Brain Research* 189: 173–193.

Simon, N. M., J. W. Smoller, K. L. McNamara, R. S. Maser, A. K. Zalta, M. H. Pollack, A. A. Nierenberg, M. Fava, and K. K. Wong. 2006. Telomere shortening and mood disorders: Preliminary support for chronic stress model of accelerated aging. *Biological Psychiatry* 60 (5): 432–435.

Skeels, H. M. 1966. Adult status of children with contrasting early life experiences: A follow up study. *Monographs of the Society for Research in Child Development* 31 (3, serial no. 105).

Skeels, H. M., and M. Skodak. 1965. Techniques for a high-yield follow-up study in the field. *Public Health Reports* 80: 249–257.

Slopen, N., K. A. McLaughlin, N. A. Fox, C. H. Zeanah, and C. A. Nelson. 2012. Alterations in neural processing and psychopathology in children raised in institutions. *Archives of General Psychiatry* 69: 1022–1030.

Sloutsky, V. M. 1997. Effects of institutional care on cognitive and social development of six- and seven-year-old children: A contextualist perspective. *International Journal of Behavioral Development* 20: 131–153.

Smith, M. G., and R. Fong. 2004. *The children of neglect.* New York: Brunner-Routledge.

Smyke, A. T., and A. S. Breidenstine. 2009. Foster care in early childhood. In *Handbook of infant mental health,* 3rd ed., edited by C. H. Zeanah, 500–515. New York: Guilford Press.

Smyke, A. T., A. Dumitrescu, and C. H. Zeanah. 2002. Attachment disturbances in young children. I: The continuum of caretaking casualty. *Journal of the American Academy of Child and Adolescent Psychiatry* 41 (8): 972–982.

Smyke, A. T., S. F. Koga, D. E. Johnson, N. A. Fox, P. J. Marshall, C. A. Nelson, C. H. Zeanah, and the Bucharest Early Intervention Project Core Group. 2007. The caregiving context in institution-reared and family-reared infants and toddlers in Romania. *Journal of Child Psychology and Psychiatry* 48 (2): 210–218.

Smyke, A. T., C. H. Zeanah, N. A. Fox, and C. A. Nelson. 2009a. A new model of foster care for young children: The Bucharest Early Intervention Project. *Child and Adolescent Psychiatry Clinics of North America* 18 (3): 721–734.

Smyke, A. T., C. H. Zeanah, N. A. Fox, and C. A. Nelson. 2009b. Psychosocial interventions: Bucharest Early Intervention Project. In *Infant and early childhood mental health,* edited by D. Schechter and M. M. Gleason, special issue, *Child and Adolescent Psychiatric Clinics of North America* 18: 721–734.

Smyke, A. T., C. H. Zeanah, N. A. Fox, C. A. Nelson, and D. Guthrie. 2010. Placement in foster care enhances quality of attachment among young institutionalized children. *Child Development* 81: 212–223.

Smyke, A. T., C. H. Zeanah, M. M. Gleason, S. S. Drury, N. A. Fox, C. A. Nelson, and D. G. Guthrie. 2012. A randomized controlled trial of foster care vs. institutional care for children with signs of reactive attachment disorder. *American Journal of Psychiatry* 169: 508–514.

Sonuga-Barke, E. J., W. Schlotz, and M. Rutter. 2008. Deprivation-specific psychological patterns. VII: Physical growth and maturation following early severe institutional deprivation: Do they mediate specific psychopathological effects? *Monographs of the Society for Research in Child Development* 75 (1): 143–166.

Sowell, E. R., P. M. Thompson, C. J. Holmes, T. L. Jernigan, and A. W. Toga. 1999. In vivo evidence for post-adolescent brain maturation in frontal and striatal regions. *Nature Neuroscience* 2 (10): 859–851.

Sparling, J., C. Dragomir, S. L. Ramey, and L. Florescu. 2005. An educational intervention improves developmental progress of young children in a Romanian orphanage. *Infant Mental Health Journal* 26 (2): 127–142.

Spitz, E. B., C. Brenner, and C. Davison. 1945. A new absorbable material for use in neurological and general surgery. *Science* 102 (2658): 621.

Spitz, R. 1945. Hospitalism: An inquiry into the genesis of psychiatric conditions in early childhood. *Psychoanalytic Study of the Child* 1: 53–74.

Spitz, R. 1952. *Psychogenic diseases in infancy: An attempt at their classification.* A film by the Psychoanalytic Research Project on Problems of Infancy. Available at http://www.youtube.com/watch?v=VvdOe10vrs4.

Stativă, E., C. Anghelescu, R. Mitulescu, M. Nanu, and N. Stanciu. 2005. *The situation of child abandonment in Romania.* Geneva: UNICEF. Available at http://www.ceecis.org/child_protection/PDF/child%20 abandonment%20in%20Romania.pdf.

Stern, D. N. 1985. *The interpersonal world of the infant.* New York: Basic Books.

Stevens, S. E., E. J. Sonuga-Barke, J. M. Kreppner, C. Beckett, J. Castle, E. Colvert, C. Groothues, A. Hawkins, and M. Rutter. 2008. Inattention/overactivity following early severe institutional deprivation: Presentation and associations in early adolescence. *Journal of Abnormal Child Psychology* 36: 385–398.

St. Petersburg–USA Orphanage Research Team. 2008. The effects of early social-emotional and relationship experience on the development of young children. *Monographs of the Society for Research in Child Development* 72 (3, serial no. 291).

Stromswold, K. 1995. The cognitive and neural bases of language acquisition. In *The cognitive neurosciences,* edited by M. S. Gazzaniga, 855–870. Cambridge, MA: MIT Press.

Szyf, M., I. Weaver, and M. Meaney. 2007. Maternal care, the epigenome and phenotypic differences in behavior. *Reproductive Toxicology* 24 (1): 9–19.

Tarabulsy, G. M., R. Tessier, and A. Kappas. 1996. Contingency detection and the contingent organization of behavior interactions: Implications for socioemotional development in infancy. *Psychological Bulletin* 120: 25–41.

Terman, L. M., and M. A. Merrill. 1937. *Measuring intelligence: A guide to the administration of the new revised Stanford–Binet tests of intelligence.* Boston: Houghton Mifflin.

Thomas, L. A., M. D. De Bellis, R. Graham, and K. S. LaBar. 2007. Development of emotional facial recognition in late childhood and adolescence. *Developmental Science* 10 (5): 547–558.

Thompson, R. A., and C. A. Nelson. 2001. Developmental science and the media: Early brain development. *American Psychologist* 56: 5–15.

Tizard, B. 1977. *Adoption: A second chance.* London: Open Books.

Tizard, B., and J. Hodges. 1978. The effect of early institutional rearing on the development of eight-year-old children. *Journal of Child Psychology and Psychiatry* 19: 99–118.

Tizard, B., and J. Rees. 1974. A comparison of the effects of adoption, restoration to the natural mother, and continued institutionalization on the cognitive development of four-year-old children. *Child Development* 45: 92–99.

Tizard, B., and J. Rees. 1975. The effect of early institutional rearing on the behavior problems and affectional relationships of four-year-old children. *Journal of Child Psychology and Psychiatry* 16: 61–73.

Tobis, D. 2000. Moving from residential institutions to community-based social services in Central and Eastern Europe and the former Soviet Union. Washington, DC: World Bank.

Tottenham, N., T. A. Hare, A. Millner, T. Gilhooly, J. D. Zevin, and B. J. Casey. 2011. Elevated amygdala response to faces following early deprivation. *Developmental Science* 14 (2): 190–204.

Tottenham, N., T. A. Hare, B. T. Quinn, T. W. McCarry, M. Nurse, T. Gilhooly, and B. J. Casey. 2010. Prolonged institutional rearing is associated with atypically large amygdala volume and difficulties in emotion regulation. *Developmental Science* 13 (1): 46–61.

Tottenham, N., and M. A. Sheridan. 2009. A review of adversity, the amygdala and the hippocampus: A consideration of developmental timing. *Frontiers in Human Neuroscience* 3: 68.

Tyrka, A. R., L. H. Price, H. T. Kao, B. Porton, S. A. Marsella, and L. L. Carpenter. 2010. Childhood maltreatment and telomere shortening: Preliminary support for an effect on early stress on cellular aging. *Biological Psychiatry* 67 (6): 531–534.

United Nations. 1989, November 20. Convention on the rights of the child. Resolution 44/25. Available at http://www.un.org/documents/ga/res/44/a44r025.htm.

UNICEF. 2003. *Children in institutions: The beginning of the end? The cases of Italy, Spain, Argentina, Chile and Uruguay.* Florence, Italy: UNICEF Innocenti Research Centre. Available at http://www.unicef-irc.org/publications/pdf/insight8e.pdf.

United Nations Development Programme—Romania. 2002. *A decade later: Understanding the transition process in Romania.* National Human Development Report. Available at http://hdr.undp.org/en/reports/national/europethecis/romania/Romania_2001_en.pdf.

U.S. Department of Health and Human Services. 1979. The Belmont Report: Ethical guidelines for the protection of human subjects of biomedical and behavioral research. Washington, DC: U.S. Government Printing Office. Available at http://www.hhs.gov/ohrp/humansubjects/guidance/belmont.html.

U.S. Government. 2010. A whole-of-government approach to child welfare and protection. Fourth Annual Report to Congress on Public Law 109-95. Available at http://pdf.usaid.gov/pdf_docs/PDACQ777.pdf.

U.S. Government. 2012. United States Government action plan on children in adversity: A framework for international assistance; 2012–2017. Available at http://transition.usaid.gov/our_work/global_health/pdf/apca.pdf.

van den Dries, L., F. Juffer, M. H. van IJzendoorn, and M. J. Bakermans-Kranenburg. 2010. Infants' physical and cognitive development after international adoption from foster care or institutions in China. *Journal of Developmental and Behavioral Pediatrics* 31 (2): 144–150.

Vanderwert, R. E., P. J. Marshall, C. A. Nelson, C. H. Zeanah, and N. A. Fox. 2010. Timing of intervention affects brain electrical activity in children exposed to severe psychosocial neglect. PLoS ONE 5 (7): 1–5.

van IJzendoorn, M. H., S. Goldberg, P. M. Kroonenberg, and O. J. Frenkel. 1992. The relative effects of maternal and child problems on the quality of attachment: A meta-analysis of attachment in clinical samples. *Child Development* 63: 840–858.

van IJzendoorn, M. H., M. P. C. M. Luijk, and F. Juffer. 2008. IQ of children growing up in children's homes: A meta-analysis on IQ delays in orphanages. *Merrill Palmer Quarterly* 54: 341–366.

van IJzendoorn, M. H., C. Schuengel, and M. J. Bakermans-Kranenburg. 1999. Disorganized attachment in early childhood: Meta-analysis of precursors, concomitants, and sequelae. *Development and Psychopathology* 11: 225–249.

van Veen, V., and C. S. Carter. 2002. The anterior cingulate as a conflict monitor: fMRI and ERP studies. *Physiology and Behavior* 77 (4–5): 477–482.

Viazzo P. P., M. Bortolotto, and A. Zanotto. 2000. Five centuries of foundling history in Florence: Changing patterns of abandonment, care and mortality. In *Abandoned children,* edited by C. Panter-Brick and M. E. Smith, 70–91. Cambridge: Cambridge University Press.

Volkmar, F., C. Lord, A. Klin, R. Schultz, and E. Cook. 2007. Autism and the pervasive developmental disorders. In *Lewis' textbook of child and adolescent psychiatry: A comprehensive textbook,* edited by A. Martin and F. R. Volkmar, 384–400. Philadelphia: Lippincott Williams and Wilkins.

Vorria, P., Z. Papaligoura, J. Dunn, M. H. van IJzendoorn, H. Steele, A. Kontopoulou, and Y. Sarafidou. 2003. Early experiences and attachment relationships of Greek infants raised in residential group care. *Journal of Child Psychology and Psychiatry* 44: 1208–1220.

Wajda-Johnston, V., A. T. Smyke, G. Nagle, and J. A. Larrieu. 2005. Using technology as a training, supervision, and consultation aid. In *The handbook of training and practice in infant and preschool mental health,* edited by K. M. Finello, 357–374. San Francisco: John Wiley and Sons.

Walker, S. P., T. D. Wachs, S. Grantham-McGregor, M. M. Black, C. A. Nelson, S. L. Huffman, H. Baker-Henningham, S. M. Chang, J. D. Hamadani, B. Lozoff, J. M. Meeks Gardner, C. A. Powell, A. Rahman, and L. Richter. 2011. Inequality in early childhood: Risk and protective factors for early child development. *Lancet* 378: 1325–1338.

Warren, S., L. Huston, B. Egeland, and L. A. Sroufe. 1997. Child and adolescent anxiety disorders and early attachment. *Journal of the American Academy of Child and Adolescent Psychiatry* 36: 637–644.

Wassenaar, D. R. 2006. Commentary: Ethical considerations in international research collaboration: The Bucharest Early Intervention Project. *Infant Mental Health Journal* 27: 577–580.

Weaver, I. C. G., N. Cervoni, F. A. Champagne, A. C. D'Alessio, S. Sharma, J. R. Seckl, S. Dymov, M. Szyf, and M. Meaney. 2004. Epigenetic programming by maternal behavior. *Nature Neuroscience* 7: 847–854.

Wechsler, D. 1949. The Wechsler intelligence scale for children. New York: Psychological Corporation.

Wechsler, D. 1967. Manual for the Wechsler Preschool and Primary Scale of Intelligence. San Antonio, TX: Psychological Corporation.

Wechsler, D. 1989. Wechsler Preschool and Primary Scale of Intelligence —Revised. San Antonio, TX: Psychological Corporation.

Wechsler, D. 2003. WISC-IV technical and interpretive manual. San Antonio, TX: Psychological Corporation.

Wechsler, D. 2004. The Wechsler intelligence scale for children—fourth edition. London: Pearson Assessment.

Werker, J. F., and R. C. Tees. 2005. Speech perception as a window for understanding plasticity and commitment in language systems of the brain. *Developmental Psychobiology* 46 (3): 233–251.

Widom, C. S., K. DuMont, and S. J. Czaja. 2007. A prospective investigation of major depressive disorder and comorbidity in abused and neglected children grown up. *Archives of General Psychiatry* 64: 49–56.

Wiik, K., M. M. Loman, J. Van Ryzin, J. M. Armstrong, M. J. Essex, S. D. Pollak, and M. R. Gunnar. 2011. Behavioral and emotional symptoms of post-institutionalized children in middle childhood. *Journal of Child Psychology and Psychiatry* 52 (1): 56–63.

Williamson, J., and A. Greenberg. 2010. Families, not orphanages. Better Care Network Working Paper. Available at http://www.crin.org/docs/Families%20Not%20Orphanages.pdf.

Windsor, J., J. P. Benigno, C. A. Wing, P. J. Carroll, S. F. Koga, C. A. Nelson, C. H. Zeanah. 2011. Effect of foster care on young children's language learning. *Child Development* 82 (4): 1040–1046.

Windsor, J., L. E. Glaze, S. F. Koga, and the Bucharest Early Intervention Project Core Group. 2007. Language acquisition with limited input: Romanian institution and foster care. *Journal of Speech, Language, and Hearing Research* 50 (5): 1365–1381.

Windsor, J., A. Moraru, C. A. Nelson, N. A. Fox, and C. H. Zeanah. 2013. Effect of foster care on language learning at eight years: Findings from the Bucharest Early Intervention Project. *Journal of Child Language* 40: 605–627.

Yarrow, M. R., P. Scott, L. de Leeuw, and C. Heinig. 1962. Child-rearing in families of working and nonworking mothers. *Sociometry* 25 (2): 122–140.

Zamfir, C., ed., with contributions of E. Zamfir. 1998. *Toward a child-centered society: A report of the Institute for the Research of the Quality of Life.* Bucharest: Editura Alternative.

Zeanah, C. H., H. Egger, A. T. Smyke, C. Nelson, N. Fox, P. Marshall, and D. Guthrie. 2009. Institutional rearing and psychiatric disorders in Romanian preschool children. *American Journal of Psychiatry* 166: 777–785.

Zeanah, C. H., N. A. Fox, and C. A. Nelson. 2012. Case study in ethical issues in research: The Bucharest Early Intervention Project. *Journal of Nervous and Mental Disease* 200: 243–247.

Zeanah, C. H., M. R. Gunnar, R. B. McCall, J. M. Kreppner, and N. A. Fox. 2011. Children without permanent parents: Research, practice, and policy. VI: Sensitive periods. *Monographs of the Society for Research in Child Development* 76 (4, serial no. 301): 147–162.

Zeanah, C. H., S. K. Koga, B. Simion, A. Stanescu, C. Tabacaru, N. A. Fox, C. A. Nelson, and the Bucharest Early Intervention Project Core Group. 2006a. Ethical issues in international research collaboration: The Bucharest Early Intervention Project. *Infant Mental Health Journal* 27: 559–576.

Zeanah, C. H., S. K. Koga, B. Simion, A. Stanescu, C. Tabacaru, N. A. Fox, C. A. Nelson, and the Bucharest Early Intervention Project Core Group. 2006b. Ethical dimensions of the BEIP: Response to commentary. *Infant Mental Health Journal* 27: 581–583.

Zeanah, C. H., J. A. Larrieu, S. S. Heller, J. Valliere, S. Hinshaw-Fuselier, Y. Aoki, and M. Drilling. 2001. Evaluation of a preventive intervention for maltreated infants and toddlers in foster care. *Journal of the American Academy of Child and Adolescent Psychiatry* 40: 214–221.

Zeanah, C. H., C. A. Nelson, N. A. Fox, A. T. Smyke, P. Marshall, S. W. Parker, and S. Koga. 2003. Designing research to study the effects of institutionalization on brain and behavioral development: The Bucharest Early Intervention Project. *Development and Psychopathology* 15 (4): 885–907.

Zeanah, C. H., C. Shauffer, and M. Dozier. 2011. Foster care for young children: Why it must be developmentally informed. *Journal of the American Academy of Child and Adolescent Psychiatry* 50: 1199–2001.

Zeanah, C. H., and A. T. S. Smyke. 2005. Building attachment relationships following maltreatment and severe deprivation. In *Enhancing early attachments: Theory, research, intervention and policy,* edited by L. Berlin, Y. Ziv, L. Amaya-Jackson, and M. Greenberg, 195–216. New York: Guilford Press.

Zeanah, C. H., A. T. Smyke, S. Koga, E. Carlson, and the Bucharest Early Intervention Project Core Group. 2005. Attachment in institutionalized and community children in Romania. *Child Development* 76: 1015–1028.

Zeanah, C. H., A. T. Smyke, and L. Settles. 2006c. Children in orphanages. *Blackwell handbook of early childhood development,* edited by K. McCartney and D. Phillips, 224–254. Malden, MA: Blackwell.

Zelazo, P. D., U. Muller, D. Frye, S. Marcovitch, G. Argitis, J. Boseovski, J. K. Chiang, D. Hongwanishkul, B. V. Schuster, A. Sutherland, and S. M. Carlson. 2003. The development of executive function in early childhood. *Monographs of the Society for Research in Child Development* 68 (3).

Profile

【監訳者】

上鹿渡和宏（かみかど・かずひろ）

児童精神科医，博士（福祉社会学）。長野大学社会福祉学部教授。慶應義塾大学文学部，信州大学医学部卒業後，京都市児童福祉センター等を経て現職。京都府立大学大学院公共政策学研究科福祉社会学専攻，オックスフォード大学日産日本問題研究所で社会的養護の研究を進め，英国のフォスタリングチェンジ・プログラムを日本へ導入。厚生労働省「新たな社会的養育の在り方に関する検討会」構成員。おもな著書に『欧州における乳幼児社会的養護の展開──研究・実践・施策協働の視座から日本の社会的養護への示唆』（福村出版，2016年）。※担当：序，第1, 2, 4, 5, 6, 12章，謝辞，全体確認

青木 豊（あおき・ゆたか）

精神科医，医学博士。目白大学教授，あおきメンタルクリニック代表。専門は乳幼児精神保健。特に乳幼児虐待によるアタッチメント関連障害やPTSD，乳幼児－親精神療法が専門。おもな共編著書に『乳幼児精神保健の基礎と実践──アセスメントと支援のためのガイドブック』（岩崎学術出版社，2017年）。※担当：第10章

稲葉雄二（いなば・ゆうじ）

長野県立こども病院神経小児科部長兼院長補佐，信州大学医学部小児環境保健疫学研究センター特任教授。信州大学医学部卒業後，長野県内を中心に小児科医として病院勤務，2003年カナダMcGill大学に研究留学。2011年から信州大学医学部小児医学教室准教授，2017年から現職。※担当：第7, 8, 9章

本田秀夫（ほんだ・ひでお）

信州大学医学部子どものこころの発達医学教室教授。東京大学医学部卒業後，横浜市総合リハビリテーションセンター，山梨県立こころの発達総合支援センター等を経て現職。おもな著書に『子どもから大人への発達精神医学──自閉症スペクトラム・ADHD・知的障害の基礎と実践』（金剛出版，2013年）。※担当：第11章

高橋恵里子（たかはし・えりこ）

上智大学文学部卒業，ニューヨーク州立大学修士課程修了。日本財団で「ハッピーゆりかごプロジェクト」を立ち上げ，特別養子縁組や里親に関連する事業を担当。共編書に『助成という仕事──社会変革におけるプログラム・オフィサーの役割』（明石書店，2005年）。※担当：第3章

御園生直美（みそのお・なおみ）

臨床心理士，公認心理師，博士（心理学）。早稲田大学社会的養育研究所研究客員講師，NPO法人里親支援のアン基金プロジェクト理事。法政大学文学部卒業，白百合女子大学大学院，同大学研究助手（助教），The Tavistock & Portman NHSへ留学後，同施設Resarch Assistantを経て現職。共編書に『中途からの養育・支援の実際──子どもの行動の理解と対応』（明石書店，2021年），共監訳書に『フォスタリングチェンジ──子どもとの関係を改善し問題行動に対応する里親トレーニングプログラム【ファシリテーターマニュアル】』（福村出版，2017年）。※担当：全体確認

【訳者】

門脇陽子（かどわき・ようこ）

翻訳者。津田塾大学卒業。おもな訳書に『自閉症スペクトラム障害のある人が才能をいかすための人間関係10のルール』（明石書店，2008年），『心の病の「流行」と精神科治療薬の真実』（共訳，福村出版，2012年）。※担当：第7～12章

森田由美（もりた・ゆみ）

翻訳者。京都大学法学部卒業。おもな訳書に『ハーバードメディカルスクール式 人生を変える集中力』（文響社，2017年），『人を育む愛着と感情の力──AEDPによる感情変容の理論と実践』（共訳，福村出版，2017年）。※担当：序，第1～6章，謝辞

Profile

【著者】

チャールズ・A・ネルソン（Charles A. Nelson III, Ph.D.）
ハーバード大学医学部小児科・神経科教授，ボストン子ども病院発達医学研究部長。共著書に
Neuroscience of Cognitive Development: The Role of Experience and the Developing Brain（Wiley,
2006年）。

ネイサン・A・フォックス（Nathan A. Fox, Ph.D.）
メリーランド大学「人間発達と定量的方法論（HDQM）」学科，および神経科学・認知科学プログラ
ム特別教授。共編書に*Handbook of Self-Regulatory Processes in Development: New Directions
and International Perspectives*（Psychology Press, 2013年）。

チャールズ・H・ジーナー（Charles H. Zeanah, Jr, M.D.）
テュレーン大学医学部精神科・臨床小児科教授。邦訳論文に「母子の関係性を形成するための治
療計画──子どもに対する作業モデルインタビューを臨床的に応用して」，ダビッド・オッペンハ
イム，ドグラス・F・ゴールドスミス（編）数井みゆきほか（訳）『アタッチメントを応用した養
育者と子どもの臨床』（ミネルヴァ書房，2011年所収）。

※本書の翻訳にあたり，公益財団法人日本財団の助成を受けた。

ルーマニアの遺棄された子どもたちの発達への影響と回復への取り組み
施設養育児への里親養育による早期介入研究（BEIP）からの警鐘

2018年12月5日　初版第1刷発行
2022年6月25日　　第2刷発行

著　者　チャールズ・A・ネルソン，ネイサン・A・フォックス，チャールズ・H・ジーナー
監訳者　上鹿渡和宏，青木 豊，稲葉雄二，本田秀夫，高橋恵里子，御園生直美
訳　者　門脇陽子，森田由美
発行者　宮下基幸
発行所　福村出版株式会社
　　　　〒113-0034　東京都文京区湯島2-14-11
　　　　電話　03-5812-9702　FAX　03-5812-9705
　　　　https://www.fukumura.co.jp
印　刷　株式会社文化カラー印刷
製　本　本間製本株式会社

©2018 Kazuhiro Kamikado, Yutaka Aoki, Yuji Inaba, Hideo Honda,
Eriko Takahashi, Naomi Misonoo
ISBN978-4-571-42071-9　Printed in Japan

定価はカバーに表示してあります。
落丁・乱丁本はお取り替えいたします。本書の無断複製・転載・引用等を禁じます。

福村出版◆好評図書

M. ラター 他 著／上鹿渡和宏 訳
イギリス・ルーマニア養子研究から社会的養護への示唆
●施設から養子縁組された子どもに関する質問
◎2,000円　　ISBN978-4-571-42048-1　C3036

長期にわたる追跡調査の成果を，分かり易く，45のQ&Aにまとめた，社会的養護の実践家のための手引書。

上鹿渡和宏 著
欧州における乳幼児社会的養護の展開
●研究・実践・施策協働の視座から日本の社会的養護への示唆
◎3,800円　　ISBN978-4-571-42059-7　C3036

欧州の乳幼児社会的養護における調査・実践・施策の協働の実態から日本の目指す社会的養護を考える。

C. パレット・K. ブラッケビィ・W. ユール・
R. ワイスマン・S. スコット 著／上鹿渡和宏 訳
子どもの問題行動への理解と対応
●里親のためのフォスタリングチェンジ・ハンドブック
◎1,600円　　ISBN978-4-571-42054-2　C3036

子どものアタッチメントを形成していくための技術や方法が具体的に書かれた，家庭養護実践マニュアル。

K. バックマン 他 著／上鹿渡和宏・御園生直美・
SOS子どもの村JAPAN 監訳／乙須敏紀 訳
フォスタリングチェンジ
●子どもとの関係を改善し問題行動に対応する里親トレーニングプログラム【ファシリテーターマニュアル】
◎14,000円　　ISBN978-4-571-42062-7　C3036

子どもの問題行動への対応と関係性改善のための，英国唯一の里親トレーニング・プログラムマニュアル。

青木豊 著
乳幼児—養育者の関係性精神療法とアタッチメント
◎3,000円　　ISBN978-4-571-24047-8　C3011

乳幼児と養育者の関係性の重要性と治療法及びアタッチメントとその障害について，臨床事例をもとに検討する。

川﨑二三彦 編著
虐待「嬰児殺」
●事例と歴史的考察から考える子ども虐待死
◎6,000円　　ISBN978-4-571-42072-6　C3036

新生児など0歳児の虐待死について，公判傍聴などにより詳細な実情把握を行い，発生要因や防止策を検討。

川﨑二三彦 編著
虐待「親子心中」
●事例から考える子ども虐待死
◎6,000円　　ISBN978-4-571-42069-6　C3036

「親子心中」が児童虐待として社会的認知・関心が低い現状を憂慮し，事例検討を中心に親子心中を捉え直す。

◎価格は本体価格です。